T0166112

CLASSIQUES EN POCHE

*Collection
dirigée
par
Hélène Monsacré*

Dans la même collection

ESCHYLE

AGAMEMNON

Texte établi par
Paul Mazon

Traduit par
Pierre Judet de La Combe

Introduction et commentaire par
Pierre Judet de La Combe

LES BELLES LETTRES

2015

*Le texte grec est repris du volume correspondant dans la Collection
des Universités de France (C.U.F.), toujours disponible avec apparat
critique et scientifique.*

*Un premier état de la traduction avec l'introduction et les notes a été
publié chez Bayard en 2004, dans la collection « Nouvelles traductions ».*

© 2015, Société d'édition Les Belles Lettres,
95 bd Raspail 75006 Paris.
www.lesbelleslettres.com

ISBN : 978-2-251-80230-5

INTRODUCTION

par

Pierre Judet de La Combe

Le moment de l'œuvre

En choisissant de porter à la scène le mythe des
Atrides au cours d'une période particulièrement inno-
vante et troublée de la vie politique à Athènes, Eschyle
offre à son public une sorte de point d'arrêt. Pour le temps
du spectacle, il le met loin des débats de l'actualité et l'en-
traîne dans une expérience théâtrale qui lui fera entendre,
comme à distance, le sens de ces débats et des violences
qui les accompagnent. Il le coupe du présent, en l'immer-
geant dans une histoire tirée de la tradition mythique, et,
par là, lui donne un accès nouveau, décalé, à ce présent.
Les questions du moment tournaient autour de la définition des rapports de force dans la cité, de la répartition des
pouvoirs attribués aux différentes institutions politiques et
juridiques, dans une effervescence qui avait pris la forme
d'une révolution démocratique[1]. Elles sont fortement pré-

---

1. Cf. Christian Meier, *La Naissance du politique* (voir *infra*, la
section « Quelques livres » pour les références) ainsi que Frank Bücher,
« Die Polis braucht ihre Poeten – Aeschylos' 'Eumeniden' und die
Reformen des Ephialtes », *Hermes* 136, 2008, p. 255-274.

sentes dans la série des trois tragédies qu'Eschyle écrit et
monte à la fin de sa vie pour le concours des Grandes Dionysies de l'année 458 avant J.-C., *Agamemnon*, les *Choéphores*, les *Euménides*[2], mais elles y sont déplacées, mises
dans un contexte qui les éclaire sur un mode inattendu.

La référence à l'actualité politique est massive dans la
troisième pièce. Oreste y est jugé par le tribunal de l'Aréopage ; or cette instance venait de subir une transformation
radicale que l'on présente souvent comme l'acte de naissance de la démocratie athénienne. Sous l'impulsion des
démocrates, qui profitaient de l'absence de leur adversaire, Cimon, parti en expédition pour aider les Spartiates
à réprimer une révolte des hilotes, les Athéniens, par un
vote de l'Assemblée, ont accordé en 462-461 le pouvoir
souverain de décision à l'Assemblée des citoyens et res-
treint les compétences du conseil aristocratique qu'était
l'Aréopage, qui devenait, ou redevenait, une instance
purement judiciaire, jugeant les crimes de sang, et perdait
ses prérogatives de contrôle politique[3]. Le promoteur de

---

2. Ces trois pièces forment la trilogie appelée *Orestie*. Elle était
suivie d'un drame satyrique, *Protée*, dont le texte est perdu. Eschyle,
qui a, cette année-là, remporté le premier prix, était à la fois poète, musi-
cien, metteur en scène et acteur. C'est la seule trilogie que nous ayons
conservée. Gregory Nagy, dans son *Pindar's Homer* (ch. 13), donne
une interprétation historique convaincante de l'innovation politique que
représentait l'instauration du concours poétique des Grandes Dionysies
par les tyrans, comme acte d'une politique culurelle de rupture correspondant à la nouveauté politique qu'instaurait la tyrannie, qui cherchait
avec l'appui du peuple à confisquer le pouvoir des grandes familles. On
peut parler d'une Renaissance pour cette reprise, nouvelle, des thèmes
de l'épopée, et par l'instauration de concours entre poètes, à l'image
des compétitions anciennes d'aèdes épiques, alors que l'art de l'épopée
homérique était, par le même pouvoir politique, définitivement figé
dans une récitation réglée pour la fête des Panathénées.

3. Sur l'histoire complexe, et discutée, de ce Conseil, voir le livre
de Robert W. Wallace, *The Areopagos Council, to 307 B.C.*, Baltimore/
Londres, 1989.

cette réforme, le démocrate Éphialte, a été assassiné peu
après. Périclès lui succéda à la tête du camp démocrate.
Avec ses trois pièces, Eschyle construit son propre mythe
de la nouvelle donne politique. Dans les *Euménides*,
Oreste – assassin de sa mère (dans les *Choéphores*), elle-
même assassin de son époux (dans l'*Agamemnon*), lui-
même assassin de sa fille Iphigénie avant d'aller conquérir Troie, et fils d'Atrée, assassin des enfants de son frère
Thyeste – voit sa cause jugée par le tribunal de l'Aréopage, qu'Athéna, déesse protectrice d'Athènes, institue à
cette occasion, et dont elle pose qu'il doit rester inchangé
pour toujours. En persuadant les Érinyes, forces immé-
moriales de la justice qui poursuivaient Oreste, de se fixer
dans sa cité, Athéna définit un ordre civique moderne et
harmonieux. Même si ce mythe de fondation de l'Aréopage innove, il reprend une tradition attique, qu'atteste
Démosthène[4]. Mais le fait frappant est que cette généalogie de l'ordre politique nouveau n'est pas, dans cette suite
de tragédies, d'ordre directement politique. C'est à partir d'un crime de sang, le pire de tous, un parricide, qu'un
ordre politique nouveau, qui se veut intangible, est créé.
L'*Orestie*, déjà, devait surprendre par là.

Le thème

Les drames soulèvent constamment, l'un après
l'autre, une question étrangère aux discussions publiques
sur les normes de la cité, sur le droit dans ses rapports
avec le pouvoir, une question qui est étrangère aussi aux

---

4. Cf. *Contre Aristocrate* (XLIII), 66. Mais ce sont alors les
« douze dieux » qui jugent Oreste, et non pas des citoyens. Une version
concurrente de l'origine de l'Aréopage était qu'Arès y avait été jugé
et acquitté par un verdict divin, pour la mort d'Halirrhothios, fils de
Poséidon, qui avait enlevé sa fille (cf. Euripide, *Électre*, 1258-1253).

thèmes traités par les formes anciennes de la poésie, épique ou morale. C'est celle de la filiation, telle qu'elle est expérimentée par les corps, dans le temps vécu des parents et des enfants, dans les liens complexes qu'elle noue avec le droit, le pouvoir, les rites, la théologie, et telle qu'elle fait problème même aux dieux. Certes le parricide est, traditionnellement, l'exemple extrême de la violence propre aux crimes de sang, et l'institution de tribunaux et de lois concernant les meurtres avait été l'un des actes fondateurs des cités lors des siècles précédents[5]. C'est bien pour cela que le jugement d'Oreste à Athènes, dans les *Euménides*, par un tribunal établi pour le meurtre de Clytemnestre, fonde un ordre politique nouveau qui se veut stable et rationnel. Mais l'*Orestie* ne se contente pas de traiter un ou plusieurs cas de meurtres consanguins : elle fait de cette violence, dans sa spécificité, dans l'expérience qu'en font concrètement les meurtriers et leurs victimes, son objet privilégié.

La filiation sert de point central autour duquel s'articulent toutes les dimensions de l'existence, individuelle et collective. Les meurtres ont tous cet enjeu, même si les raisons articulées par les personnages sont parfois indifférentes au fait qu'on tue un proche : Agamemnon égorge sa fille au nom du désir légitime de l'armée grecque d'aller appliquer à Troie les principes universels de la justice de Zeus ; mais même là, il s'agit de famille : les guerriers vont mourir pour « la femme d'un autre », Hélène, et leur chef sera tué par sa propre femme au cours d'une

---

5. Cf. Louis Gernet, *Du châtiment dans la cité*, Rome, 1984. La violence entre proches est le signe d'un état totalement perverti des liens sociaux dans le « Mythe des races » d'Hésiode (*Les Travaux et les Jours*, 180-201, pour « l'Âge de fer », dans sa phase dégénérée). Le motif servira pour décrire les états de guerre civile.

scène érotique. Un monde intime, avec ses tensions, ses
obscurités, sa temporalité ouverte à la catastrophe quand
changent les générations ou quand une lignée s'unit à une
autre, est ainsi massivement mis en lumière, projeté dans
l'univers public de la scène.

L'histoire traditionnelle des Atrides, qui avait nourri
de nombreuses œuvres épiques ou lyriques, comportait
déjà ces violences, qui sont toutes légendaires. Mais c'est
la première fois que pour la raconter un poète donne une
telle place aux liens de sang, à la sexualité, à la perversion des relations amoureuses et familiales, et cela sans
composer un « poème domestique » (Euripide développe-
ra ce genre), puisque chaque violence en appelle à un
dieu, à une norme juridique établie et transformera irré-
versiblement la situation politique de la cité.

Le langage politique et normatif de la justice, de
l'ordre, est ainsi confronté à une réalité qui l'excède et
qu'il n'est pas, par définition, destiné à exprimer. En
effet, au-delà des actes criminels qualifiés, passibles de
sanctions, ce sont les existences elles-mêmes, dans leur
continuité physique et familiale, qui sont mises en débat.
Le droit, au lieu de venir du dehors apaiser les conflits
et d'instaurer un ordre satisfaisant pour les individus,
est, jusqu'au procès d'Oreste dans les *Euménides*, un
principe d'exacerbation de la violence, de transformation des liens intimes de la parenté en relations de haine.
Le recours affirmé aux principes de l'ordre produit le
désordre. Dans la pièce éminemment lyrique que sont
les *Choéphores*, la famille d'Agamemnon est reconsti-
tuée sur un mode presque fantomatique, négatif, dans une
cérémonie funèbre réunissant l'épouse criminelle, qui
fait des offrandes d'apaisement à sa victime, les enfants
survivants et le souvenir d'Iphigénie tuée. Une image

de ce qui a été perdu est ainsi, pour un temps, recomposée dans une sorte de suspens dramatique. À la fin de la pièce, le parricide, comme acte sanglant exigé par un Apollon qui agit en dieu universel de Delphes et en porte-parole d'un Zeus justicier, donnera à cette image la seule réalité objective qui peut lui correspondre[6].

Dans l'*Agamemnon*, le droit est directement cause de violence. À un niveau universel d'abord, puisqu'en racontant à sa façon la guerre de Troie, qui oppose les deux moitiés de l'humanité, Eschyle efface soigneusement tout ce qui pourrait donner un caractère anecdotique à la nécessité où Agamemnon se trouve d'immoler sa fille à Aulis. Contrairement à ce que l'on trouve dans la tradition épique que reprendront Sophocle et Euripide, le roi ne s'est rendu coupable d'aucune impiété envers la divinité qui exige ce sacrifice, Artémis ; il n'est pas entré par erreur dans un bois sacré qui lui serait dédié, il ne s'est pas vanté d'être meilleur chasseur qu'elle. C'est la violence même de l'expédition punitive contre Troie qui suscite la colère de la déesse, et la pousse à demander une compensation symbolique : si Agamemnon doit tuer de nombreuses vies, qu'il lui offre d'abord la plus pure dont il dispose. Artémis, qui défend les jeunes vies, met ce prix à la possibilité même de l'entreprise. Elle ne permettra à la justice commandée par Zeus de se réaliser, et pour cela arrêtera de bloquer la flotte grecque par le vent du nord, que si la fille du roi lui est offerte. La jus-

---

6. On est donc, dans les *Choéphores*, bien au-delà de la seule problématique de la vengeance, à laquelle on réduit souvent la pièce. Il s'agit plutôt du spectacle physique et violent de la destruction des liens familiaux, dans la cruauté des rites, de l'injonction divine, des paroles et du parricide. Ariane Mnouchkine a construit sa mise en scène de l'œuvre à partir de cette idée.

tice de Zeus est dévastatrice ; le justicier est massacreur,
et en défendant son droit il se mutile lui-même puisqu'il
tue sa fille.

Un déchirement similaire prévaut dans le monde
confiné qu'est la famille du roi. En vengeant la mort de
sa fille, Clytemnestre ne vise pas d'abord à appliquer une
règle de justice. Elle tue pour répondre à une injustice et
effacer définitivement une offense à la vie ; le droit n'est
pas sa cause, comme elle l'avait été pour Agamemnon,
mais un moyen imposé. C'est la forme que doit prendre,
à ce moment-là, l'attachement qui est le sien pour la vie
qui a été interrompue, pour la possibilité que la maison
se maintienne dans le temps, avec sa fécondité. Comme
ces valeurs ont été bafouées par l'acte du roi, elle ne peut
les revendiquer telles quelles, puisqu'il n'y a plus aucun
monde familial partagé et évident et puisqu'il n'y a plus
aucun tiers qui pourrait trancher le litige : le roi, qui
devrait être responsable de la justice dans sa ville, s'est
lui-même rendu criminel. Elle prend alors leur défense
par la transgression, en changeant d'époux et en soumettant le père de sa fille à la violence qu'il a lui-même
assumée.

L'aporie est totale. Les mots habituels, ceux des
normes publiques tout autant que ceux de la parenté,
n'ont plus de sens. C'est au nom de la justice qu'Iphigénie a été immolée. Il est donc vain de condamner cet acte
en prenant pour critère cette même justice, même s'il est
évidemment injuste, car il a été imposé par les dieux justiciers : s'il n'avait pas été accompli, si Troie avait été laissée impunie, le mot de justice ne renverrait plus à aucune
réalité. Les relations privées et politiques sont, dans cette
pièce, contaminées par la faute originelle d'Aulis, faute
inévitable qui a fait du droit une malédiction. En tuant de

cette manière, pour lancer la grande aventure mondiale contre une ville lointaine, Agamemnon, en fait, répète sans le savoir les violences infanticides qui ont secoué sa propre maison, à la génération de Tantale, qui a dépecé son fils Pélops, et à celle de son père Atrée, qui a massacré les enfants de son frère Thyeste et les lui a donnés à manger. Le projet, tourné vers l'avenir, d'imposer l'ordre de Zeus à l'autre bout de la mer, chez les Barbares, se referme dans un monde clos, voué à la compulsion et à la vengeance. Les deux mondes coïncident.

Lectures

Il est courant, dans les interprétations modernes, d'opposer ces deux logiques juridiques : celle, ouverte, d'une justice universelle publiquement argumentée, réalisée par une guerre franche qui rassemble toutes les cités grecques contre un même ennemi fautif, et celle d'un déchaînement domestique de violences indéfiniment répétées. L'une, fondée sur Zeus, serait rationnelle, et déboucherait, potentiellement, sur un droit légitime, et l'autre serait archaïque, liée encore au processus ancien et irrationnel de la vengeance familiale, qui fait que l'on naît coupable, héritier des fautes des ancêtres. Cette justice sanguinaire et mécanique ne serait donnée à voir dans les drames que pour être « dépassée ». Ses défauts font apparaître la nécessité d'institutions juridiques et politiques modernes, plus respectueuses de la responsabilité des individus et du souci de l'unité des cités. Par elle-même, elle ne posséderait plus aucune valeur. Eschyle, en la représentant, se ferait d'abord historien du droit, c'est-à-dire témoin d'une évolution historique nécessaire qui fait que l'on passe d'une justice de la famille, du *genos*, à une justice réglée par les normes de l'espace public qu'est la cité, la *polis*. Son œuvre aurait, en plus, valeur d'avertissement : la démocratie est naissante, et il préviendrait les Athéniens contre tout retour à la domination de la cité par les grandes familles, dont il montrerait à quel point elles sont destructrices de l'idée de justice.

Cette lecture, dominante, se heurte à de vraies difficultés. Déjà, on comprend mal pourquoi la trilogie donne une place si prépondérante à un monde ancien qui, en soi, ne comporterait plus aucune « vérité », sinon celle d'un contre-exemple. Il y a là un paradoxe. Les *Euménides*, où l'on voit s'instaurer un droit démocratique, et où il est proposé une définition de la cité qui lui permet à la fois de mener des guerres étrangères et de régler ses problèmes internes, sont censées fournir la clé de toute l'œuvre, tandis que les deux pièces précédentes[7] ne représenteraient qu'un monde périmé, sans pertinence historique. Mais, dans le même temps, on s'accorde à voir dans ces deux œuvres des tragédies plus prenantes, plus abouties que la dernière pièce, qui a souvent déçu parce qu'on croyait, à tort[8], y retrouver quelque chose comme du prosaïsme, comme un manque de profondeur qui serait dû à son lien trop clair avec l'actualité athénienne. Comme si la poésie tragique avait renoncé à elle-même au moment où elle énonce enfin des solutions qui font sens. Le jugement esthétique est plutôt sommaire, et ne rend pas compte de la composition de la trilogie qui fait se succéder des tons, des modes de chant et de dialogue différents selon

7. À savoir, pour l'*Agamemnon* et les *Choéphores*, 2748 vers (1673, puis 1075) sur un total de 3796 vers pour l'*Orestie*.
8. La grandeur tragique, qui est, selon une perspective romantique simplifiée, toujours soumise à l'obligation d'être sublime, ne saurait accepter l'ironie (qui est fortement présente dans les *Euménides*), comme si Goethe se transformait en Heine, comme si Eschyle, soudainement, devenait Euripide.

les sujets. La question est plutôt de comprendre pourquoi Eschyle manifeste un tel intérêt pour des conflits mythiques, pourquoi il les réactive, alors qu'ils n'ont plus, dans l'Athènes de ce temps, aucune actualité.

Ces interprétations dissocient, comme s'il s'agissait des étapes d'un progrès[9], ce que la tragédie s'efforce au contraire de relier. Le droit que garantit un Zeus universel n'est pas opposé à la logique sordide de la malédiction familiale ; il y trouve son lieu véritable. Et cette transposition d'un monde à l'autre, de la scène universelle d'une action juste mais brutale contre Troie à une déraison familiale obsessionnelle, est le fait de la tragédie, comme forme esthétique poursuivant sa propre analyse de notions culturelles comme la « justice ». Non seule-

9. En fait, on voit se développer deux lignes principales de lecture, qui accentuent chacune l'un des deux pôles. Dans la perspective historique que déploie avec force Jean-Pierre Vernant, le droit familial, démonique, de la malédiction est dépassé, même s'il vient troubler la conscience que la cité démocratique « moderne » pouvait avoir de ses propres valeurs ; il reste que ce qui est plus « réel », décisif, ce sont ces valeurs nouvelles, apparues dans le mouvement de l'histoire, qui les impose. Dans la perspective inverse d'une critique irrationaliste des institutions et des constructions culturelles, le « démonique » devient au contraire la réalité la plus fondamentale, qui vient miner les prétentions de la culture à faire sens. Cette lecture réactive est particulièrement bien représentée par Karl Reinhardt. Ces deux lignes interprétatives, qui correspondent à deux philosophies opposées de l'histoire, de son sens (l'une est progressiste, l'autre critique la modernité), illustrent les deux définitions majeures du tragique qui ont été données par les philosophes idéalistes (tragique de la contradiction nécessaire mais surmontée, tragique de la déficience fondamentale de toute entreprise humaine) ; sur cette antinomie, qui est métaphysique et qui continue à orienter en sous-main le travail empirique des savants, voir mon livre *Les Tragédies grecques sont-elles tragiques ?* Plutôt que de chercher dans la cité ou dans le démon une réalité plus réelle que l'autre, on peut se demander pourquoi l'artefact particulier qu'est cette tragédie joue sur la dynamique, changeante, de leur opposition.

ment Zeus agit également dans ces deux domaines, avec
les mêmes règles et la même rigueur, mais il ne cesse de
rabattre les héros engagés dans une action publique vers
les violences d'un monde intime détruit. Si, à cause des
dieux de l'Olympe, Agamemnon doit tuer sa fille pour
punir Troie[10] et déclencher ainsi sa propre destruction,
c'est qu'il n'y a pas, selon l'analyse que la pièce propose
du droit et de l'action publique, d'acte normatif qui ne
soit pas à mettre en relation avec la réalité de l'individu
qui l'accomplit.

Ces actes n'obéissent pas seulement à des principes
normatifs généraux qui constituent leur légitimité. Ils ne
valent pas par eux-mêmes, mais sont toujours en situation, liés à une existence individuelle que, le plus souvent, ils vont ruiner, comme c'est le cas à Aulis. Cette
reconfiguration de l'histoire héroïque, d'abord tournée
vers l'universel mais brutalement rabattue sur les individualités qui la portent, correspond à une thèse, à une prise
de position bien déterminée : il n'y a pas d'accord nécessaire entre les normes divines, qui règlent les actions, et
l'existence des êtres humains qui réalisent ces normes. La
tragédie oblige à tenir ensemble ces deux réalités, dont
elle pose qu'elles sont ennemies[11]. C'est, dans la culture,
la seule forme de discours qui le fasse. Ni l'épopée, ni
la poésie lyrique de célébration des exploits, ni, surtout,
la réflexion éthique qui s'est instituée dans la poésie de
sagesse ou dans la construction de systèmes normatifs
n'entrent dans cette logique.

---

10. Épisode qu'Homère avait exclu de son histoire de la guerre de
Troie.

11. Voir mon essai « La construction de l'idée de destin individuel
dans la tragédie grecque », dans Jean Bessière (éd.), *Théâtre et destin.
Sophocle, Shakespeare, Racine, Ibsen*, p. 15-40.

Les individus, selon la tragédie[12], ne sont pas seulement des sujets abstraits, agissant au sein d'un ordre contraignant donné, auquel ils doivent se conformer pour être dans leur droit, et réussir. Quand ils parlent ou agissent, ils se justifient par la conception qu'ils ont de cet ordre universel ; mais en se conformant effectivement, dans leurs actes, à ces normes qui les transcendent, ils s'écartent d'eux-mêmes, ils se dépossèdent, et, souvent, s'aveuglent. La mutilation qu'ils se sont imposée leur sera rappelée dans la contre-violence par laquelle un proche les frappera. Ils cesseront alors d'être fonctionnels : un roi, une mère, un fils. Une fois que la violence liée à leur rôle les aura atteints, ils deviendront des individualités, c'est-à-dire des êtres non substituables : Agamemnon, Clytemnestre, Oreste. Pour le dire plus précisément : la tragédie ne se contente pas d'opposer droit et individus ; les individus ne préexistent pas à leur confrontation existentielle avec le droit ; ils ne deviennent tels, uniques et mémorables, que par l'épreuve qu'ils font des contraintes dévastatrices que leur impose le droit.

Une analyse du droit et du langage

Une opacité est ainsi introduite au sein des actions et des paroles publiques. Les personnages, le chœur débattent sur la scène au nom de principes d'ordre ; ils peuvent même s'engager dans une véritable réflexion théorique sur la rationalité de ces principes, comme le fait, avec constance, le chœur des vieillards de l'*Aga-*

---

12. Il convient, ici, d'employer ce terme générique : une telle prise en compte de la réalité concrète des individus confrontés aux normes éthiques et politiques est bien le fait de la représentation scénique des actions ; voir *infra*.

memnon[13]. Mais ces arguments n'épuisent pas le fait qu'en les maniant les personnages sont pris dans une histoire qui ne se laisse pas réduire à ces concepts, et qui, dès lors, se venge. Les normes visent à cadrer l'existence, à tracer des lignes qui séparent le juste et l'injuste. À cette forme spatiale de la représentation de la réalité, le drame oppose le fait que les individus sont, dans leur individualité, liés à une histoire, à une temporalité indécise, ouverte aux catastrophes. L'inconscience, l'aphasie ou le balbutiement envahiront souvent leur discours. Il est frappant que le chœur, qui, dans cette pièce, s'en tient avec virtuosité et rigueur aux orientations de la réflexion éthique et théologique de son temps, soit toujours en porte-à-faux par rapport à ce qui se passe. Il développe longuement une analyse et une condamnation de l'excès, notamment dans l'ordre économique, alors que l'enjeu de l'histoire à laquelle il assiste n'est précisément pas celui-là : Agamemnon et Clytemnestre ne tuent pas pour avoir plus, et donc trop, mais en raison du droit et de ses violences. Quand le chœur, dans le troisième *stasimon*, se rendra compte de l'inanité de sa pensée éthique s'il faut

---

13. Voir, sur le chœur dans cette pièce et sur l'ensemble des conceptions modernes du lyrisme dans la tragédie, l'introduction (« La dissonance lyrique ») que j'ai rédigée avec Jean Bollack à *L'Agamemnon d'Eschyle. Le texte et ses interprétations* (1981). Depuis, Nicole Loraux a ajouté un élément d'interprétation décisif en montrant comment l'insistance de la tragédie sur la plainte et sur la remémoration tenace, notamment dans la voix du chœur, entre en contradiction avec la prescription, nécessaire à la survie de la cité, de l'amnésie et d'une limitation du deuil. La tragédie, contrairement à ce que posaient de nombreuses interprétations, est ainsi « anti-politique » *(La Voix endeuillée)*. Plainte et réflexion ne sont pas contradictoires : la réflexion, dans la tragédie, est le plus souvent aporétique et constate que le « bien » attendu qu'elle sait définir est inatteignable. Le consensus lyrique que déploie la présence massive du chœur sur la scène ne produit aucune harmonie.

parvenir à un bien, il se condamnera lui-même à l'aphasie, et ne chantera plus de chant strophique jusqu'à la fin
du drame.

L'ordre des dieux, rationnel et nécessaire, est ainsi
à la fois posé, puisque les dieux sont bien maîtres, et
tenu à distance, puisqu'il détruit ce qu'il devrait aider
à vivre harmonieusement. Le monde « archaïque » des
vengeances au sein d'une famille n'est donc pas un
repoussoir[14], face à une justice plus libre et institution-
nelle[15]. Il prend une valeur en soi, une actualité, comme
forme expressive qui manifeste le mieux l'impossibilité de s'en remettre aux normes sans considérer que ces
normes sont toujours articulées par quelqu'un qui parle,
et dont l'existence ne coïncide pas avec l'ordonnance-
ment rationnel qui caractérise tout système normatif.
La tragédie a ainsi une fonction « critique », au sens où
elle dénonce le caractère abstrait des discours généraux,
anciens ou contemporains, sur les dieux, sur la cité, sur
l'éthique : ces discours débattent du « bien » en termes
généraux, selon des logiques théologiques, juridiques ou
politiques définies, mais, s'adressant à tout un chacun,
indifféremment, et faisant comme si un point de vue universel pouvait fixer le sens des comportements humains,

---

14. Le mythe, avec ses histoires de malédiction, n'est pas une
forme qu'Eschyle mettrait en question en projetant sur lui le regard
moderne et critique de la cité, comme s'il était devenu problématique.
Pour un poète du ve siècle, recourir au mythe signifiait reprendre un
récit qui, par le fait qu'il était traditionnel dans ses éléments narratifs,
par le fait qu'il portait en lui, comme mythe, l'idée de complétude, de
fermeture, assurait une cohérence à l'histoire racontée ; c'est sur ce
point que mon analyse s'écarte de celles de Jean-Pierre Vernant. Le
mythe, pour Eschyle, n'est pas une catégorie historique, mais un outil.
15. Cette justice politique existe déjà au sein de l'*Agamemnon*,
quand le chœur menace Clytemnestre et Égisthe d'un jugement populaire et de la lapidation. Mais elle est impuissante.

ils ne rendent pas compte de la singularité des individus impliqués[16].

Cette critique est menée dans le drame de manière paradoxale, et c'est ce qui fait sa difficulté : la réalité des individus n'est pas directement opposée aux normes publiques, comme si elle pouvait être saisie et représentée pour elle-même. L'histoire des individus, avec son passé opaque, avec ses tensions, ne devient représentable, dans la matérialité des liens de famille, de sexualité, d'engendrement, d'éducation, de sentiments, que parce qu'elle est elle-même saisie par le droit, que parce que la vengeance fait apparaître les liens intimes comme des causes à défendre par la violence punitive. Le droit, au lieu d'être strictement normatif, extérieur aux conflits qu'il devrait régler, change de fonction : il devient expressif[17]. Il donne aux existences singulières la dureté d'une insatisfaction portée au débat, d'une revendication violente ou désespérée. Par ce déplacement, l'intime, le caché, deviennent publics et sont par là représentables. La tragédie permet ainsi à la complexité du monde intérieur, pour la première fois dans la culture grecque, de venir

16. La tragédie dénonce ce que nous appelons une « contradiction performative » au sein de ces discours (quand le contenu de l'énoncé est contredit par le fait qu'on l'énonce). Généraux, ils assument un point de vue universel, « divin », sur les choses, et entrent en contradiction avec le fait qu'ils sont articulés par des individus humains et singuliers.

17. En termes sociologiques modernes, nous dirions que la tragédie, d'une part, opère ici une forme de différenciation : face aux exigences des systèmes théoriques qui traitent des comportements humains en les insérant dans une perspective à la fois cognitive – puisqu'ils cherchent à en dégager les fondements naturels –, et pratique – puisqu'ils fixent des règles justes pour la vie commune –, elle pose une autre dimension, celle de l'authenticité du rapport à soi-même ; mais le geste de la tragédie est ensuite de dé-différencier : le droit et les systèmes théoriques sont évalués par elle non selon leur logique propre, mais en termes d'authenticité.

à expression, précisément parce que cette intériorité est mise à mal et demande à être publiquement reconnue. Ce n'est pas simplement qu'elle exhibe un monde sub-jectif de pulsions, de plaisirs ou de malheurs ; il y avait déjà des formes poétiques pour cela, avec les poèmes des auteurs lyriques. Ces formes, chez Alcman, Sappho ou Anacréon, visent à exprimer et à codifier les sentiments, de manière à leur donner leur force tout en les réglant. La tragédie suit une autre orientation. Elle s'intéresse plu-tôt à la question de l'individualité, en exacerbant les ten-sions qui opposent le monde intime, avec son histoire, et les formes publiques de l'existence, dans les institutions sociales que sont le langage et le droit. Le crime, dans cette perspective, n'est pas seulement une déviance, une faute, mais l'expression d'une reconnaissance qui n'a pas eu lieu[18]. Des volontés singulières trouvent ainsi une forme d'expression publique.

L'aporie que représente, pour la collectivité, cette crispation sur les malheurs individuels ne sera dépassée, dans la fiction que propose l'*Orestie*, que si l'ordre divin se fait lui-même histoire, que si les dieux, qui régissent tout, quittent leur assurance d'êtres régnants selon un cadre naturel préexistant et immuable (de nature cosmo-logique), et s'engagent eux-mêmes dans les risques d'un

---

18. Les analyses du jeune Hegel (qui avait alors la tragédie grecque en tête) dans sa *Philosophie de l'esprit d'Iéna* (1805-1806) sur la valeur positive de la violence criminelle, comme demande de reconnais-sance, face au droit, sont pénétrantes (Jacques Taminiaux, *Naissance de la philosophie hégélienne de l'État. Commentaire et traduction de la « Realphilosophie » d'Iéna (1805-1806)*, Paris, 1984). Voir sur ces analyses, et le profit que peut en tirer une étude non philosophique mais philologique et historienne de la tragédie – comme l'est celle qui est proposée ici –, le deuxième chapitre de mon livre *Les Tragédies grecques sont-elles tragiques ?*

débat, dans un conflit qui n'est pas réglé d'avance, mais soumis aux aléas du temps, de l'imprévu. Les *Euménides* leur imposeront ce traitement[19].

Il s'agit donc moins d'une histoire du droit[20] que d'une analyse. Dans une période intense de débats et de transformations institutionnelles, Eschyle affronte la question du sens de la prise de parole et de l'action publiques. Pour cela il met au jour les différents niveaux de réalité auxquels les discours et les actes se réfèrent implicitement. Ces niveaux ne sont d'habitude pas tous

---

19. Ils devront délibérer, dans un débat public formalisé, d'un sujet non public, le rapport mère-enfant. La persuasion devient le mot-clé ; l'ordre divin et humain s'établit par le discours (Eschyle, beaucoup plus qu'on ne l'a dit, anticipe ainsi les Sophistes ; il faut dire qu'il se montre souvent proche de leur maître, Héraclite). Sur ce rôle de la persuasion, voir l'article fondamental de Pietro Pucci, « *Peithô* nell'*Orestea* di Eschilo », *Museum Criticum* 29, 1994, p. 75-137. Pour une analyse des *Euménides*, qui insiste sur la fonction pragmatique des discours divins (désormais privés de fondement naturel, puisque les divinités, en charge de l'organisation du monde, sont conviées sur la scène et doivent s'entendre pour que cet ordre existe), je renvoie à mon étude : « Rationalisation du droit et fiction tragique : les *Euménides* », dans Jean-François Mattéi (éd.), *La Naissance de la raison en Grèce*, Paris, 1990, p. 265-277.

20. Une véritable histoire du droit archaïque montre que la vengeance familiale que l'on voit à l'œuvre dans l'*Orestie* ne correspondait pas au système réel de la vengeance ; elle en est plutôt la perversion (puisque la vengeance, telle qu'on la trouve chez Homère, servait à régler, de manière équilibrée, des relations entre familles différentes). La tragédie ne reflète pas un état ancien, elle le construit ; voir sur ce point les travaux pionniers de Daniel Saintillan (« Le discours tragique sur la vengeance. Remarques sur la complémenta-rité des Charites et des Érinyes dans le mythe et la tragédie », *Cahiers du Groupe Interdisciplinaire sur le Théâtre Antique (GITA)* 3, octobre 1987, p. 179-196), et pour une interprétation anthropologique de la vengeance, de sa logique sociale et économique d'échanges réglés, et profitables, entre familles – qui n'est précisément pas celle que présente la tragédie, celle-ci offrant plutôt une perversion du système vindica-toire –, les travaux de Raymond Verdier sur la vengeance.

thématisés par les discussions menées dans la cité. Ce sont : l'ordre universel des choses, réglé par les dieux, les institutions humaines (cités, lois, familles, langage) qui sont toujours précaires, mais aussi les histoires individuelles, immaîtrisables en raison de la force qu'y prend un passé opaque, d'abord indéchiffrable[21]. Ces niveaux ne s'harmonisent pas. Chacun, face à l'autre, impose ou tente d'imposer sa légitimité.

Il y a bien une raison qui traverse l'ensemble, et finit par créer une cohérence qui se réalise, pour l'*Orestie*, dans la réconciliation finale[22] : c'est le même Zeus qui rend Agamemnon meurtrier, qui laisse Clytemnestre se venger et envoie Oreste l'assassiner, pour, finalement, le disculper[23]. Mais aucun personnage ne peut avoir intel-

21. C'est pour cette raison que la tragédie donne une telle place aux rêves, aux oracles et aux malédictions ancestrales : le présent est déterminé par un passé qui engage le futur, mais de manière obscure.

22. Le cas est différent pour les *Perses* ou les *Sept contre Thèbes* (pièce finale d'une trilogie perdue), qui s'achèvent sur le désastre et la dissonance. Sur la scène finale des *Sept*, où, comme chez Sophocle, Antigone s'oppose au représentant de la ville qui annonce l'interdiction d'enterrer Polynice, scène rajoutée à la fin du vᵉ ou au début du ivᵉ siècle, sans doute par un membre de l'école d'Eschyle, pour réaffirmer la force des *Sept* face aux innovations apportées par Sophocle dans son *Antigone* et Euripide dans les *Phéniciennes*, voir mon étude : « Sur la poétique de la scène finale des *Sept contre Thèbes* », dans Matteo Taufer (éd.), *Contributi critici sul testo di Eschilo. Ecdotica ed esegesi*, p. 61-77.

23. Selon Jean-Pierre Vernant (*oraliter*), qui prolongeait en cela la réflexion de Gustave Glotz sur *La Solidarité de la famille dans le droit criminel en Grèce* (1904), le parricide n'était pas dans le droit athénien de l'époque un crime passible d'un traitement juridique, mais religieux. Cela fait problème, le parricide étant traditionnellement présenté comme la forme suprême de l'injustice. Eschyle fait de ce crime l'origine du droit criminel à Athènes, tel qu'il est rendu par le corps des citoyens (et non par des dieux). Il le trouvait chez Homère (*Odyssée*, III, 309 s.) et dans les mythes relatifs aux Atrides, mythes du Péloponnèse sur la purification d'Oreste, mythes athéniens sur le

lectuellement accès à cette logique d'une théodicée qui impose d'abord le mal pour produire, au terme, un bien. Il fallait ces horreurs pour qu'un droit juste soit institué à Athènes, mais aucun être humain sur scène n'a jamais conscience qu'il participe à une histoire qui le dépasse, qui tend vers cette fin, malgré lui[24]. Il n'y a, de fait, pas de langage authentique, en situation, qui soit à la hauteur d'une telle histoire, qui puisse la raconter de manière uni-fiée, synthétique, et avoir le dernier mot. Elle passe par les aveuglements et les violences d'un dialogue où les per-sonnages parlent aux autres mais ne s'entendent presque jamais, dans une pathologie généralisée du langage. Au mieux, une déesse, comme Athéna, peut la dire, mais c'est au tout dernier moment[25]. Et ce qui est alors mis en place n'est pas de l'ordre de la synthèse ; cela reste ouvert au temps, aux histoires, et est donc précaire (comme l'ont montré les convulsions politiques qui viennent d'avoir lieu). La réconciliation finale, loin d'harmoniser les exis-

jugement d'Oreste (cf. *supra*, la note 4). Le meurtre de Clytemnestre par son fils n'est donc en rien une invention du poète, contrairement à une supposition de Florence Dupont (*L'Antiquité, territoire des écarts*, Paris, 2013, p. 169), qui tire son idée de « l'insignifiance tragique », entre autres, de cette possible invention : comme la vengeance d'Oreste contre sa mère ne correspond à aucune pratique normale de vengeance, elle renverrait la tragédie à une insignifiance fondamentale qui inter-dirait d'y chercher la moindre réflexion construite (mais voir *supra*, la note 20 : l'*Orestie* se sert de cette vengeance pervertie, qu'elle trouvait dans la tradition, pour construire son interprétation du droit).

24. La scène de Cassandre est l'emblème de cet écart insurmon-table qu'impose la divinité. Apollon n'y a même pas la violence d'un dieu du droit. Il est simplement violeur et acharné.

25. En cela, la tragédie s'écarte de l'épopée : l'*Iliade* pose d'emblée que tous les malheurs causés par la « colère d'Achille » développent la volonté de Zeus (cf. Philippe Rousseau, « L'intrigue de Zeus », *Europe* 865, mai 2001, *Homère*, p. 120-158). Le drame écarte une telle voix monologique ; elle devient, au mieux, partielle, limitée comme voix du chœur.

tences, laisse au contraire à la violence propre au droit (les Érinyes) toute sa place face à la violence des individus ; seulement, elle sera située, délimitée et deviendra par là fonctionnelle ; sa valeur viendra de ce que la présence menaçante ou répressive des Érinyes permettra aux individus de parvenir à une compréhension de leur histoire, comme lien entre un mal présent et les transgressions passées. L'inconscient, ce passé oublié, sera ravivé.

Le caractère pathologique du langage dans la tragédie est un paradoxe lié à la forme tragique. Ce qu'il y a en elle de plus spéculatif, avec ce déploiement d'une théodicée souveraine[26], est une construction théorique qui, en tant que telle, devrait idéalement faire l'objet d'un discours général et explicatif. Mais la tragédie s'y refuse. La théodicée, qui suppose qu'il y a une raison à l'œuvre dans l'histoire, y est muette. Ce qui relève par excellence du langage, comme spéculation, est laissé hors langage. La théodicée se réalise au moyen d'actes qui semblent défier toute raison commune. L'événement monstrueux qui s'impose aux personnages, qui met en déroute leur capacité discursive à construire un sens partagé, n'est ainsi pas de la violence pure, qui ferait irruption sans raison ; il manifeste un ordre caché. Mais cela n'en atténue pas la violence, au contraire, puisque le sens est construit en dehors des individus, à travers des actions qu'ils revendiquent mais sans jamais savoir ce qu'elles signifient. Cette ignorance en fait des figures concrètes. Dans leur effort, jamais

---

26. L'ensemble des tragédies se déploie sur cet arrière-fond d'une théodicée. Euripide, plus carré qu'Eschyle et venant après, ne fera pas de la théodicée un cadre d'abord secret, révélé seulement *in fine*, de l'action dramatique. Dans plusieurs de ses pièces, il la posera telle quelle, dans un discours divin qui ouvre le drame. Au lieu d'apaiser les conflits, cette explication préalable crée une autre violence : chaque discours humain qui va suivre paraîtra dérisoire.

abouti, de dire ce qu'ils ont fait, de l'interpréter et d'en communiquer le sens aux autres, les personnages apparaissent, face à cette marche divine de l'histoire, comme de vraies singularités. L'impuissance qui entrave d'emblée leur volonté têtue de dire et de convaincre leur donne une présence charnelle, liée aux hésitations du temps[27].

La scène, forme et outil critique

Sur quoi Eschyle s'appuie-t-il pour mener cette analyse concrète du langage et du droit, sur quelle ressource intellectuelle présente dans la culture de son temps ? La réponse est moins à trouver dans une évolution de la mentalité grecque, dans les changements sociaux et politiques que, plus simplement, plus matériellement, dans son métier[28]. La scène impose au discours un mode

27. Voir mon essai « Le mythe comme violence dans la tragédie grecque », paru dans M. Broze *et al.* (éd.), *All'eu moi katalexon* « Mais raconte-moi en détail », *Mélanges de philosophie et de philologie offerts à Lambros Couloubaritsis*, Bruxelles/Paris, 2008, p. 195-208.
28. Qui est lui-même l'une des composantes du monde social, mais dont le sens et la portée ne peuvent être ramenés aux autres composantes. Une vraie sociologie de la culture ancienne devrait renoncer à tout schéma réductionniste et tenir compte de la spécificité, radicale, du discours tragique. Un texte ne s'explique pas par son contexte ; l'événement historique singulier, potentiellement nouveau, à expliquer, est l'interaction entre un texte et son milieu, qui sont dans une dépendance réciproque et s'élaborent simultanément. Il est frappant de voir les « milieux » ou « contextes » censés expliquer de manière déterminante l'événement poétique grec ancien changer selon l'évolution des sciences historiques, et, plus profondément, selon l'évolution de nos sociétés. Après la politique, avec des conceptions différentes, voire antagonistes de la démocratie et du rapport entre art tragique et cité (dans les traditions marquées, différemment, par le marxisme et l'histoire sociale, chez Vincenzo Di Benedetto, Vittorio Citti, Diego Lanza et Mario Vegetti, Guido Avezzù, Jean-Pierre Vernant et Pierre Vidal-Naquet, ou dans une perspective inverse, proche de la théologie politique de Carl Schmitt, chez Christian Meier), c'est souvent maintenant le religieux qui est

d'existence qu'il ne rencontre pas ailleurs, ni en poésie, ni dans les langages privés ou publics. Il y est nécessairement scindé ; aucune voix ne peut y recouvrir définiti-

---

hissé au rang d'« interprétant » – la performance tragique étant d'abord considérée comme un rituel (ainsi, avec des perspectives différentes, chez Claude Calame, Anton Bierl ou Florence Dupont). Ce qu'elle est, bien évidemment, et ces auteurs nous permettent de mieux mesurer la présence des pratiques religieuses dans les œuvres dramatiques. Mais cela devrait inciter à repenser fondamentalement la notion de rite, plutôt qu'à faire de la tragédie un acte manifestant et réalisant une solidarité fervente entre les participants, dans une communion immédiate. Il y a là, de fait, un risque d'anachronisme, de projection dans l'Athènes ancienne – qu'on voudrait pourtant « autre » –, de l'expérience que nous avons des rituels religieux – notamment ceux issus de la Contre-Réforme qui visent à activer et à imposer l'autorité des traditions de l'Église par une économie programmée et efficace des émotions, face à l'attachement des Réformés pour les textes originaux ; la philologie moderne est encore traversée par cette lutte confessionnelle, selon qu'elle insiste sur les pratiques et les codes sociaux, ou au contraire sur le texte, pris comme un objet autonome. Nous pouvons sortir de cette guerre de religion. Le rituel tragique se distingue des rituels religieux de nos sociétés en ce qu'il favorisait, au lieu de la restreindre, l'inventivité critique et individuelle des poètes. C'est cela qui était attendu, à l'intérieur des limites formelles du genre qui évoluaient en fait très peu – et qui par là même aidaient au déploiement d'un antagonisme entre poètes sur le sens des institutions politiques, culturelles et religieuses, et en premier lieu sur la langue. Plus la matière de la représentation était religieuse, dans les prières, les gestes, plus la possibilité d'une distance était offerte, puisque le rite, alors, était représenté, et non pas agi ; il devenait objet, et non fonction ; aucune présence divine n'était attendue au terme d'un rituel représenté sur scène. La *mimésis* est par essence critique : elle introduit une distance. Cela ne veut évidemment pas dire que la tragédie se mettait hors de la religion : cela n'a pas de sens pour le polythéisme grec ancien ; on sait maintenant que la poésie, même la plus sophistiquée ou paradoxale, est, depuis Homère, l'un de ses vecteurs essentiels. Elle l'est parce qu'elle creuse, parce qu'elle exploite ses moyens propres, moyens langagiers, musicaux et gestuels, qui ne visent pas tant à créer du consensus (après tout, il s'agissait de concours) qu'à imposer, charnellement, l'événement d'une réflexion singulière. La vieille opposition entre poésie (individuelle) et religion (collective) devrait tomber ; elle est anachronique.

vement les autres. Aucun narrateur n'introduit à ce qui va
se dire. Un dieu ou un personnage habile peut conclure ;
mais l'accord trouvé sera le fait d'un être isolé des autres,
limité du fait même de sa présence physique dans un
espace où coexistent d'autres figures[29]. Le consensus
est représenté sur scène, avec la présence massive du
chœur qui est chargé d'exprimer ce que la culture poétique savante peut dire de plus adéquat sur l'événement
scénique. Le chœur, pour le dire en un mot, est la poésie
de son temps ; il exprime ce que la culture peut produire
de plus virtuose, poétiquement, conceptuellement, reli-
gieusement, pour rendre compte d'un événement. Y voir
ou bien un personnage, ou un commentateur, selon une
opposition convenue, efface cette dimension essentielle
au théâtre de « mise en scène des discours », de leurs tensions constitutives, de leurs oppositions de l'un à l'autre.
Le consensus choral est, en tant que tel, opposé aux voix
individuelles des personnages. Les prises de position du
chœur, dans ses répliques ou dans ses chants, sont elles-
mêmes des événements séparés qui ne lient pas les autres
personnages et qui sont perpétuellement dépassés par le
cours de l'action. Dans tous les drames, elles sont défi-
cientes, en deçà des enjeux réels.

Par ce face à face constant entre des héros antagonistes issus, dans l'immense majorité des cas[30], des
récits épiques anciens, et une instance collective qui

---

29. Ainsi, dans le *Philoctète* de Sophocle, la présence inattendue,
in fine, d'Héraclès qui vient régler le conflit menaçant l'ensemble de
la communauté grecque est-elle une violence. L'apaisement y est un
coup de force.

30. Quelques pièces traitaient d'événements contemporains ou
appartenant à un passé proche : les *Phéniciennes* (sur Salamine) et la
Prise de Milet de Phrynicos, les *Perses* d'Eschyle. Mais ce type de
tragédie fut vite abandonné.

réagit à ce qu'ils font en mobilisant, comme elle peut, les ressources linguistiques de la culture[31], la tragédie se donne la possibilité de soumettre l'ensemble des discours publics, dans tous les domaines, à cette contrainte de l'interlocution, à cette précarité de discours toujours en butte aux autres et confrontés à des événements qu'ils ne peuvent englober.

Il suffit qu'un auteur réfléchisse, en technicien, sur la portée d'une telle forme matérielle pour qu'il tienne là un moyen d'analyser ce qui se dit dans la société. En citant, en représentant, même sans les modifier, l'ensemble des discours tenus dans le monde « extérieur », il les met déjà en question et les réoriente, puisque les paroles ne peuvent, sur scène, être détachées de ceux qui les prononcent, de leur corps, du temps que prennent et déclenchent leurs discours et leurs actions. Les propos ne sont ainsi pas seulement référés à leur vérité propre, mais à l'état présent et futur de celui qui parle. En dramatisant la tension entre le contenu de ce qui est dit, et qui peut être commun, et le fait de le dire, dans une situation singulière et en général opaque, la tragédie guide l'écoute sur la signification de l'activité langagière prise en elle-même, comme événement. Dans les textes d'Eschyle, il n'y a presque rien qui n'ait pas déjà été dit dans d'autres textes, Homère ou les différentes traditions poétiques et culturelles ; il ne cesse de citer et de recomposer. Prononcés par des personnages condamnés, en raison de leur histoire et de leur lutte frontale, à se couper des autres, les mots communs redeviennent des expériences singulières, ils sont eux-même des évé-

---

31. Le drame tragique, qui convoque l'ensemble des formes poétiques existantes sur la scène, qui y fait entrer le langage des rites, est ainsi une forme de synthèse culturelle.

nements[32]. L'espace matériel de la scène et la pensée ne sont donc pas deux termes antagonistes[33] ou séparés. La scène est une machine matérielle à produire du sens, chaque fois différemment, selon l'usage qu'en font les auteurs.

*

32. Aristophane ne s'y est pas trompé quand il rapproche, contre la chronologie, Eschyle de Gorgias (*Grenouilles*, 1021, à propos des *Sept contre Thèbes*, « drame rempli d'Arès ») : le mot prononcé sur scène, s'il est efficace, fait le réel ; Arès, présent dans le langage guerrier des personnages, devient effectif ; les Athéniens veulent aller se battre.

33. Comme cela est posé dans la tradition interprétative d'inspiration empiriste, que reprennent souvent les philologues anglo-saxons. L'accent y est mis sur la technicité de la représentation, sur les effets produits par les déchirements scéniques (ainsi dans les travaux de Roger D. Dawe). L'efficacité de la forme dramatique est alors posée comme étant au principe du drame (ainsi, dans l'introduction du commentaire de l'*Agamemnon* par John D. Denniston et Denys Page, lit-on qu'Eschyle n'était pas « un penseur profond » ; mais il l'est, comme artiste conscient des possibilités expressives et critiques de son art). Une lecture de même orientation est proposée par les interprétations actuelles qui insistent sur la valeur rituelle des drames. Même si le contexte universitaire et intellectuel de cette lecture est tout à fait différent (avec le recours à l'anthropologie, ce que les philologues empiristes récusent violemment), les effets sont similaires. Le discours scénique y est rapporté à l'efficacité d'un culte (rendu à Dionysos, dieu tutélaire des concours tragiques). Mais la tragédie, dans sa texture interne, ne peut être confondue avec un rite, même si son cadre est rituel. Des formes rituelles y sont constamment reprises, mais toujours sur un mode indirect, comme représentation du rite dans la fiction, et non comme rite effectif : une séparation constante est introduite entre les personnages et les spectateurs, aucun « nous » ne les englobe, comme c'est le cas dans le rite. La distinction opérée par Ernst Cassirer, dans sa *Philosophie des formes symboliques*, entre le « mythe », entendu comme toute forme religieuse de convocation symbolique d'une présence divine attendue, et le « langage », comme instance de représentation, et donc de séparation, est ici toujours utile.

Le texte de la pièce

L'*Agamemnon* nous est transmis par des manuscrits médiévaux[34]. Le plus ancien est le *Mediceus* (M),
conservé à la Bibliothèque Laurentienne des Médicis à
Florence[35] ; il date du Xe siècle, à l'époque d'une réforme
de la formation des élites à Byzance et d'un retour, pour
cela, aux textes classiques ; plusieurs mains y sont inter-
venues. Il est incomplet (il ne donne que les vers 1-310
et 1067-1159), et reprend, sous forme de scholies (annotations entre les vers ou marginales), des commentaires
anciens au texte. Après un manuscrit de Venise du XIIIe
siècle (V), pour les vers 1 à 348[36], vient le groupe des
manuscrits plus récents, du XIVe siècle, qui sortent de l'atelier du savant byzantin Démétrius Triclinius (manuscrits
G[37], T, F). Les manuscrits T, de la main de Triclinius, et
F contiennent des scholies, certaines étant notées comme
propres à Triclinius (voir l'étude d'Ole L. Smith). Pour
sa plus grande part, le texte dépend donc d'une tradition
manuscrite plutôt tardive. Les scholies, quand elles sont
anciennes, apportent des éléments importants de la tradition : le texte qu'elles glosent peut être différent du texte
du manuscrit ou aider à trancher entre des variantes ; pour
plusieurs passages, il est possible de confronter le texte

---

34. Un fragment infime sur papyrus (IIe siècle après J.-C.) nous
donne quelques vers du début, sous une forme incomplète.

35. Manuscrit composite qui rassemble des œuvres d'Eschyle,
Sophocle et Apollonios de Rhodes.

36. Ce manuscrit, mis par Aleksander Turyn dans la famille de M,
est au contraire rapproché par Martin West de la famille triclinienne.
Mais Enrico Medda a montré que, pour la colométrie, V est plutôt
proche de M. Les désaccords entre M et V conduisent à reconnaître une
tradition manuscrite tripartite (M, V, famille tricilinienne).

37. Également incomplet (v. 1-45 et de 1095 à la fin).

des manuscrits avec des citations de la pièce chez les auteurs antiques (le plus ancien étant Aristophane). Si on l'étend à l'ensemble de l'œuvre des Tragiques, cette comparaison avec la tradition dite « indirecte » donne l'idée d'un texte plutôt fixé à date très haute. Ce qui est plus préoccupant, ce sont les divergences entre les manuscrits plus anciens et ceux de Triclinius, qui ont tendance à simplifier le texte. Là où la comparaison est impossible, plusieurs éléments authentiques ont disparu.

Le travail de correction du texte entrepris par les savants de la Renaissance (notamment Adrien Turnebou [« Turnebus »], 1552, pour la partie conservée par le manuscrit M, et Willem Canter, 1580, pour l'ensemble de la pièce) est considérable et a fourni un texte qui peut se lire. Une seconde vague décisive pour la discussion de la lettre du texte est venue en Angleterre et en Allemagne à la fin du XVIIIᵉ et pendant la première moitié du XIXᵉ siècle (Christian Gottfried Schütz, Peter Elmsley, Gottfried Hermann, et les philologues de la génération de 1848, en général liés à l'école philologique « historique », opposée à celle de G. Hermann, mais pratiquant en fait une philologie proche dans le traitement du détail : H. L. Ahrens, F. W. Schneidewin, F. Bamberger). Leurs annotations sont toujours à lire et à discuter en détail ; à de nombreuses reprises, devant une difficulté, c'est vers leurs travaux que je me suis d'abord tourné : même si leurs solutions paraissent souvent inadéquates, leurs analyses des problèmes restent exemplaires[38]. L'œuvre a été ensuite l'objet de grandes entre-

_____

38. Sur cet aspect étonnant de la philologie, qui fait que des discussions anciennes sur le détail de la lettre restent productives, alors même que les options interprétatives fondamentales ont changé avec les transformations et les conflits survenus dans l'histoire de l'interprétation

prises d'éditions et de commentaires, entre autres celle de
Ulrich von Wilamowitz-Moellendorff, en 1885 et 1914[39],
et de son élève Eduard Fraenkel, dans son immense commentaire, où il s'agissait de dire et de discuter tout ce
qui était « connaissable » à propos du texte ; l'interprétation d'ensemble comptait moins, l'individualité de l'auteur tenant d'abord à sa virtuosité poétique et rhétorique
et à ses idées neuves ; l'œuvre n'était pas prise pour elle-
même (1950). La discussion porte alors tout autant sur le
texte que sur la tradition savante moderne qui l'a édité et
interprété. Les philologues plus récents[40] se situent par
rapport à cette lecture, dont ils critiquent les choix (John
D. Denniston et Denys Page, 1957, Denys Page, 1972)
ou la trop grande fidélité envers les manuscrits (Martin
L. West, 1990, 2ᵉ édition 1998 ; voir maintenant l'édi-

littéraire, je renvoie à mon essai : « Sur les conflits en philologie »,
Quaderni Urbinati di Cultura Classica, 119, 2008, p. 17-30.
   39. Paul Mazon (1925), pour l'édition du texte, suit souvent
Wilamowitz (1914).
   40. Pour cette histoire complexe de la lecture, je renvoie à mon
« étude de cas », sur un passage particulièrement difficile de la pièce :
« Note sur les changements de la critique pour *Agamemnon*, 869-874.
Histoire d'une métaphore », aux pages 374-385 de mon commentaire
des dialogues (2001). L'étude serrée des pratiques éditoriales et des
préalables méthodologiques et théoriques des philologues qui depuis
la Renaissance ont travaillé sur le texte d'Eschyle est l'un des axes
majeurs du travail des doctorants et enseignants associés au Doctorat
international de philologie fondé à Trente par Vittorio Citti (réunissant des hellénistes des Universités de Trente, Lille, Barcelone, Pise,
Pavie, et de l'Ehess ; voir les volumes de la série *Lexis* mentionnés
dans « Quelques livres »). Le contexte français (xixᵉ-xxᵉ siècles) a été
analysé de près par Jean Bollack dans son étude de la réception française des travaux de Wilamowitz : « M. de W.-M. (en France). Sur les
limites de l'implantation d'une science » (1984), repris dans *La Grèce
de personne*, Paris, 1997, p. 60-92. Pour la situation française actuelle,
je renvoie au dossier rassemblé par Denis Thouard (« La Grèce déshel-
lénisée ? ») dans la revue *Cités* (n° 59, 2014).

tion de Alan H. Sommerstein, 2008). Avec Jean Bollack (1981-1982) ou en accord avec sa philologie (2001), j'ai plaidé pour un « conservatisme » textuel qui respecte la difficulté de la lettre, en partant du principe que la lecture, pour comprendre, doit d'abord s'imposer de ne pas comprendre tout de suite de manière à s'ouvrir à la possibilité qu'un texte propose des singularités sémantiques. Autour de Vittorio Citti s'est constitué un groupe, dont je fais partie, qui prépare une édition critique et commentée des sept pièces d'Eschyle et des fragments. L'option générale est également « conservatrice », mais parfois avec d'autres méthodes et d'autres préalables. La discussion, au sein de ce groupe, avec les démonstrations menées pour plusieurs parties de l'*Agamemnon* par Enrico Medda, a été très utile à la révision de cette traduction et des notes qui l'accompagnent.

La traduction proposée

Le texte français que je donne ici n'entre pas dans la discussion qui domine habituellement la question de la traduction, avec ses deux options : ou bien le respect de la langue « de départ » ou l'adaptation à la langue « d'arrivée »[41]. Cette opposition n'est pas fondée. Comme n'a cessé de le répéter Henri Meschonnic, on ne traduit pas des langues, mais des textes ; c'est-à-dire, comme n'a cessé de le rappeler Jean Bollack à la suite de Wilhelm von Humboldt[42], des rapports à la langue chaque fois spé-

41. Sur l'histoire des traductions d'Eschyle et des autres poètes tragiques depuis le xviiie siècle jusqu'à aujourd'hui, sur leurs orientations, leurs préalables théoriques et leurs contextes sociaux – et notamment leurs liens avec l'École –, voir les travaux de Claire Lechevalier.

42. Dont la traduction de l'*Agamemnon*, avec son introduction et les notes de critique textuelle de G. Hermann (1816), encore trop peu

cifiques, selon les auteurs, les œuvres ou même les personnages d'une œuvre. Il n'y a même pas, au départ, de « langue grecque », mais des usages historiques particuliers selon les genres et les formes de discours, usages que les auteurs reprennent, utilisent comme matériaux et transforment pour leur composition poétique. Ce travail de reprise, de resémantisation, se manifeste moins dans les mots eux-mêmes[43] que dans leurs liaisons, dans la syntaxe des phrases et dans l'enchaînement des phrases. La temporalité qu'ouvre une syntaxe complexe permet à l'œuvre de développer une analyse du langage, de revenir, dans une perspective d'énigmatisation ou au contraire d'explicitation, sur ce qui vient d'être dit. Une forme langagière prend ainsi corps, dans sa propre durée. La traduction privilégie ici cette dimension syntaxique de l'expérience du sens, car elle fait entendre des individualités textuelles.

Une tendance « expressionniste » qui oriente plusieurs tentatives actuelles de traduction[44] transforme au contraire la syntaxe en parataxe, fragmente les phrases

---

étudiée, a été un acte majeur pour le développement de sa théorie du langage et de la métrique, et pour illustrer l'idée que la traduction, en ce qu'elle est d'abord attentive à la spécificité d'une écriture, contribue à l'enrichissement de la langue du traducteur ; l'allemand, face au français notamment, se constituait alors comme langue littéraire originale. Voir W. von Humboldt, *Sur le caractère national des langues*, trad. et présentation par D. Thouard, Paris, 2000 (avec un extrait de l'introduction à la traduction de l'*Agamemnon*).

43. Eschyle innove beaucoup dans son lexique (voir le travail d'analyse de Vittorio Citti, *Eschilo e la lexis tragica*), comme c'était la règle dans ce genre de poésie. Il le fait moins pour créer de nouveaux vocables que pour donner, par ses innovations qui reprennent souvent en fait, en les condensant, des formules plus développées de la poésie ancienne, son analyse des potentialités de la « langue d'art ». Une analyse syntaxique est à la base de ces formes compactes.

44. Voir, par exemple, Florence Dupont, *Eschyle. L'Orestie. L'Agamemnon. Traduit du grec ancien*, Paris, 2013.

et multiplie les « lieux communs » littéraires ou seulement communs – puisque un auteur ancien, est-il dit, ne
saurait être individuel. Cela, selon une idée convenue
de l'histoire de l'esprit humain et de ses périodes, serait
un privilège des « Modernes »[45]. On recherche alors un
discours anonyme, immédiatement adapté et conforme
aux attentes culturelles du moment telles qu'on croit les
reconstruire, le texte devenant une succession incessante
de courts effets rhétoriques censés provoquer l'assentiment. On pense que ce qui est livré au public, ancien ou
actuel, doit être simple, immédiatement reconnaissable
et audible (ce qui éthiquement et politiquement, déjà, est
plus que douteux) ; on cherche à produire du consensus,
de la communion dans une expérience immédiatement et
émotionnellement partagée, et non une expérience langagière et théâtrale saillante. Par là, on soumet l'art à
une conception du temps, comme enchaînement ininter-
rompu de satisfactions rapides, non médiées, qui répond
directement aux réquisits d'une économie libérale de la
consommation de masse des produits de l'industrie culturelle : la jouissance sans frein et perpétuellement renou-
velée devient le principe, comme si le plaisir devait être
immédiat, n'était lié à aucune tension, à aucun suspens
ou déroutement.

On croit ainsi démocratiser les classiques en les
déclassant par aveuglement (selon une tradition scolaire
française du refus de lire à la lettre, dans la continuité

---

45. En décrétant l'impossibilité que dans l'Antiquité soient à
l'œuvre des sujets individuels – l'argument étant que les Anciens ne
possédaient pas, contrairement aux Modernes, un tel concept de sujet –,
on confond tout simplement ce que peut être un sujet constitué, théo-
risé, et ce que peut réaliser un sujet constituant, qui n'a pas besoin pour
opérer dans l'histoire que son concept ait été produit.

du détail, et d'enseigner cette lecture)[46], en leur refusant d'être ce qu'ils sont d'abord : Eschyle, pas moins que Mandelstam, Baudelaire, Beckett, Mallarmé ou Michaux, est un immense écrivain, parce qu'il a sa poétique propre ; elle est celle d'un praticien du théâtre qui traite le langage non en soi, mais comme l'un des matériaux du théâtre, et qui par là, selon son idée de ce que peut faire un spectacle, le transforme[47].

Par ailleurs, et plus fondamentalement quant à la question de la possibilité même de la traduction, on néglige en fait ce qui rend un texte ancien traduisible, et donc encore lisible aujourd'hui. Ce n'est pas son supposé « message », qui est toujours daté, ce n'est pas l'étrangeté de la « langue grecque », qui est en fait un artefact, une invention construite, ce n'est pas non plus sa simple appartenance à un genre, le théâtre, qui serait comme hors du temps. Un texte ancien est d'abord lisible, et traduisible, en raison de sa dimension réflexive individuelle au sein de la langue et de sa forme générique. Par là une écriture se distancie des usages établis, elle fait œuvre, et histoire si l'expérience proposée se communique, reçoit une forme ou une autre de reconnaissance, même simplifiée ou partielle. Une telle réflexion n'est pas un contenu, elle se manifeste dans le temps de l'œuvre, par l'instauration d'une linéarité que le texte ne cesse, dans le mouvement imprévisible de son énonciation, de remettre en question.

46. Sur la convergence entre ce ressentiment, qui se veut progressiste, contre la grande littérature, qui a longtemps orienté les programmes de l'enseignement de la langue et de la littérature, et les attentes des pouvoirs économiques et politiques qui souhaitent des individus adaptés et gestionnaires, voir le livre que j'ai publié avec Heinz Wismann, *L'Avenir des langues. Repenser les Humanités*, Paris, 2004.

47. Comme le montre bien le premier témoin que nous ayons, Aristophane dans ses *Grenouilles*.

On a là l'un des paradoxes de la traduction. Un texte est historique, singulier, se distingue des autres textes écrits dans la même langue, par cette activité de réinterprétation continue, menée de phrase en phrase et qui se manifeste moins dans les mots que dans leur agencement. Il est traduisible en raison de cette activité singulière. Ce qui fait qu'un texte est transhistorique, qu'une communication peut s'établir à son sujet entre des époques différentes, est son historicité même[48]. En effet, on traduit moins des mots comme éléments d'une langue codifiée, par définition intraduisible, que le point de vue singulier du texte sur la langue ou les langues qu'il utilise. Ce point de vue fait l'événement. Si on s'en tient, selon l'usage de la version, à traduire des mots, dans l'idée qu'ils renvoient directement à un sens, on court le risque de l'anachronisme, on risque de ne transmettre que des contenus attendus, souvent scolaires ou au goût du jour présent, et l'on reste en deçà de ce que le texte essaie de faire.

Je ne me suis pas donné de cadre métrique et m'en suis tenu à l'idée que la syntaxe, avec ses aléas qui sont souvent très surprenants chez Eschyle, est, pour nous, le niveau matériel où se déploie le sens. D'où l'insistance dans mon texte sur les mots grammaticaux, qui donnent une forme, créent des attentes, des ruptures[49] et donc une expérience physique du temps, comme temporalité d'une forme en train de se faire. La métrique est, dans

48. J'analyse ce paradoxe dans « Théâtre, syntaxe, traduction » (Pascal Charvet [éd.], *Enseigner le Théâtre à l'École*, publication de la Direction de l'Enseignement scolaire du Ministère de l'Éducation nationale, Paris, 2006, p. 61- 84). Le livre de Marc B. de Launay, *Qu'est-ce que traduire ?* (Paris, 2006), développe avec force les enjeux théoriques et pratiques de la question.

49. L'anacoluthe, la rupture de construction, est une forme familière à Eschyle ; voir le livre de Stefano Novelli.

notre culture, liée à des formes consensuelles de discours
(chansons, cérémonies, slogans de manifestations) ; l'accent devait plutôt être mis sur des différences. La perte
est grande, évidemment, puisqu'un vers ancien, ou une
strophe, tirait sa forme de la tension qui s'y instaurait
entre deux types de temporalité, celle de la syntaxe et
celle du mètre ; cette tension faisait la singularité de
chaque séquence[50]. Il y avait là un choix, face à d'autres
possibles. Le mètre est présent par le respect, tant que
cela m'a été possible, des unités de composition que sont
le vers parlé, les séquences des récitatifs (anapestes) et,
pour les parties chantées, les périodes, comme succession
liée de « membres » *(kôla)*[51].

Je ne suis pas entré non plus dans l'opposition convenue entre traduction pour lire, savante, littérale, et traduction pour la scène, qui demanderait, pour « passer »,
une forme de transposition et de simplification[52]. Cette
opposition ne tient tout simplement pas et néglige ce qui

50. Cette tension est première, en ce qu'elle est dans le matériau
même. Voir le texte très éclairant d'Ossip Brik, « Rythme et syntaxe »
(1927), trad. fr. par T. Todorov, dans *Théorie de la littérature*, Paris,
1965, p. 143-153.
51. Pour les parties chantées et pour les récitatifs (en anapestes),
je n'ai pas toujours suivi la disposition proposée par Paul Mazon,
dont l'édition est reproduite sur la page de gauche. Son interprétation
métrique ne m'a pas toujours semblé la meilleure. La question de la
pertinence d'un respect, ou non, de la colométrie alexandrine est actuellement débattue (elle l'était déjà dans l'Antiquité, cf. Denys d'Hali-
carnasse, *La Composition stylistique*, VI, 19, 6 et VI, 22, 17, qui ne
conteste pas la division en membres, mais la découpe que propose
Aristophane de Byzance). Mieux vaut distinguer entre les parties où la
succession des *kôla* est clairement marquée, par la répétition, et celles
où prédomine la période (voir *infra* la section « Quelques livres »).
52. Les traductions que j'ai écrites, chaque fois pour la scène, avec
Myrto Gondicas, suivaient déjà cette orientation (*Prométhée enchaîné*,
1995, les *Perses*, 2000, *Médée*, 2000 ; celle de *Médée* a été reprise aux
Belles Lettres, dans cette même collection, en 2012).

fait la spécificité et la force de la diction théâtrale. Jean et Mayotte Bollack, qui ont presque toujours traduit en rapport avec une commande venant du théâtre, ont montré que la précision du sens, si elle donne lieu à une écriture rigoureuse, rend un texte théâtralement audible. Mon travail de « conseiller philologique » auprès d'Ariane Mnouchkine pour son spectacle *Les Atrides*[53] confirmait cela : la scène, qui est une mécanique fine, est rétive à la simplification, aux clichés qu'une « adaptation » ne saurait manquer de produire. Elle m'a appris à lire les mots dans la précision de leur rapport au temps et à l'espace, qui est leur précision interne. En écoutant des acteurs particulièrement performants, notamment dans les spectacles qu'a accueillis ou montés le théâtre expérimental qu'est le Théâtre des Bernardines à Marseille, je me suis rendu compte qu'un texte oral pouvait être plus complexe qu'un texte écrit : la voix peut signaler les ruptures, les reprises, les sauts ; elle commente en même temps qu'elle dit. L'acteur est bien un interprète, même de la grammaire. La traduction écrite d'un drame doit laisser une place à cette interprétation orale, doit la susciter.

Cette traduction a été achevée pour le Théâtre des Bernardines, qui s'est engagé dans un long travail sur l'*Agamemnon* (2003-2014). Alain Fourneau en a assuré la mise en scène à Marseille et à Moscou, et Suzanne Joubert la dramaturgie, avec la rigueur créative qui leur est habituelle. Mireille Guerre a repris l'entreprise, avec d'autres choix scéniques. Je les remercie pour nos intenses dis-

---

53. Voir sa traduction de la pièce éditée par le Théâtre du Soleil, Paris, 1990, et le volume édité par Fiona Macintosh *et al.*, *Agamemnon in Performance*.

cussions, mot après mot. Jean Bollack m'a comme toujours fortement aidé, par un généreux travail de lecture
précise, critique et libératrice, à dépasser des états anté-
rieurs de la rédaction et à éviter les clichés ; Myrto Gondicas a répondu à de nombreux doutes. Ce long parcours,
souvent labyrinthique, de travail sur le grec d'Eschyle et
sur le français, qui est à conquérir autant qu'il est possible contre des langues faussement vivantes et faussement mortes qui encombrent la langue, a été tenu ouvert
par l'intérêt exigeant que lui a porté Christiane Donati.

ESCHYLE

AGAMEMNON

PERSONNAGES

Un garde
Le chœur des vieillards d'Argos
Clytemnestre
Un héraut
Agamemnon
Cassandre
Égisthe

La scène est à Argos, devant le palais des Atrides.

Les * en marge du texte français notent les passages où la traduction ne s'appuie pas sur le texte édité par Paul Mazon. Les raisons des divergences dans l'établissement du texte grec sont données dans le commentaire.

ΦΥΛΑΞ

Θεοὺς μὲν αἰτῶ τῶνδ' ἀπαλλαγὴν πόνων
φρουρᾶς ἐτείας μῆκος, ἣν κοιμώμενος
στέγαις Ἀτρειδῶν ἄγκαθεν, κυνὸς δίκην,
ἄστρων κάτοιδα νυκτέρων ὁμήγυριν,
καὶ τοὺς φέροντας χεῖμα καὶ θέρος βροτοῖς,   5
λαμπροὺς δυνάστας ἐμπρέποντας αἰθέρι,
ἀστέρας ὅταν φθίνωσιν ἀντολάς τε τῶν.
Καὶ νῦν φυλάσσω λαμπάδος τὸ σύμβολον,
αὐγὴν πυρὸς φέρουσαν ἐκ Τροίας φάτιν
ἁλώσιμόν τε βάξιν· ὧδε γὰρ κρατεῖ   10
γυναικὸς ἀνδρόβουλον ἐλπίζον κέαρ.
Εὖτ' ἂν δὲ νυκτίπλαγκτον ἔνδροσόν τ' ἔχω
εὐνὴν ὀνείροις οὐκ ἐπισκοπουμένην
ἐμήν — φόβος γὰρ ἀνθ' ὕπνου παραστατεῖ
τὸ μὴ βεβαίως βλέφαρα συμβαλεῖν ὕπνῳ —   15
ὅταν δ' ἀείδειν ἢ μινύρεσθαι δοκῶ,
ὕπνου τόδ' ἀντίμολπον ἐντέμνων ἄκος,
κλαίω τότ' οἴκου τοῦδε συμφορὰν στένων
οὐχ ὡς τὰ πρόσθ' ἄριστα διαπονουμένου.
Νῦν δ' εὐτυχὴς γένοιτ' ἀπαλλαγὴ πόνων,   20
εὐαγγέλου φανέντος ὀρφναίου πυρός.

Un garde, sur le toit du palais.

UN GARDE
Pour commencer, j'attends des dieux qu'ils me délivrent de ces peines,
une longue année de garde, à coucher
sur le toit des Atrides, dressé sur les coudes, comme un chien,
le temps que j'apprenne toute l'assemblée des astres de la nuit
et ceux-là qui portent l'hiver et l'été aux hommes,   5
les princes lumineux, étoiles magnifiques dans l'éther ;
je connais les moments où ils meurent et leurs levers.
Et toujours, je guette le signal du flambeau,
le rayon de feu qui apporte la parole venue de Troie,
la révélation qu'elle est prise. Car ainsi le commande   10
un cœur de femme décidé comme un homme, et qui attend.
Quand j'occupe ce lit dérivant dans la nuit et rempli de rosée,
que les rêves ne visitent pas
et qui est à moi – car à mes côtés il y a la peur, et non le sommeil,
que de sommeil mes paupières ne s'unissent étroitement –,   15
et quand j'ai l'idée de chanter ou de fredonner
pour tirer de moi le remède d'un chant contraire au sommeil,
je pleure de tristesse sur l'état de cette maison
qu'on ne gouverne pas avec la perfection d'avant.
Que la chance maintenant me délivre de mes peines,   20
par la bonne nouvelle que fera briller un feu des ténèbres !

Ὦ χαῖρε λαμπτὴρ νυκτὸς ἡμερήσιον
φάος πιφαύσκων καὶ χορῶν κατάστασιν
πολλῶν ἐν Ἄργει τῆσδε συμφορᾶς χάριν.
Ἰοὺ ἰού·   25
Ἀγαμέμνονος γυναικὶ σημαίνω τορῶς
εὐνῆς ἐπαντείλασαν ὡς τάχος δόμοις
ὀλολυγμὸν εὐφημοῦντα τῇδε λαμπάδι
ἐπορθιάζειν, εἴπερ Ἰλίου πόλις
ἑάλωκεν, ὡς ὁ φρυκτὸς ἀγγέλλων πρέπει·   30
αὐτός τ' ἔγωγε φροίμιον χορεύσομαι·
τὰ δεσποτῶν γὰρ εὖ πεσόντα θήσομαι,
τρὶς ἓξ βαλούσης τῆσδέ μοι φρυκτωρίας.
Γένοιτο δ' οὖν μολόντος εὐφιλῆ χέρα
ἄνακτος οἴκων τῇδε βαστάσαι χερί·   35
τὰ δ' ἄλλα σιγῶ· — βοῦς ἐπὶ γλώσσῃ μέγας
βέβηκεν· — οἶκος δ' αὐτός, εἰ φθογγὴν λάβοι,
σαφέστατ' ἂν λέξειεν· ὡς ἑκὼν ἐγώ
μαθοῦσιν αὐδῶ κοὐ μαθοῦσι λήθομαι.

ΧΟΡΟΣ

Δέκατον μὲν ἔτος τόδ' ἐπεὶ Πριάμου   40
μέγας ἀντίδικος, Μενέλαος ἄναξ
ἠδ' Ἀγαμέμνων, διθρόνου Διόθεν
καὶ δισκήπτρου τιμῆς ὀχυρὸν
ζεῦγος Ἀτρειδᾶν, στόλον Ἀργείων
χιλιοναύτην τῆσδ' ἀπὸ χώρας   45
   ἦραν, στρατιῶτιν ἀρωγήν,

Je te salue, flambeau, qui, la nuit, comme en plein jour
déclares la lumière et que les danses vont s'installer
partout dans Argos pour le plaisir de ce moment.
Victoire ! victoire !   25
Je donne un signe évident à la femme d'Agamemnon,
qu'elle se lève au plus vite de son lit et offre à la maison
le très haut hurlement de bénédiction
en l'honneur de cette torche, car la ville d'Ilion
est prise, comme l'annonce le brasier splendide.   30
Moi, je vais danser le prélude,
car le beau coup de dé de mes maîtres, je vais le jouer pour moi :
l'émissaire de feu m'a lancé un triple six.
Mais, surtout, que la main chérie du maître de la maison,
ma main la caresse quand il sera là.   35
Le reste, je le tais. Un grand bœuf est monté
sur ma langue. La maison, si on lui donnait une voix,
dirait les mots les plus clairs. Car moi, je veux bien
parler à ceux qui savent, et j'oublie pour ceux qui ne savent pas.

Il sort.

Entre le Chœur.

LE CHŒUR
Voilà dix années maintenant que le grand adversaire   40
* de Priam devant la justice,
le seigneur Ménélas et Agamemnon,
le couple solide des Atrides
avec les deux trônes, les deux sceptres d'une majesté venue de Zeus,
a emmené la flotte des Argiens et ses mille bateaux   45
loin de ce pays
pour un recours en armes,

μέγαν ἐκ θυμοῦ κλάζοντες Ἄρη
τρόπον αἰγυπιῶν οἵτ' ἐκπατίοις
ἄλγεσι παίδων ὕπατοι λεχέων   50
στροφοδινοῦνται
πτερύγων ἐρετμοῖσιν ἐρεσσόμενοι,
δεμνιοτήρη
    πόνον ὀρταλίχων ὀλέσαντες·
ὕπατος δ' ἀίων ἤ τις Ἀπόλλων   55
ἤ Πὰν ἤ Ζεὺς οἰωνόθροον
γόον ὀξυβόαν τῶνδε μετοίκων
ὑστερόποινον
    πέμπει παραβᾶσιν Ἐρινύν·
οὕτω δ' Ἀτρέως παῖδας ὁ κρείσσων   60
ἐπ' Ἀλεξάνδρῳ πέμπει Ξένιος
Ζεύς, πολυάνορος ἀμφὶ γυναικὸς
πολλὰ παλαίσματα καὶ γυιοβαρῆ
γόνατος κονίαισιν ἐρειδομένου
διακναιομένης τ' ἐν προτελείοις   65
κάμακος θήσων
    Δαναοῖσιν Τρωσί θ' ὁμοίως.
Ἔστι δ' ὅπη νῦν ἔστι· τελεῖται δ'
ἐς τὸ πεπρωμένον· οὔθ' ὑποκαίων
οὔτ' ἐπιλείβων ἀπύρων ἱερῶν   70
    ὀργὰς ἀτενεῖς παραθέλξει.

criant du fond de leur cœur à la grande guerre
comme des vautours égarés
de douleur pour leurs enfants et qui, très haut au-dessus de leur lit,   50
tournent en cercles fous,
ramant avec la rame de leurs ailes,
car la peine qu'ils ont prise
à garder dans leur couche
les oisillons s'est perdue.

Quelqu'un de très haut, Apollon,   55
ou Pan, ou Zeus, entend
la plainte stridente du deuil
clamé par les oiseaux qui partagent leur maison,
et envoie aux transgresseurs l'Érinye
qui fait payer plus tard.

C'est ainsi que le plus grand des dieux   60
envoie contre Alexandre les enfants d'Atrée, Zeus
l'Hospitalier. Pour la femme aux nombreux époux
il fera des luttes nombreuses et lourdes sur les membres,
quand le genou se tasse dans la poussière
et que le bois des lances se pulvérise   65
dès les prémices, à part égale pour les Grecs

et pour les Troyens. La chose en est là où elle est
maintenant. Elle finira selon son destin.
Ni les flammes des offrandes, ni les offrandes versées,
* ni les larmes ne charmeront   70
la colère tenace des immolations sans feu.

Ἡμεῖς δ' ἀτίται σαρκὶ παλαιᾷ
τῆς τότ' ἀρωγῆς ὑπολειφθέντες
μίμνομεν ἰσχὺν
ἰσόπαιδα νέμοντες ἐπὶ σκήπτροις·   75
ὅ τε γὰρ νεαρὸς μυελὸς στέρνων
ἐντὸς ἀνάσσων ἰσόπρεσβυς, Ἄρης δ'

οὐκ ἔνι χώρᾳ· τί θ' ὑπέργηρως
φυλλάδος ἤδη κατακαρφομένης ;
τρίποδας μὲν ὁδοὺς στείχει, παιδὸς δ'   80
οὐδὲν ἀρείων
    ὄναρ ἡμερόφαντον ἀλαίνει.
Σὺ δέ, Τυνδάρεω
θύγατερ, βασίλεια Κλυταιμήστρα,
τί χρέος; τί νέον ; τί δ' ἐπαισθομένη,   85
τίνος ἀγγελίας
    πειθοῖ περίπεμπτα θυοσκεῖς ;
πάντων δὲ θεῶν τῶν ἀστυνόμων,
ὑπάτων, χθονίων, τῶν τε θυραίων
τῶν τ' ἀγοραίων,   90
    βωμοὶ δώροισι φλέγονται·
ἄλλη δ' ἄλλοθεν οὐρανομήκης
λαμπὰς ἀνίσχει, φαρμασσομένη
χρίματος ἁγνοῦ
μαλακαῖς ἀδόλοισι παρηγορίαις,   95
    πελανῶν μυχόθεν βασιλείων.
Τούτων λέξασ' ὅ τι καὶ δυνατὸν
καὶ θέμις αἴνει, παιών τε γενοῦ
τῆσδε μερίμνης, ἣ νῦν τοτὲ μὲν
κακόφρων τελέθει, τοτὲ δ' ἐκ θυσιῶν   100

Mais nous, les insolvables avec notre chair d'autrefois,
laissés là quand se faisait le recours,
nous restons, guidant
avec nos bâtons une force d'enfant. 75
Car la moelle toute neuve, quand elle règne
dans la poitrine,
a la force d'un vieux, la guerre n'y loge pas,
et le grand vieillard, quand le feuillage
s'est entièrement desséché, va son chemin 80
sur trois pieds et, pas plus vaillant qu'un enfant,
il dérive, songe apparu cn plein jour.

Mais toi, fille
de Tyndare, Clytemnestre, reine,
que se passe-t-il ? Quelle nouvelle ? De quoi es-tu informée ? 85
Quel message t'a convaincue
de révéler partout où tu l'ordonnes la joie des sacrifices ?

Tous les dieux qui veillent sur la ville,
qu'ils soient très hauts ou de la terre,
ceux du ciel et ceux de la grande place, 90
ont leurs autels embrasés de présents.

La flamme des torches, d'un côté, de l'autrc,
se dresse à hauteur de ciel,
droguée par la persuasion douce
et franche d'un onguent sacré, 95
l'huile royale tirée des caves.

De cela, dis ce qu'il est possible
et juste que tu approuves de dire,
et deviens le Guérisseur de mon angoisse.
Car, à un moment, elle s'arrête à une pensée mauvaise, 100

ἃς ἀναφαίνεις ἐλπὶς ἀμύνει
τὴν θυμοβόρον
λύπης φρενὶ φροντίδ' ἄπληστον.

Κύριός εἰμι θροεῖν ὅδιον κράτος αἴσιον ἀνδρῶν Str.
ἐκτελέων· ἔτι γὰρ θεόθεν καταπνεύει πειθώ, 106
μολπᾶν ἀλκάν, σύμφυτος αἰών·
ὅπως Ἀχαιῶν δίθρονον κράτος, Ἑλλάδος ἥβας
ξύμφρονα ταγάν, 110
πέμπει σὺν δορὶ καὶ χερὶ πράκτορι
θούριος ὄρνις Τευκρίδ' ἐπ' αἶαν,
οἰωνῶν βασιλεὺς βασιλεῦσι νε-
ῶν, ὁ κελαινὸς ὅ τ' ἐξόπιν ἀργᾶς, 115
φανέντες ἴκταρ μελάθρων χερὸς ἐκ δορυπάλτου
παμπρέπτοις ἐν ἕδραισιν,
βοσκόμενοι λαγίναν ἐρικύμαδα φέρματι γένναν,
βλαβέντα λοισθίων δρόμων. 120
Αἴλινον αἴλινον εἰπέ, τὸ δ' εὖ νικάτω.

Κεδνὸς δὲ στρατόμαντις ἰδὼν δύο λήμασιν ἴσους Ant.
Ἀτρείδας μαχίμους ἐδάη λαγοδαίτας πομπᾶς τ'
ἀρχούς· οὕτω δ' εἶπε τεράζων· 125
«Χρόνῳ μὲν ἀγρεῖ Πριάμου πόλιν ἅδε κέλευθος,
πάντα δὲ πύργων
κτήνη πρόσθε τὰ δημιοπληθέα
Μοῖρ' ἀλαπάξει πρὸς τὸ βίαιον· 130
οἷον μή τις ἄγα θεόθεν κνεφά-
σῃ προτυπὲν στόμιον μέγα Τροίας

et, à un autre moment, grâce à la douceur qui brille dans les sacrifices,
l'espoir écarte le souci jamais comblé de chagrin,
* cette pensée qui dévore le cœur.

Je suis maître de prononcer le pouvoir sur la route, béni des dieux,   _{Str.1}
qu'exercent des hommes accomplis. Car, encore, un dieu accorde   105
à la vie qui grandit avec moi de souffler la persuasion, force guerrière
                             [des chants.
Je sais dire comment le pouvoir des Achéens et ses deux trônes,
                      [commandement uni
de la jeunesse grecque,   110
avec la lance et le bras vengeurs,
un oiseau fou de guerre l'envoie vers la terre de Teucros,
le roi des oiseaux – un noir, et l'autre à la queue brillante –
apparu aux rois des navires   115
tout près des maisons des princes du côté de la main qui brandit la lance,
en un site de pleine lumière.
Ils dévorent une hase toute gonflée de sa portée, tribu
privée de ses dernières courses.   120
Lamentations ! Dis les lamentations ! Mais que le bien triomphe !

* *Le devin avisé de l'armée, qui voyait deux rois différents*
                    [dans leurs désirs,   _{Ant. 1}
les Atrides, identifia les belliqueux banqueteurs de hase
* *ainsi que l'instance qui les envoie. Déchiffrant le prodige, il dit cela :*   125
« Avec le temps, elle va capturer la ville de Priam, cette armée
                    [en chemin.
Et tous les troupeaux devant les murs,
richesse proliférante du peuple,
la Moire les arrachera brutalement.   130
J'ai peur que le ressentiment d'un dieu n'enténèbre
d'un coup frappé d'abord le mors puissant forgé pour Troie

στρατωθέν· οἴκτῳ γὰρ ἐπίφθονος Ἄρτεμις ἁγνά
πτανοῖσιν κυσὶ πατρὸς   135
αὐτότοκον πρὸ λόχου μογερὰν πτάκα θυομένοισιν·
στυγεῖ δὲ δεῖπνον αἰετῶν. »
Αἴλινον αἴλινον εἰπέ, τὸ δ' εὖ νικάτω.

« Τόσον περ εὔφρων ἁ Καλά,   Epod.
δρόσοις ἀέπτοις μαλερῶν λεόντων   141
πάντων τ' ἀγρονόμων φιλομάστοις
θηρῶν ὀβρικάλοισιν τερπνά,
τούτων ⟨μ'⟩ αἰτεῖ ξύμβολα κρῖναι,
δεξιὰ μέν, κατάμομφα δὲ φάσματα.   145
Ἰήιον δὲ καλέω Παιῶνα,
μή τινας ἀντιπνόους Δαναοῖς χρονί-
ας ἐχενῇδας ἀπλοίας τεύξῃ,
σπευδομένα θυσίαν ἑτέραν ἄνομόν τιν' ἄδαιτον   150
νεικέων τέκτονα σύμφυτον, οὐ δεισήνορα· μίμνει
γὰρ φοβερὰ παλίνορτος
οἰκονόμος δολία μνάμων Μῆνις τεκνόποινος.»   155
Τοιάδε Κάλχας ξὺν μεγάλοις ἀγαθοῖς ἀπέκλαγξεν
μόρσιμ' ἀπ' ὀρνίθων ὁδίων οἴκοις βασιλείοις·
τοῖς δ' ὁμόφωνον
αἴλινον αἴλινον εἰπέ, τὸ δ' εὖ νικάτω.   159

dans ses campements. Car, prise de pitié, elle est en colère,
> *[Artémis, la pure,*   135
contre les chiens ailés de son père,
qui, avec ses petits, sacrifient avant la délivrance une misérable blottie
> *[de peur.*
Elle hait le repas des aigles. »
Lamentations ! Dis les lamentations ! Mais que le bien triomphe !

« La Belle a tant d'amour   Épode
pour la terrible rosée des lions dévoreurs,   141
et elle plaît tant à la tendre brume des petits encore à la mamelle,
nés de toutes les bêtes qui courent les champs,
* *qu'elle demande que pour cela soit décidé un signe.*
* *Car il est bon et il est condamnable, le spectacle des oiseaux.*   145
J'invoque le Guérisseur qu'on célèbre en criant ' ïē ! ' :
qu'elle renonce aux vents contraires d'un blocus monté
> *[contre les Danaens,*
qui allonge le temps, qui arrête les bateaux,
et qu'elle ne pousse pas à un second sacrifice,   150
sans règle, sans festin,
ouvrier de querelles, qui grandit avec la maison
sans la peur du guerrier. Car elle attend, effrayante, redressée,
l'économe rusée, Colère qui se souvient et venge l'enfant. »   155
Par ces mots, Calchas, en même temps que de grands biens, cria
les destins venus des oiseaux sur la route, à la maison des rois.
Accordant ta voix à ces mots,
lamentations ! Dis les lamentations ! Mais que le bien triomphe !

Ζεὺς ὅστις ποτ' ἐστίν, εἰ τόδ' αὐ-   Str. 1.
τῷ φίλον κεκλημένῳ,
τοῦτό νιν προσεννέπω·
οὐκ ἔχω προσεικάσαι
πάντ' ἐπισταθμώμενος
πλὴν Διός, εἰ τὸ μάταν ἀπὸ φροντίδος ἄχθος   165
χρὴ βαλεῖν ἐτητύμως·

οὐδ' ὅστις πάροιθεν ἦν μέγας,   Ant. 1
παμμάχῳ θράσει βρύων,
οὐδὲ λέξεται πρὶν ὤν·   170
ὃς δ' ἔπειτ' ἔφυ, τρια-
κτῆρος οἴχεται τυχών·
Ζῆνα δέ τις προφρόνως ἐπινίκια κλάζων
τεύξεται φρενῶν τὸ πᾶν·   175

τὸν φρονεῖν βροτοὺς ὁδώ-   Str. 2.
σαντα, τῷ πάθει μάθος
θέντα κυρίως ἔχειν·
στάζει δ' ἔν θ' ὕπνῳ πρὸ καρδίας
μνησιπήμων πόνος καὶ παρ' ἄ-   180
κοντας ἦλθε σωφρονεῖν·
δαιμόνων δέ που χάρις βίαιος
σέλμα σεμνὸν ἡμένων.

Zeus, qu'il soit ceci ou cela, s'il aime   Str.2
qu'on l'appelle de ce nom,   161
je l'invoque sous ce nom-là.
Je n'ai pas de repère,
moi qui pèse toute chose,
sinon Zeus, si le tourment que vainement   165
on tente d'arracher à la pensée,
il faut l'en jeter pour de vrai.

Lui, qui était grand jadis,   Ant.2
gonflé du désir de toutes les batailles,
il n'aura pas un mot, car il est d'autrefois.   170
Et lui, qui vint plus tard, son adversaire
l'a couché en trois assauts, et il s'en va.
Mais qui, dans son chant, acclame avec l'élan de son esprit
la victoire de Zeus
atteindra le cœur de la pensée :   175

vers la pensée, aux hommes il a ouvert   Str.3
un chemin ; connaissance par la souffrance
est la loi qu'il a posée.
Et, dans le sommeil, suinte devant le cœur
une détresse qui se souvient du malheur,   180
et aux réfractaires vient
la pensée saine.
* *Elle est là, la grâce des dieux, impérieusement*
assis à leur banc redoutable de rameurs.

Καὶ τόθ' ἡγεμὼν ὁ πρέ-   Ant. 2.
σβυς νεῶν Ἀχαιϊκῶν,   185
μάντιν οὔτινα ψέγων,
ἐμπαίοις τύχαισι συμπνέων —
εὖτ' ἀπλοίᾳ κεναγγεῖ βαρύ -
νοντ' Ἀχαιϊκὸς λεώς,
Χαλκίδος πέραν ἔχων παλιρρό-   190
χθοις ἐν Αὐλίδος τόποις·

πνοαὶ δ' ἀπὸ Στρυμόνος μολοῦσαι   Str. 3.
κακόσχολοι, νήστιδες, δύσορμοι,
βροτῶν ἄλαι, ναῶν ⟨τε⟩ καὶ
πεισμάτων ἀφειδεῖς,
παλιμμήκη χρόνον τιθεῖσαι   195
τρίβῳ κατέξαινον ἄν-
θος Ἀργείων· ἐπεὶ δὲ καὶ πικροῦ
χείματος ἄλλο μῆχαρ
βριθύτερον πρόμοισιν   200
μάντις ἔκλαγξεν προφέρων
Ἄρτεμιν, ὥστε χθόνα βάκ-
τροις ἐπικρούσαντας Ἀτρείδας δάκρυ μὴ κατασχεῖν·

ἄναξ δ' ὁ πρέσβυς τόδ' εἶπε φωνῶν·   Ant. 3.
« Βαρεῖα μὲν κὴρ τὸ μὴ πιθέσθαι,   206
βαρεῖα δ', εἰ τέκνον δαί-
ξω, δόμων ἄγαλμα,
μιαίνων παρθενοσφάγοισιν
ῥείθροις πατρῴους χέρας   210
πέλας βωμοῦ· τί τῶνδ' ἄνευ κακῶν ;
πῶς λιπόναυς γένωμαι
ξυμμαχίας ἁμαρτών ;

Alors, le premier des chefs   Ant.3
des bateaux achéens,   185
sans insulter un devin,
réglant son souffle sur les événements qui le frappaient,
quand le blocus, asséchant
les ventres, accablait
l'armée achéenne
qui occupait la rive en face de Chalcis dans les parages   190
d'Aulis mugissant au reflux de la mer,

– les souffles venus du Strymon,   Str.4
porteurs de mauvaise paresse, de faim, de durs mouillages,
dérive des hommes, sans clémence
pour les bateaux et les câbles,   195
en repliant le temps sur sa longueur
désagrégeaient par usure la fleur
des Argiens. Puis, quand
un autre mal, remède contre la tempête amère,
plus accablant, fut crié aux princes   200
par le devin qui proférait
Artémis, au point que, martelant
la terre de leurs sceptres, les Atrides
ne savaient retenir leurs larmes,

le premier des rois fit entendre ces mots :   Ant.4
« Ne pas obéir, un lourd désastre,   206
lourd encore si je déchire
l'enfant, la beauté de la maison,
et souille dans les flots d'une vierge
égorgée mes mains de père   210
près de l'autel. Où n'est pas le mal ?
Comment déserter la flotte
et manquer à l'alliance ?

παυσανέμου γὰρ θυσίας
παρθενίου θ' αἵματος ὀρ-   215
γᾷ περιοργῶς ἐπιθυ-
μεῖν θέμις· εὖ γὰρ εἴη. »

Ἐπεὶ δ' ἀνάγκας ἔδυ λέπαδνον   Str. 4.
φρενὸς πνέων δυσσεβῆ τροπαίαν
ἄναγνον, ἀνίερον, τόθεν   220
τὸ παντότολμον φρονεῖν μετέγνω·
βροτοὺς θρασύνει γὰρ αἰσχρόμητις
τάλαινα παρακοπὰ πρωτοπήμων·
ἔτλα δ' οὖν θυτὴρ γενέ-
σθαι θυγατρός, γυναικοποί-   225
νων πολέμων ἀρωγὰν
καὶ προτέλεια ναῶν.

Λιτὰς δὲ καὶ κληδόνας πατρῴους   Ant. 4.
παρ' οὐδέν, αἰῶνα παρθένειον,
ἔθεντο φιλόμαχοι βραβῆς·   230
φράσεν δ' ἀόζοις πατὴρ μετ' εὐχὰν
δίκαν χιμαίρας ὕπερθε βωμοῦ
πέπλοισι περιπετῆ παντὶ θυμῷ
προνωπῆ λαβεῖν ἀέρ-
δην στόματός τε καλλιπρῴ-
ρου φυλακᾷ κατασχεῖν   235
φθόγγον ἀραῖον οἴκοις,

βίᾳ χαλινῶν τ' ἀναύδῳ μένει·   Str. 5.
κρόκου βαφὰς δ' ἐς πέδον χέουσα
ἔβαλλ' ἕκαστον θυτή-
ρων ἀπ' ὄμματος βέλει   240
φιλοίκτῳ, πρέπουσά θ' ὡς
ἐν γραφαῖς προσεννέπειν

Car un sacrifice qui arrête le vent,
et un sang de vierge, avec colère,   215
jusqu'à trop de colère les désirer,
c'est justice. Qu'il en aille pour le bien ! »

Quand il eut passé sur lui la courroie de la nécessité,   Str.5
soufflant la renverse impie de sa pensée,
vent impur, sacrilège, alors   220
jusqu'à l'audace ultime il dévia son esprit.
* Chez les hommes, la pensée de bassesse rend téméraire,
l'insolente déraison, mal suivi de maux.
Il osa donc devenir
sacrificateur de sa fille, en secours   225
aux combats de vengeance pour une femme,
et en prémices de fiançailles aux navires.

Les prières, les appels à son père   Ant.5
* n'étaient rien, et rien la vie de la jeune vierge
pour les capitaines épris de combats.   230
Le père fit des vœux et dit aux assistants
de la tenir comme une chèvre au-dessus de l'autel ;
elle s'entortillait dans sa robe de toutes ses forces,
cherchant la terre. Il dit de la lever
* et d'interdire à la belle étrave de sa bouche   235
de se protéger
en vouant la maison au malheur,

qu'ils usent de la violence et de la force muette des brides.   Str.6
Versant à terre les étoffes couleur de safran
elle frappait chacun des sacrificateurs d'un trait   240
plaintif venu de ses yeux,
éclatante comme dans les peintures, voulant

θέλουσ', ἐπεὶ πολλάκις
πατρὸς κατ' ἀνδρῶνας εὐτραπέζους
ἔμελψεν, ἁγνᾷ δ' ἀταύ-
ρωτος αὐδᾷ πατρὸς   245
φίλου τριτόσπονδον εὔ-
ποτμον παιῶνα φίλως ἔτιμα.

Τὰ δ' ἔνθεν οὔτ' εἶδον οὔτ' ἐννέπω·   Ant. 5.
τέχναι δὲ Κάλχαντος οὐκ ἄκραντοι·
Δίκα δὲ τοῖς μὲν παθοῦ-
σιν μαθεῖν ἐπιρρέπει·   250
τὸ μέλλον ⟨δ'⟩ ἐπεὶ γένοιτ'
ἂν κλύοις, πρὸ χαιρέτω·
ἴσον δὲ τῷ προστένειν·
τορὸν γὰρ ἥξει σύνορθρον αὐγαῖς·
πέλοιτο δ' οὖν τἀπὶ τού-
τοισιν εὖ πρᾶξις, ὡς   255
θέλει τόδ' ἄγχιστον 'Α -
πίας γαίας μονόφρουρον ἕρκος.

Ἥκω σεβίζων σόν, Κλυταιμήστρα, κράτος·
δίκη γάρ ἐστι φωτὸς ἀρχηγοῦ τίειν
γυναῖκ' ἐρημωθέντος ἄρσενος θρόνου·   260
σὺ δ' εἴτε κεδνόν, εἴτε μὴ πεπυσμένη
εὐαγγέλοισιν ἐλπίσιν θυηπολεῖς,
κλύοιμ' ἂν εὔφρων, οὐδὲ σιγώσῃ φθόνος.

les appeler, car si souvent,
chez son père dans la salle des hommes près des belles tables,
elle avait chanté et, ignorante du taureau, de sa voix pure   245
amoureusement honoré, à la troisième libation, le péan
bienheureux de son père aimé.

La suite, je ne l'ai pas vue et ne la dis pas.   Ant.6
Mais l'art de Calchas n'est pas sans effet,
et Justice donne la connaissance d'abord à ceux qui ont souffert   250
en pesant dans la balance. L'avenir,
tu l'apprendras quand il sera. Qu'on fasse fête avant,
c'est égal à pleurer avant.
* *Il arrivera, transparent, droit dans les rayons du jour.*
En tout cas, qu'après ce début advienne le succès, comme   255
le veut ce rempart tout proche,
gardienne solitaire de la terre d'Apis.

Entre Clytemnestre.

Le Chœur
Je viens, parce que je respecte, Clytemnestre, ton pouvoir.
Car il est juste de rendre les honneurs à la femme de celui qui commande
quand le trône est laissé vide par l'homme.   260
Toi, que tu aies appris quelque chose de bon, ou rien appris
et sacrifies dans l'espérance d'un bon message,
je t'écouterais de bon cœur, et si tu ne dis rien, je ne t'en voudrais pas.

ΚΛΥΤΑΙΜΗΣΤΡΑ
      Εὐάγγελος μέν, ὥσπερ ἡ παροιμία,
      ἕως γένοιτο μητρὸς εὐφρόνης πάρα·   265
      πεύσῃ δὲ χάρμα μεῖζον ἐλπίδος κλύειν·
      Πριάμου γὰρ ᾑρήκασιν Ἀργεῖοι πόλιν.

(ΧΟ.) Πῶς φῇς ; πέφευγε τοὖπος ἐξ ἀπιστίας.

(ΚΛ.) Τροίαν Ἀχαιῶν οὖσαν· ἦ τορῶς λέγω ;

(ΧΟ.) Χαρά μ' ὑφέρπει δάκρυον ἐκκαλουμένη.   270

(ΚΛ.) Εὖ γὰρ φρονοῦντος ὄμμα σοῦ κατηγορεῖ.

(ΧΟ.) Τί γάρ ; τὸ πιστὸν ἔστι τῶνδέ σοι τέκμαρ ;

(ΚΛ.) Ἔστιν· τί δ' οὐχί ; μὴ δολώσαντος θεοῦ.

(ΧΟ.) Πότερα δ' ὀνείρων φάσματ' εὐπιθῆ σέβεις ;

(ΚΛ.) Οὐ δόξαν ἂν λάβοιμι βριζούσης φρενός.   275

(ΧΟ.) Ἀλλ' ἦ σ' ἐπίανέν τις ἄπτερος φάτις ;

CLYTEMNESTRE

Qu'il soit bon, comme dit le proverbe, le message de l'aube,
la belle enfant qui vient de la nuit.   265
Tu vas apprendre un plaisir qui, quand on l'écoute, dépasse l'espérance,
car les Argiens ont pris la ville de Priam.

LE CHŒUR

Comment dis-tu ? Tes mots s'échappent parce que je ne les crois pas.

CLYTEMNESTRE

Troie est aux Achéens. Est-ce que je parle clair ?

LE CHŒUR

Le plaisir m'envahit et exige des larmes.   270

CLYTEMNESTRE

Oui, tes yeux accusent ton bonheur.

LE CHŒUR

* Et quelle preuve fiable y a-t-il de ce que tu dis ?

CLYTEMNESTRE

Il y en a une, bien sûr, si le dieu n'a pas été fourbe.

LE CHŒUR

Serait-ce que tu vénères les images des songes, si bonnes à nous
                                                      [convaincre ?

CLYTEMNESTRE

Je ne vais pas prendre mes avis d'un esprit qui somnole.   275

LE CHŒUR

Tu t'es donc gorgée d'une parole qui ne vole pas ?

⟨ΚΛ.⟩ Παιδὸς νέας ὣς κάρτ' ἐμωμήσω φρένας.

⟨ΧΟ.⟩ Ποίου χρόνου δὲ καὶ πεπόρθηται πόλις ;

⟨ΚΛ.⟩ Τῆς νῦν τεκούσης φῶς τόδ' εὐφρόνης λέγω.

⟨ΧΟ.⟩ Καὶ τίς τόδ' ἐξίκοιτ' ἂν ἀγγέλλων τάχος ;   280

⟨ΚΛ.⟩ Ἥφαιστος Ἴδης λαμπρὸν ἐκπέμπων σέλας·
     φρυκτὸς δὲ φρυκτὸν δεῦρ' ἀπ' ἀγγάρου πυρός
     ἔπεμπεν· Ἴδη μὲν πρὸς Ἑρμαῖον λέπας
     Λήμνου· μέγαν δὲ πανὸν ἐκ νήσου τρίτον
     Ἀθῷον αἶπος Ζηνὸς ἐξεδέξατο·   285
     ὑπερτελής τε πόντον ὥστε νωτίσαι
     ἰσχὺς πορευτοῦ λαμπάδος πρὸς ἡδονήν
     . . . .
     πεύκη τὸ χρυσοφεγγὲς ὥς τις ἥλιος
     σέλας παραγγείλασα Μακίστου σκοπαῖς·
     ὃ δ' οὔτι μέλλων οὐδ' ἀφρασμόνως ὕπνῳ   290
     νικώμενος παρῆκεν ἀγγέλου μέρος,
     ἑκὰς δὲ φρυκτοῦ φῶς ἐπ' Εὐρίπου ῥοάς
     Μεσσαπίου φύλαξι σημαίνει μολόν·
     οἳ δ' ἀντέλαμψαν καὶ παρήγγειλαν πρόσω
     γραίας ἐρείκης θωμὸν ἅψαντες πυρί·   295
     σθένουσα λαμπὰς δ' οὐδέπω μαυρουμένη,
     ὑπερθοροῦσα πεδίον Ἀσωποῦ, δίκην
     φαιδρᾶς σελήνης, πρὸς Κιθαιρῶνος λέπας
     ἤγειρεν ἄλλην ἐκδοχὴν πομποῦ πυρός·
     φάος δὲ τηλέπομπον οὐκ ἠναίνετο   300

CLYTEMNESTRE
Ai-je l'esprit d'une petite fille pour que tu le grondes si fort ?

LE CHŒUR
Alors dis-moi, depuis combien de temps la ville est-elle tombée ?

CLYTEMNESTRE
Je te dis, depuis la nuit qui a donné naissance à ce jour.

LE CHŒUR
Et qui viendrait si vite apporter le message ?   280

CLYTEMNESTRE
Héphaïstos, en dépêchant de l'Ida l'éclat d'une lumière.
Et dans la course du feu d'Orient, le signal mandatait le signal.
Pour commencer, l'Ida l'envoya sur la roche d'Hermès
de Lemnos. Puis la torche immense venue de l'île
fut reçue en troisième par la cime de Zeus sur l'Athos.   285
Excédant l'obstacle au point de s'emparer du dos de la mer,
* la force du flambeau qui voyage va comme il lui plaît. (?)
La flamme de pin, comme un soleil, annonce
l'éclat de son or à l'observatoire du Makistos.
Sans rien attendre, sans donner inconsidérément la victoire   290
au sommeil, il ne délaisse pas sa part du message.
Très loin, au-dessus des flots de l'Euripe, la lumière du relais
signale aux gardes du Messapion qu'elle est arrivée chez eux.
Et ils lèvent une contre-flamme et portent l'annonce plus loin
en mettant le feu à une tour de vieilles bruyères.   295
Dans sa puissance, le flambeau, qui échappe toujours à l'ombre,
sautant au-dessus de la plaine de l'Asôpos comme
une lune claire, rejoint la roche nue du Cithéron,
où il éveille une autre étape du feu mandataire.
La garnison ne rejette pas la lumière commandée de loin   300

φρουρὰ πλέον καίουσα τῶν εἰρημένων·
λίμνην δ' ὑπὲρ Γοργῶπιν ἔσκηψεν φάος·
ὄρος τ' ἐπ' Αἰγίπλαγκτον ἐξικνούμενον
ὤτρυνε θεσμὸν μὴ χρονίζεσθαι πυρός·
πέμπουσι δ' ἀνδαίοντες ἀφθόνῳ μένει   305
φλογὸς μέγαν πώγωνα, καὶ Σαρωνικοῦ
πορθμοῦ κάτοπτον πρῶν' ὑπερβάλλειν πρόσω
φλέγουσαν· εἶτ' ἔσκηψεν, εἶτ' ἀφίκετο
'Αραχναῖον αἶπος, ἀστυγείτονας σκοπάς,
κἄπειτ' 'Ατρειδῶν ἐς τόδε σκήπτει στέγος   310
φάος τόδ' οὐκ ἄπαππον 'Ιδαίου πυρός.
Τοιοίδε τοί μοι λαμπαδηφόρων νόμοι,
ἄλλος παρ' ἄλλου διαδοχαῖς πληρούμενοι·
νικᾷ δ' ὁ πρῶτος καὶ τελευταῖος δραμών·
τέκμαρ τοιοῦτον σύμβολόν τε σοὶ λέγω   315
ἀνδρὸς παραγγείλαντος ἐκ Τροίας ἐμοί.

(ΧΟ). Θεοῖς μὲν αὖθις, ὦ γύναι, προσεύξομαι·
λόγους δ' ἀκοῦσαι τούσδε κἀποθαυμάσαι
διηνεκῶς θέλοιμ' ἂν ὡς λέγεις πάλιν.

ΚΛ. Τροίαν 'Αχαιοὶ τῇδ' ἔχουσ' ἐν ἡμέρᾳ·   320
οἶμαι βοὴν ἄμεικτον ἐν πόλει πρέπειν·
ὄξος τ' ἄλειφά τ' ἐγχέας ταὐτῷ κύτει
διχοστατοῦντ' ἂν οὐ φίλως προσεννέποις,
καὶ τῶν ἁλόντων καὶ κρατησάντων δίχα
φθογγὰς ἀκούειν ἔστι συμφορᾶς διπλῆς·   325
οἱ μὲν γὰρ ἀμφὶ σώμασιν πεπτωκότες
ἀνδρῶν κασιγνήτων τε καὶ φυταλμίων
παῖδες γερόντων οὐκέτ' ἐξ ἐλευθέρου
δέρης ἀποιμώζουσι φιλτάτων μόρον·

et brûle plus qu'il n'était prescrit.
La lumière s'est abattue au-delà de l'étang au regard de Gorgone
et, en touchant le mont des chèvres vagabondes,
* elle pressait de ne pas prendre son plaisir face à l'ordre du feu.
Les hommes mandent, en l'embrasant – leur ardeur est sans limites –,   305
* une grande barbe de feu, qui incendie le miroir
du détroit saronique, et passe le cap.
Puis elle s'est abattue, puis elle a touché
la cime de l'Araignée, observatoire voisin de la ville,
ensuite, elle s'abat ici, sur la maison des Atrides,   310
cette lumière qui n'est pas sans aïeul par le feu de l'Ida.
Telles sont les lois que j'ai données aux porteurs des torches.
Dans la succession, l'un est comblé par l'autre,
et le premier coureur et le dernier ont la victoire.
Voilà, tels que je les dis, la preuve et le signe,   315
mon époux m'en a fait l'annonce, à moi, depuis Troie.

LE CHŒUR
J'adresserai une prière aux dieux, femme, en son temps.
Et ton discours, j'aimerais l'entendre et m'en extasier
sur toute sa longueur, à condition que tu parles encore.

CLYTEMNESTRE
Les Achéens, ce jour même, possèdent Troie.   320
Je sens qu'un cri disjoint s'impose dans la ville.
Si tu verses le vinaigre et l'huile dans le même vase,
tu les déclarerais en dissidence, sans amitié,
et des captifs et des vainqueurs on peut entendre
les voix séparées d'un destin double.   325
Car les uns, couchés autour des corps
des maris et des frères, les enfants couchés sur les vieillards
qui ont donné la vie, d'une gorge
qui n'est plus libre pleurent la mort des êtres les plus aimés,

τοὺς δ' αὖτε νυκτίπλαγκτος ἐκ μάχης πόνος   330
νήστεις πρὸς ἀρίστοισιν ὧν ἔχει πόλις
τάσσει, πρὸς οὐδὲν ἐν μέρει τεκμήριον,
ἀλλ' ὡς ἕκαστος ἔσπασεν τύχης πάλον
ἐν αἰχμαλώτοις Τρωϊκοῖς οἰκήμασιν
ναίουσιν ἤδη, τῶν ὑπαιθρίων πάγων   335
δρόσων τ' ἀπαλλαχθέντες· ὡς δ' εὐδαίμονες
ἀφύλακτον εὐδήσουσι πᾶσαν εὐφρόνην.
Εἰ δ' εὖ σέβουσι τοὺς πολισσούχους θεοὺς
τοὺς τῆς ἁλούσης γῆς θεῶν θ' ἱδρύματα,
οὔ τἂν ἑλόντες αὖθις ἀνθαλοῖεν ἄν·   340
ἔρως δὲ μή τις πρότερον ἐμπίπτῃ στρατῷ
πορθεῖν ἃ μὴ χρὴ κέρδεσιν νικωμένους·
δεῖ γὰρ πρὸς οἴκους νοστίμου σωτηρίας
κάμψαι διαύλου θάτερον κῶλον πάλιν·
θεοῖς δ' ἀναμπλάκητος εἰ μόλοι στρατός,   345
ἐγρήγορὸς τὸ πῆμα τῶν ὀλωλότων
γένοιτ' ἄν, εἰ πρόσπαια μὴ τύχοι κακά.
Τοιαῦτά τοι γυναικὸς ἐξ ἐμοῦ κλύεις·
τὸ δ' εὖ κρατοίη μὴ διχορρόπως ἰδεῖν·
πολλῶν γὰρ ἐσθλῶν τὴν ὄνησιν εἱλόμην.   350

⟨ΧΟ.⟩ Γύναι, κατ' ἄνδρα σώφρον' εὐφρόνως λέγεις·
ἐγὼ δ' ἀκούσας πιστά σου τεκμήρια
θεοὺς προσειπεῖν εὖ παρασκευάζομαι·
χάρις γὰρ οὐκ ἄτιμος εἴργασται πόνων.

et les autres, le travail du combat dérivant dans la nuit   330
les répartit affamés là où la ville offre le manger du matin,
sans aucun signe pour leur fixer une place.
Comme chacun a pu tirer son jeton de hasard,
ils habitent maintenant les demeures troyennes
prises de force, délivrés des glaces et de la rosée   335
de dessous le ciel ; et comme les dieux bienheureux,
ils vont dormir sans garde toute la nuit.
Et s'ils respectent les dieux qui règnent sur la ville
et sur la terre conquise et les édifices des dieux,
* les conquérants pourraient ne pas mourir.   340
Mais, tout d'abord, que ne s'abatte pas sur l'armée le désir
de piller ce qu'il ne faut pas, vaincue par l'attrait du profit.
Car il faut encore la sûreté du retour dans les maisons
et courber dans l'autre sens la seconde partie de la course.
Mais si l'armée revient parce qu'elle n'a pas fauté contre les dieux,   345
la souffrance des morts se réveillera peut-être,
si le malheur, je veux dire, ne frappe pas tout de suite.
Voilà ce que tu peux entendre de moi, une femme.
Que le bien s'impose, sans laisser voir d'ambivalence,
car quand le bonheur est grand, je choisis d'en jouir.   350

LE CHŒUR
Femme, tu parles du contentement avec les mots d'un homme sensé.
Quant à moi, j'ai écouté tes preuves, qui sont sûres,
et je me prépare à m'adresser aux dieux pour rendre grâce,
car le plaisir accompli n'est pas d'un prix inférieur aux souffrances.

Clytemnestre sort.

Ὦ Ζεῦ βασιλεῦ καὶ Νὺξ φιλία   355
  μεγάλων κόσμων κτεάτειρα,
ἥτ' ἐπὶ Τροίας πύργοις ἔβαλες
στεγανὸν δίκτυον ὡς μήτε μέγαν
μήτ' οὖν νεαρῶν τιν' ὑπερτελέσαι
μέγα δουλείας   360
  γάγγαμον ἄτης παναλώτου·
Δία τοι Ξένιον μέγαν αἰδοῦμαι
τὸν τάδε πράξαντ' ἐπ' Ἀλεξάνδρῳ
τείνοντα πάλαι τόξον, ὅπως ἂν
μήτε πρὸ καιροῦ μήθ' ὑπὲρ ἄστρων   365
  βέλος ἠλίθιον σκήψειεν.

Διὸς πλαγὰν ἔχουσιν εἰπεῖν,   Str. 1.
πάρεστιν τοῦτό γ' ἐξιχνεῦσαι·
ἔπραξαν ὡς ἔκρανεν. Οὐκ ἔφα τις
θεοὺς βροτῶν ἀξιοῦσθαι μέλειν   370
ὅσοις ἀθίκτων χάρις
πατοῖθ'· ὃ δ' οὐκ εὐσεβής·
πέφανται δ' ἔκγονος
ἀτολμήτων ἀρή,   375
πνεόντων μεῖζον ἢ δικαίως,
φλεόντων δωμάτων ὑπέρφευ·
μέτρον τὸ βέλτιστον· ἔστω δ' ἀπή–
μαντον ὥστ' ἀπαρκεῖν
εὖ πραπίδων λαχόντι.   380
Οὐ γάρ ἐστιν ἔπαλξις
πλούτου πρὸς κόρον ἀνδρὶ
λακτίσαντι μέγαν Δίκας
βωμὸν εἰς ἀφάνειαν.

Le Chœur

Ô Zeus roi, et toi, Nuit amicale,   355
détentrice de grandes parures,
qui as jeté sur le rempart de Troie
un filet la couvrant, de façon que personne, ni grand
ni aucun des tout jeunes, ne franchisse l'obstacle,
la grande nasse d'esclavage   360
du malheur qui fait main sur tout.

Je suis pénétré du respect de Zeus l'Hospitalier,
qui a fait cela, qui contre Alexandre
depuis longtemps tendait l'arc, de sorte que
ni avant le but ni au-delà des étoiles   365
la flèche n'aille s'abattre pour rien.

Le coup asséné par Zeus, ils peuvent le dire.   Str.1
Cela au moins, on en a la trace jusqu'au bout.
Il a fait comme il a décidé. Quelqu'un a dit
que les dieux ne daignent pas se soucier des humains   370
qui mettent le pied sur les beautés
intouchables. Ce n'est pas un homme pieux.
* *Il est clair maintenant qu'elle est fille*
des actes qu'on ne peut oser, la ruine   375
des gens emplis d'un souffle plus grand qu'il n'est juste
dans des maisons gonflées de sève au-delà du merveilleux,
* *au-delà du bien le meilleur. Je pose que ce bien*
est la non-douleur, de sorte qu'il suffit
* *d'avoir reçu dans son diaphragme une belle intelligence,*   380
car il n'a pas de rempart
l'homme qui pour le rassasiement de la richesse
a piétiné le grand autel
de Justice jusqu'à le faire disparaître.

Βιᾶται δ' ἃ τάλαινα πειθώ,   Ant. 1.
προβούλου παῖς ἄφερτος ἄτας·   386
ἄκος δὲ πᾶν μάταιον· οὐκ ἐκρύφθη,
πρέπει δὲ φῶς αἰνολαμπὲς σίνος·
κακοῦ δὲ χαλκοῦ τρόπον   390
τρίβῳ τε καὶ προσβολαῖς
μελαμπαγὴς πέλει,
δικαιωθείς, ἐπεὶ
διώκει παῖς ποτανὸν ὄρνιν,
πόλει πρόστριμμα θεὶς ἄφερτον·   395
λιτᾶν δ' ἀκούει μὲν οὔτις θεῶν,
τῶνδ' ἐπίστροφον δὲ
φῶτ' ἄδικον καθαιρεῖ.
    Οἷος καὶ Πάρις ἐλθὼν
    εἰς δόμον τὸν Ἀτρειδᾶν   400
    ᾔσχυνε ξενίαν τράπε-
    ζαν κλοπαῖσι γυναικός.

Λιποῦσα δ' ἀστοῖσιν ἀσπίστορας   Str. 2.
κλόνους τε καὶ λογχίμους
ναυβάτας ⟨θ'⟩ ὁπλισμούς,   405
ἄγουσά τ' ἀντίφερνον Ἰλίῳ φθοράν,
βέβακεν ῥίμφα διὰ πυλᾶν ἄτλη-
τα τλᾶσα· πολλὰ δ' ἔστενον
τόδ' ἐννέποντες δόμων προφῆται·
« Ἰὼ ἰὼ δῶμα δῶμα καὶ πρόμοι,   410
ἰὼ λέχος καὶ στίβοι φιλάνορες·
† πάρεστι σιγᾶς ἄτιμος ἀλοίδορος
ἄδιστος ἀφεμένων ἰδεῖν· †
πόθῳ δ' ὑπερποντίας φάσμα δό-
ξει δόμων ἀνάσσειν·   415
    εὐμόρφων δὲ κολοσσῶν

La Persuasion mauvaise fait violence,   Ant.1
en enfant immaîtrisable de l'erreur qui conseille.   386
Et toute médecine est vaine. Il n'a pas été caché,
mais il éclate, lumière horriblement claire, le désastre.
À la façon d'un bronze qui ne vaut rien,   390
sous l'effet de l'usure et des coups
il devient un bloc de noirceur
celui contre qui justice est faite, alors
qu'en enfant il poursuit l'oiseau envolé,
lui qui à sa ville infligea une immaîtrisable usure.   395
Et pas un dieu n'écoute les prières.
* Et l'homme injuste qui s'adonne
à ces actes, ils l'éliminent.
Tel fut Pâris. Entré
dans la maison des Atrides,   400
il profana la table hospitalière
en volant une femme.

* Laissant aux habitants de la ville les tumultes   Str.2
porteurs de boucliers et de lances et
les armes montées à bord des navires,   405
apportant à Ilion la destruction au lieu de sa dot,
légère, elle passa les portes, osant
ce qu'on n'ose pas. Et les porte-parole du palais
pleuraient beaucoup en récitant :
« Plainte ! plainte ! Maisons, maisons et chefs !   410
Plainte pour le lit et la trace des pas amoureux de l'homme.
Il est là, en silence, sans honneur, sans injure, (?)
le plus tendre à voir des abandonnés. (?)
Par l'effet du désir d'une femme au-delà de la mer
un fantôme semblera régner sur la maison.   415
La grâce des statues aux formes belles,

ἔχθεται χάρις ἀνδρί·
ὀμμάτων δ' ἐν ἀχηνίαις
ἔρρει πᾶσ' Ἀφροδίτα·

ὀνειρόφαντοι δὲ πενθήμονες   Ant. 2.
πάρεισι δόξαι φέρου-   421
σαι χάριν ματαίαν·
μάταν γάρ, εὖτ' ἂν ἐσθλά τις δοκῶν ὁρᾶν,
παραλλάξασα διὰ χερῶν βέβα-
κεν ὄψις οὐ μεθύστερον,   425
πτεροῖς ὀπαδοῦσ' ὕπνου κελεύθοις. »
Τὰ μὲν κατ' οἴκους ἐφ' ἑστίας ἄχη
τάδ' ἐστί, καὶ τῶνδ' ὑπερβατώτερα·
τὸ πᾶν δ' ἀφ' Ἕλλανος αἴας συνορμένοις
πένθει' ἀτλησικάρδιος   430
δόμῳ 'ν ἑκάστου πρέπει· πολλὰ γοῦν
θιγγάνει πρὸς ἧπαρ·
    οὓς μὲν γὰρ ⟨τις⟩ ἔπεμψεν
    οἶδεν, ἀντὶ δὲ φωτῶν
    τεύχη καὶ σποδὸς εἰς ἑκά-   435
    στου δόμους ἀφικνεῖται.

Ὁ χρυσαμοιβὸς δ' Ἄρης σωμάτων   Str. 3.
καὶ ταλαντοῦχος ἐν μάχῃ δορὸς
πυρωθὲν ἐξ Ἰλίου   440
φίλοισι πέμπει βαρὺ
ψῆγμα δυσδάκρυτον ἀν-
τήνορος σποδοῦ γεμί-
ζων λέβητας εὐθέτου.
Στένουσι δ' εὖ λέγοντες ἄνδρα τὸν μὲν ὡς   445
μάχης ἴδρις, τὸν δ' ἐν φοναῖς καλῶς πεσόντ'
ἀλλοτρίας διαὶ γυναι-

l'homme la hait,
et dans la vacance de ses yeux
Aphrodite tout entière a disparu.

Aperçues en rêve, affligeantes,   Ant.2
les images sont là, porteuses   421
d'un plaisir pour rien.
Car ce n'est rien, quand quelqu'un, s'imaginant voir de belles choses
– et la vision, franchissant
les mains, passa tout de suite,   425
accompagnant les routes ailées du sommeil. »
Voilà, d'abord, le fléau qui dans la maison est au foyer.
Il est cela et dépasse cela.
Puis, malheur total, pour ceux qui se sont élancés de la terre de Grèce,
l'endeuillement qui éprouve le cœur   430
éclate, dans la maison de chacun.
Et, de fait, une masse de maux touche le foie.
Car qui on a envoyé,
on le sait, mais, au lieu d'un homme,
les armes et la cendre arrivent   435
à la maison de chacun.

Arès se fait banquier, de l'or contre les corps,   St.3
et tient les plateaux dans le combat des lances.
Aux familles, depuis Ilion il envoie,   440
passée par le feu, un bon poids
de poussière amère à pleurer, en
chargeant les vases d'une cendre
bien rangée, qui vaut un homme.
Et elles, elles gémissent en louant les hommes :   445
de l'un, qu'il était savant au combat,
de l'autre, qu'il est tombé avec beauté dans la tuerie

κός. Τάδε σῖγά τις βαύ-
ζει· φθονερὸν δ' ὑπ' ἄλγος ἕρ-   450
πει προδίκοις Ἀτρείδαις.
   Οἳ δ' αὐτοῦ περὶ τεῖχος
   θήκας Ἰλιάδος γᾶς
   εὔμορφοι κατέχουσιν· ἐχ-
   θρὰ δ' ἔχοντας ἔκρυψεν.   455

Βαρεῖα δ' ἀστῶν φάτις σὺν κότῳ·   Ant. 3.
δημοκράντου δ' ἀρᾶς τίνει χρέος·
μένει δ' ἀκοῦσαί τί μοι
μέριμνα νυκτηρεφές·   460
τῶν πολυκτόνων γὰρ οὐκ
ἄσκοποι θεοί· κελαι-
ναὶ δ' Ἐρινύες χρόνῳ
τυχηρὸν ὄντ' ἄνευ δίκας παλιντυχεῖ
τριβᾷ βίου τιθεῖσ' ἀμαυρόν, ἐν δ' ἀί-   465
στοις τελέθοντος οὔτις ἀλ-
κά· τὸ δ' ὑπερκόπως κλύειν
εὖ βαρύ· βάλλεται γὰρ ὄσ-
σοις Διόθεν κεραυνός.   470
   Κρίνω δ' ἄφθονον ὄλβον·
   μήτ' εἴην πτολιπόρθης,
   μήτ' οὖν αὐτὸς ἁλοὺς ὑπ' ἄλ-
   λῳ βίον κατίδοιμι.

à cause d'une femme qui n'est pas la sienne.
Ces mots-là, un silence les aboie,
et, haineuse contre les Atrides chargés de les défendre,   450
la douleur fait son chemin caché.
Et d'autres, sur place, autour des remparts,
occupent les parcelles de la terre troyenne
avec leurs belles formes, mais la terre ennemie
dérobe ceux qui la possèdent.

Elle pèse lourd, la parole des habitants pleine de colère,   Ant.3
elle règle son dû à la malédiction qu'a décidée le peuple.
L'angoisse attend en moi d'entendre
quelque chose couvert de nuit.   460
Car les tueurs en masse n'échappent pas
au regard des dieux. Et les noires
Érinyes, avec le temps,
par l'usure de la vie qui retourne la chance,
font une ombre   465
de l'homme qui est chanceux sans justice. Et quand on finit
chez les invisibles, il n'y a pas de défense.
La gloire trop extraordinairement belle
pèse lourd, car de ses yeux
Zeus lance la foudre.   470
Je me prononce pour un bonheur sans envie :
puissè-je ne pas être preneur de ville,
ni contempler ma propre vie
en étant captif des autres.

Πυρὸς δ' ὑπ' εὐαγγέλου   475
πόλιν διήκει θοὰ
βάξις· εἰ δ' ἐτήτυμος,
τίς οἶδεν, ἤ τι θεῖόν ἐστιν ψύθος ;
Τίς ὧδε παιδνὸς ἢ φρενῶν κεκομμένος,
φλογὸς παραγγέλμασιν   480
νέοις πυρωθέντα καρδίαν ἔπειτ'
⟨ἐν⟩ ἀλλαγᾷ λόγου καμεῖν ;
Γυναικὸς αἰχμᾷ πρέπει
πρὸ τοῦ φανέντος χάριν ξυναινέσαι·
πιθανὸς ἄγαν ὁ θῆλυς ἔρος ἐπινέμεται   485
ταχύπορος· ἀλλὰ ταχύμορον
γυναικογήρυτον ὄλλυται κλέος.

Τάχ' εἰσόμεσθα λαμπάδων φαεσφόρων
φρυκτωρίας τε καὶ πυρὸς παραλλαγάς,   490
εἴτ' οὖν ἀληθεῖς εἴτ' ὀνειράτων δίκην
τερπνὸν τόδ' ἐλθὸν φῶς ἐφήλωσεν φρένας·
κῆρυκ' ἀπ' ἀκτῆς τόνδ' ὁρῶ κατάσκιον

κλάδοις ἐλαίας· μαρτυρεῖ δέ μοι κάσις
πηλοῦ ξύνουρος διψία κόνις τάδε,   495
ὡς οὔτ' ἄναυδος οὔτε σοι δαίων φλόγα
ὕλης ὀρείας σημανεῖ καπνῷ πυρός,
ἀλλ' ἢ τὸ χαίρειν μᾶλλον ἐκβάξει λέγων —
τὸν ἀντίον δὲ τοῖσδ' ἀποστέργω λόγον·
εὖ γὰρ πρὸς εὖ φανεῖσι προσθήκη πέλοι·   500
ὅστις τάδ' ἄλλως τῇδ' ἐπεύχεται πόλει,
αὐτὸς φρενῶν καρποῖτο τὴν ἁμαρτίαν.

Poussée par un feu porteur de bonnes nouvelles   Épode
une révélation traverse promptement   476
la ville. Est-ce qu'elle est vraie ?
* *Qui le sait ? Ou n'est-ce pas un mensonge des dieux ?*
Qui est à ce point infantile ou frappé dans son esprit
pour embraser son cœur aux nouvelles toutes fraîches   480
d'une flamme et s'effondrer ensuite,
quand le discours change ?
C'est l'arme prodigieuse des femmes
d'approuver le plaisir avant que les choses ne se montrent.
Le critère féminin est trop persuasif ; il envahit,   485
trouvant vite un passage ; mais, mourant vite,
la grandeur proclamée par une femme s'annule.

LE CHŒUR
Nous serons vite instruits sur les torches porteuses de lumière
et les signaux et sur ce qu'il en est des variations du feu,   490
qu'elles disent vrai, ou qu'à la manière des rêves
cette lumière charmante nous soit arrivée pour tromper les esprits.
Je vois cet homme qui vient de la côte, un héraut, couvert de l'ombre
d'un rameau d'olivier. Et j'en ai la preuve, par la sœur
de la boue, sa mitoyenne, cette poussière assoiffée :   495
il ne sera pas muet, ni n'enflammera à ton intention
la broussaille des montagnes pour faire signe avec la vapeur d'un feu,
mais, parlant, ou bien il révèlera avec plus de force qu'il ne faut se réjouir,
– la parole contraire à celle-ci, je la déteste.
Car je souhaite qu'un beau complément s'ajoute aux belles visions.   500
Qui, sur ce point, fait pour cette ville un autre vœu,
qu'il cueille le fruit de l'erreur logée dans son esprit.

Entre un héraut.

ΚΗΡΥΞ

Ἰὼ πατρῷον οὖδας Ἀργείας χθονός,
δεκάτῳ σε φέγγει τῷδ' ἀφικόμην ἔτους,
πολλῶν ῥαγεισῶν ἐλπίδων μιᾶς τυχών·   5o5
οὐ γάρ ποτ' ηὔχουν τῇδ' ἐν Ἀργείᾳ χθονί
θανὼν μεθέξειν φιλτάτου τάφου μέρος·
νῦν χαῖρε μὲν χθών, χαῖρε δ' ἡλίου φάος,
ὕπατός τε χώρας Ζεύς, ὁ Πύθιός τ' ἄναξ,
τόξοις ἰάπτων μηκέτ' εἰς ἡμᾶς βέλη·   5ιο
ἅλις παρὰ Σκάμανδρον ἦσθ' ἀνάρσιος,
νῦν δ' αὖτε σωτὴρ ἴσθι καὶ παιώνιος,
ἄναξ Ἄπολλον· τούς τ' ἀγωνίους θεούς
πάντας προσαυδῶ, τόν τ' ἐμὸν τιμάορον
Ἑρμῆν, φίλον κήρυκα κηρύκων σέβας,   5ι5
ἥρως τε τοὺς πέμψαντας, εὐμενεῖς πάλιν
στρατὸν δέχεσθαι τὸν λελειμμένον δορός.
Ἰὼ μέλαθρα βασιλέων, φίλαι στέγαι,
σεμνοί τε θᾶκοι, δαίμονές τ' ἀντήλιοι,
εἴ που πάλαι, φαιδροῖσι τοισίδ' ὄμμασιν   5ιο
δέξασθε κόσμῳ βασιλέα πολλῷ χρόνῳ·
ἥκει γὰρ ὑμῖν φῶς ἐν εὐφρόνῃ φέρων
καὶ τοῖσδ' ἅπασι κοινὸν Ἀγαμέμνων ἄναξ·
ἀλλ' εὖ νιν ἀσπάσασθε, καὶ γὰρ οὖν πρέπει,
Τροίαν κατασκάψαντα τοῦ δικηφόρου   5ι5
Διὸς μακέλλῃ, τῇ κατείργασται πέδον,
βωμοὶ δ' ἄιστοι καὶ θεῶν ἱδρύματα,
καὶ σπέρμα πάσης ἐξαπόλλυται χθονός.
Τοιόνδε Τροίᾳ περιβαλὼν ζευκτήριον
ἄναξ Ἀτρείδης πρέσβυς εὐδαίμων ἀνήρ   53ο
ἥκει, τίεσθαι δ' ἀξιώτατος βροτῶν

LE HÉRAUT
Ô sol ancestral de la terre d'Argos,
la lumière des années a brillé dix fois pour que je vienne à toi.
Des milliers d'espérances sont en débris, et je n'en tiens qu'une seule. 505
Car jamais je n'ai cru qu'ici, dans la terre d'Argos,
je pourrais, le jour de ma mort, jouir de ma part de la plus aimée
                                                    [des tombes.
Maintenant, je te bénis, Terre, en premier, puis je te bénis, lumière
                                                    [du Soleil,
et Zeus, très haut roi du pays, et toi, le prince de Pythô,
qui jamais plus, je te prie, ne lanceras ses flèches contre nous.   510
Aux bords du Scamandre, tu étais trop inamical,
sois maintenant le Sauveur et le Médecin,
prince Apollon, et j'appelle les dieux de la place publique
dans leur totalité, et le gardien de mon honneur,
Hermès, héraut bien-aimé, vénération des hérauts,   515
et les grands morts qui nous ont escortés là-bas, qu'avec amitié,
                                                    [au retour,
ils accueillent l'armée, ce que la guerre a laissé.
Ô palais des rois, demeures aimées,
sièges imposants, dieux tournés vers le soleil,
c'est l'heure où jamais, de vos yeux rayonnants,   520
d'accueillir avec apparat le roi, après un temps immense.
Car le voici, porteur de lumière, pour vous, dans la nuit
et la dispensant à tous ceux d'ici, le prince Agamemnon.
Faites lui une belle fête, car c'est ce qu'il faut,
lui qui a labouré Troie avec la houe de Zeus   525
dispensateur de justice. Par elle, le sol fut travaillé jusqu'au fond,
les autels et les édifices des dieux sont devenus invisibles
et la semence de la terre annulée dans tous ses lieux.
Ayant jeté sur Troie la machine d'un tel joug,
le voici, le prince, le premier des Atrides, homme heureux,   530
le plus digne d'hommage des mortels

τῶν νῦν· Πάρις γὰρ οὔτε συντελὴς πόλις
ἐξεύχεται τὸ δρᾶμα τοῦ πάθους πλέον·
ὀφλὼν γὰρ ἁρπαγῆς τε καὶ κλοπῆς δίκην
τοῦ ῥυσίου θ' ἥμαρτε καὶ πανώλεθρον   535
αὐτόχθονον πατρῷον ἔθρισεν δόμον·
διπλᾶ δ' ἔτεισαν Πριαμίδαι θἀμάρτια.

(ΧΟ.) Κῆρυξ Ἀχαιῶν χαῖρε τῶν ἀπὸ στρατοῦ.

ΚΗ. Χαίρω ⟨γε⟩, τεθνάναι δ' οὐκέτ' ἀντερῶ θεοῖς.

(ΧΟ.) Ἔρως πατρῴας τῆσδε γῆς σ' ἐγύμνασεν.   540

ΚΗ. Ὥστ' ἐνδακρύειν γ' ὄμμασιν χαρᾶς ὕπο.

(ΧΟ.) Τερπνῆς ἄρ' ἴστε τῆσδ' ἐπήβολοι νόσου —

ΚΗ. Πῶς δή ; διδαχθεὶς τοῦδε δεσπόσω λόγου.

(ΧΟ.) τῶν ἀντερώντων ἱμέρῳ πεπληγμένοι.

ΚΗ. Ποθεῖν ποθοῦντα τήνδε γῆν στρατὸν λέγεις.   545

(ΧΟ.) Ὡς πόλλ' ἀμαυρᾶς ἐκ φρενός ⟨μ'⟩ ἀναστένειν.

de ce temps. Car ni Pâris, ni la ville impliquée avec lui
ne prétendent que l'acte accompli l'emporte sur l'acte subi.
Car, condamné en justice à la fois pour pillage et pour rapt,
il a perdu le gage qu'il détenait et, la détruisant toute,   535
a fauché la maison ancestrale avec sa terre.
Les enfants de Priam ont payé leur erreur double prix.

LE CHŒUR
Héraut des Achéens revenus de l'armée, je te souhaite la joie !

LE HÉRAUT
Je me réjouis et je ne disputerai plus ma mort avec les dieux.

LE CHŒUR
L'amour de cette terre ancestrale a-t-il été ton maître ?   540

LE HÉRAUT
Au point, oui, d'emplir mes yeux de larmes, pris par la joie.

LE CHŒUR
Vous étiez donc sous les coups de ce mal délicieux ?

LE HÉRAUT
Que veux-tu dire ? Instruis-moi et je maîtriserai l'argument.

LE CHŒUR
Tu étais frappé du désir de ceux qui t'aimaient en retour.

LE HÉRAUT
Dis-tu que ce pays se languissait de l'armée se languissant de lui ?   545

LE CHŒUR
Au point de sans cesse tirer de grandes plaintes d'un cœur enténébré.

ΚΗ.   Πόθεν τὸ δύσφρον τοῦτ' ἔπην ⟨ὑμῖν⟩ στύγος ;

(ΧΟ.) Πάλαι τὸ σιγᾶν φάρμακον βλάβης ἔχω.

ΚΗ.   Καὶ πῶς ; ἀπόντων κοιράνων ἔτρεις τινάς ;

(ΧΟ.) Ὡς νῦν, τὸ σὸν δή, καὶ θανεῖν πολλὴ χάρις.   550

ΚΗ.   Εὖ γὰρ πέπρακται· πάντα δ' ἐν πολλῷ χρόνῳ
       τὰ μέν τις ἂν λέξειεν εὐπετῶς ἔχειν,
       τὰ δ' αὖτε κἀπίμομφα· τίς δὲ πλὴν θεῶν
       ἅπαντ' ἀπήμων τὸν δι' αἰῶνος χρόνον ;
       Μόχθους γὰρ εἰ λέγοιμι καὶ δυσαυλίας,   555
       σπαρνὰς παρήξεις καὶ κακοστρώτους· τί δ' οὐ
       στένοντες, ἀσχάλλοντες, ἥματος μέρος — ;
       Τὰ δ' αὖτε χέρσῳ καὶ προσῆν πλέον στύγος·
       εὐναὶ γὰρ ἦσαν δηΐων πρὸς τείχεσιν,
       ἐξ οὐρανοῦ δὲ κἀπὸ γῆς λειμώνιαι   560
       δρόσοι κατεψάκαζον ἔμπεδον σίνος,
       ἐσθημάτων τιθέντες ἔνθηρον τρίχα.
       Χειμῶνα δ' εἰ λέγοι τις οἰωνοκτόνον
       οἷον παρεῖχ' ἄφερτον Ἰδαία χιών,
       ἢ θάλπος, εὖτε πόντος ἐν μεσημβριναῖς   565
       κοίταις ἀκύμων νηνέμοις εὕδοι πεσών.
       Τί ταῦτα πενθεῖν δεῖ ; παροίχεται πόνος·

LE HÉRAUT
* Mais d'où venait cette froideur hostile à l'armée ?

LE CHŒUR
Depuis longtemps, j'ai le silence comme médecine de ce qui m'atteint.

LE HÉRAUT
Comment ? Des gens te faisaient trembler en l'absence des rois ?

LE CHŒUR
Au point qu'aujourd'hui, comme pour toi, mourir serait
[une grande joie.   550

LE HÉRAUT
* Oui, car l'entreprise a réussi. Et cela a pris beaucoup de temps.
Il y a des choses dont on peut dire qu'elles ont bien fini,
et d'autres, au contraire, sont à critiquer aussi. Mais qui, s'il n'est pas
[dieu,
reste sans souffrir pendant tout le temps qui traverse la vie ?
Si je disais les peines, les mauvais bivouacs,   555
les coursives serrées et mal faites pour coucher – que n'avions
[nous pas
* à pleurer, à subir comme lot de chaque jour ?
Et sur terre encore, nous venait une horreur plus grande.
Nos lits étaient dressés sous les murailles des ennemis.
Depuis le ciel et montée de la terre, la rosée   560
des prairies sourdait goutte à goutte, mal constant,
peuplant de bêtes le crin des vêtements.
Et si l'on disait l'hiver tueur d'oiseaux,
tel que nous l'offrait, immaîtrisable, la neige de l'Ida,
ou la chaleur, quand la mer sans vagues s'affalait   565
en dormant sur sa couche sans souffle de midi
– mais pourquoi faut-il s'endeuiller de cela ? La peine est partie.

παροίχεται δέ, τοῖσι μὲν τεθνηκόσιν
τὸ μήποτ' αὖθις μηδ' ἀναστῆναι μέλειν·
τί τοὺς ἀναλωθέντας ἐν ψήφῳ λέγειν,   570
τὸν ζῶντα δ' ἀλγεῖν χρὴ τύχης παλιγκότου ;
καὶ πολλὰ χαίρειν συμφοραῖς καταξιῶ.
Ἡμῖν δὲ τοῖς λοιποῖσιν Ἀργείων στρατοῦ
νικᾷ τὸ κέρδος, πῆμα δ' οὐκ ἀντιρρέπει·
ὡς κομπάσαι τῷδ' εἰκὸς ἡλίου φάει   575
ὑπὲρ θαλάσσης καὶ χθονὸς ποτωμένῳ·
«Τροίαν ἑλόντες δή ποτ' Ἀργείων στόλος
θεοῖς λάφυρα ταῦτα τοῖς καθ' Ἑλλάδα
δόμοις ἐπασσάλευσαν ἀρχαῖον γάνος. »
Τοιαῦτα χρὴ κλύοντας εὐλογεῖν πόλιν   580
καὶ τοὺς στρατηγούς· καὶ χάρις τιμήσεται
Διὸς τάδ' ἐκπράξασα. Πάντ' ἔχεις λόγον.

ΧΟ.   Νικώμενος λόγοισιν οὐκ ἀναίνομαι·
ἀεὶ γὰρ ἡβᾷ τοῖς γέρουσιν εὖ μαθεῖν·
δόμοις δὲ ταῦτα καὶ Κλυταιμήστρᾳ μέλειν   585
εἰκὸς μάλιστα, σὺν δὲ πλουτίζειν ἐμέ.

ΚΛ.   Ἀνωλόλυξα μὲν πάλαι χαρᾶς ὕπο,
ὅτ' ἦλθ' ὁ πρῶτος νύχιος ἄγγελος πυρός,
φράζων ἅλωσιν Ἰλίου τ' ἀνάστασιν·
καὶ τίς μ' ἐνίπτων εἶπε· « Φρυκτωρῶν διὰ   590
πεισθεῖσα Τροίαν νῦν πεπορθῆσθαι δοκεῖς ;
ἦ κάρτα πρὸς γυναικὸς αἴρεσθαι κέαρ. »
Λόγοις τοιούτοις πλαγκτὸς οὖσ' ἐφαινόμην·

Et elle est partie, d'abord, pour ceux qui sont morts,
qui plus jamais n'auront même le souci de se lever.
Et pourquoi inclure dans le bilan ceux qui sont perdus   570
et obliger celui qui vit à souffrir de la colère du sort ?
J'estime que les événements appellent une grande joie.
Pour nous, les survivants de l'armée des Argiens,
le gain est victorieux et la souffrance ne fait pas contrepoids,
au point que nous avons le droit de nous glorifier,
                        [face à cette lumière du soleil,   575
* quand notre gloire, déjà, survole la mer et la terre :
« Un jour, elle a pris Troie, l'armée des Argiens,
et pour les dieux, dans leurs maisons de toute la Grèce,
elle a accroché ces trophées, splendeur ancienne pour toujours. »
Quiconque entend ces mots-là doit prononcer l'éloge de la ville   580
et des généraux, et honneur sera rendu à l'amour
de Zeus, qui a fait cela. Tu as entendu tout ce que j'avais à dire.

Le Chœur

Je suis vaincu par ce que tu as dit et ne m'en défends pas.
Car chez les vieux, une chose reste jeune, c'est de bien apprendre.
Mais il revient avant tout au palais et à Clytemnestre de prendre soin   585
de cela, et, à moi, d'en n'être riche qu'avec eux.

Entre Clytemnestre.

Clytemnestre

J'ai lancé mon cri de triomphe il y a longtemps, prise par la joie,
Quand, la nuit, est venu le premier messager en feu ;
il racontait la prise d'Ilion et sa dévastation.
Et on m'apostrophait : « Convaincue par des signaux de lumière,   590
tu t'imagines que Troie est ravagée maintenant.
C'est très femme, un cœur qui s'emballe. »
Un tel langage me faisait paraître divagante,

ὅμως δ' ἔθυον, καὶ γυναικείῳ νόμῳ
ὀλολυγμὸν ἄλλος ἄλλοθεν κατὰ πτόλιν   595
ἔλασκον εὐφημοῦντες ἐν θεῶν ἕδραις
θυηφάγον κοιμῶντες εὐώδη φλόγα.
Καὶ νῦν τὰ μάσσω μὲν τί δεῖ σ' ἐμοὶ λέγειν ;
ἄνακτος αὐτοῦ πάντα πεύσομαι λόγον·
ὅπως δ' ἄριστα τὸν ἐμὸν αἰδοῖον πόσιν   600
σπεύσω πάλιν μολόντα δέξασθαι· τί γὰρ
γυναικὶ τούτου φέγγος ἥδιον δρακεῖν,
ἀπὸ στρατείας ἄνδρα σώσαντος θεοῦ,
πύλας ἀνοῖξαι ; Ταῦτ' ἀπάγγειλον πόσει·
ἥκειν ὅπως τάχιστ' ἐράσμιον πόλει·   605
« γυναῖκα πιστὴν δ' ἐν δόμοις εὕροι μολών
οἵανπερ οὖν ἔλειπε, δωμάτων κύνα
ἐσθλὴν ἐκείνῳ, πολεμίαν τοῖς δύσφροσιν,
καὶ τἄλλ' ὁμοίαν πάντα, σημαντήριον
οὐδὲν διαφθείρασαν ἐν μήκει χρόνου·   610
οὐδ' οἶδα τέρψιν, οὐδ' ἐπίψογον φάτιν,
ἄλλου πρὸς ἀνδρὸς μᾶλλον ἢ χαλκοῦ βαφάς. »
Τοιόσδ' ὁ κόμπος, τῆς ⟨δ'⟩ ἀληθείας γέμων
οὐκ αἰσχρὸς ὡς γυναικὶ γενναίᾳ λακεῖν.

⟨ΧΟ.⟩ Αὕτη μὲν οὕτως εἶπε μανθάνοντί σοι   615
τοροῖσιν ἑρμηνεῦσιν εὐπρεπῆ λόγον·
σὺ δ' εἰπέ, κῆρυξ, Μενέλεων δὲ πεύθομαι
εἰ νόστιμός τε καὶ σεσωσμένος πάλιν
ἥξει σὺν ὑμῖν, τῆσδε γῆς φίλον κράτος.

et, pourtant, je sacrifiais, et, selon le rite des femmes,
l'un, l'autre, de partout par la ville poussaient le cri   595
du triomphe et bénissaient, tandis que dans les demeures des dieux
ils apaisaient la flamme parfumée qui dévore l'encens.
Et maintenant donc, pourquoi devrais-tu m'en dire plus long ?
J'apprendrai tout ce qu'il y a à dire du prince lui-même.
Mais là, du mieux que je peux, je m'empresse d'accueillir   600
mon digne époux qui revient. Car y a-t-il
pour une femme lumière plus douce à voir,
quand le dieu a sauvé son homme au retour de la guerre,
que de lui ouvrir les portes ? Voilà ce que tu dois dire à mon époux.
Qu'il nous vienne au plus vite, bien-aimé de sa ville,   605
et qu'en rentrant il trouve chez soi une femme fidèle,
telle qu'il l'a laissée, bonne chienne de la maison
à son service, en guerre contre les malveillants,
et toujours la même en toute chose, n'ayant brisé
aucun sceau tout au long de ce temps.   610
Et je ne connais pas plus le plaisir, ni la parole qui blâme,
à cause d'un autre homme que je ne connais l'art de tremper le bronze.
Voilà ma glorification. Comme elle regorge de vérité,
une femme de bonne famille peut la crier sans honte.

Elle sort.

Le Chœur
Elle, elle a dit ce qu'elle a dit, pour toi, qui sais comprendre   615
un discours bien tourné si tu recours à de bons interprètes.
Mais toi, dis-moi, héraut. Je veux savoir pour Ménélas :
a-t-il droit au retour ? Sauvé, revient-il
avec vous, le souverain si cher à ce pays ?

ΚΗ. Οὐκ ἔσθ' ὅπως λέξαιμι τὰ ψευδῆ καλά   620
ἐς τὸν πολὺν φίλοισι καρποῦσθαι χρόνον.

⟨ΧΟ.⟩ Πῶς δῆτ' ἂν εἰπὼν κεδνὰ τἀληθῆ τύχοις ;
σχισθέντα δ' οὐκ εὔκρυπτα γίγνεται τάδε.

ΚΗ. Ἀνὴρ ἄφαντος ἐξ Ἀχαιϊκοῦ στρατοῦ,
αὐτός τε καὶ τὸ πλοῖον· οὐ ψευδῆ λέγω.   625

⟨ΧΟ.⟩ Πότερον ἀναχθεὶς ἐμφανῶς ἐξ Ἰλίου,
ἢ χεῖμα κοινὸν ἄχθος ἥρπασε στρατοῦ ;

ΚΗ. Ἔκυρσας ὥστε τοξότης ἄκρος σκοποῦ·
μακρὸν δὲ πῆμα συντόμως ἐφημίσω.

⟨ΧΟ.⟩ Πότερα γὰρ αὐτοῦ ζῶντος ἢ τεθνηκότος   630
φάτις πρὸς ἄλλων ναυτίλων ἐκλῄζετο ;

ΚΗ. Οὐκ οἶδεν οὐδεὶς ὥστ' ἀπαγγεῖλαι τορῶς,
πλὴν τοῦ τρέφοντος Ἡλίου χθονὸς φύσιν.

⟨ΧΟ.⟩ Πῶς γὰρ λέγεις χειμῶνα ναυτικῷ στρατῷ
ἐλθεῖν τελευτῆσαί τε δαιμόνων κότῳ ;   635

LE HÉRAUT
Il n'y a aucun moyen qu'avec des mensonges je fasse un beau récit   620
dont pour longtemps mes amis puissent cueillir le fruit.

LE CHŒUR
Mais alors, si tu nous dis des choses agréables, comment atteindras-tu
[le vrai ?
Quand il est bien tranché, il ne se cache pas facilement.

LE HÉRAUT
L'homme a disparu, il a quitté l'armée achéenne,
lui et son bateau. Je ne dis pas de mensonge.   625

LE CHŒUR
A-t-il pris le large sous vos yeux en quittant Ilion,
ou une tempête, vous accablant tous, l'a-t-elle enlevé à l'armée ?

LE HÉRAUT
Tu as touché la cible, comme un archer d'élite,
et d'un mot évoqué un mal immense.

LE CHŒUR
Est-ce la nouvelle d'un homme mort ou d'un vivant   630
que faisaient entendre de lui les autres marins ?

LE HÉRAUT
Personne ne sait rien qui puisse être annoncé clairement,
sauf le Soleil, qui nourrit la force féconde de la terre.

LE CHŒUR
Et comment dis-tu que la tempête advint à l'armée des bateaux,
et comment elle a fini, sous l'emprise du ressentiment des dieux ?   635

ΚΗ. Εὔφημον ἦμαρ οὐ πρέπει κακαγγέλῳ
γλώσσῃ μιαίνειν· χωρὶς ἡ τιμὴ θεῶν·
ὅταν δ' ἀπευκτὰ πήματ' ἄγγελος πόλει
στυγνῷ προσώπῳ πτωσίμου στρατοῦ φέρῃ,
πόλει μὲν ἕλκος ἕν τι δήμιον τυχεῖν, 640
πολλοὺς δὲ πολλῶν ἐξαγισθέντας δόμων
ἄνδρας, διπλῇ μάστιγι τὴν Ἄρης φιλεῖ,
δίλογχον ἄτην, φοινίαν ξυνωρίδα·
τοιῶνδε μέντοι πημάτων σεσαγμένον
πρέπει λέγειν παιᾶνα τόνδ' Ἐρινύων· 645
σωτηρίων δὲ πραγμάτων εὐάγγελον
ἥκοντα πρὸς χαίρουσαν εὐεστοῖ πόλιν,
πῶς κεδνὰ τοῖς κακοῖσι συμμείξω, λέγων
χειμῶν' Ἀχαιοῖς οὐκ ἀμήνιτον θεῶν ;
Ξυνώμοσαν γάρ, ὄντες ἔχθιστοι τὸ πρίν, 650
πῦρ καὶ θάλασσα, καὶ τὰ πίστ' ἐδειξάτην
φθείροντε τὸν δύστηνον Ἀργείων στρατόν.
Ἐν νυκτὶ δυσκύμαντα δ' ὠρώρει κακά·
ναῦς γὰρ πρὸς ἀλλήλησι Θρήκιαι πνοαὶ
ἤρεικον· αἳ δὲ κεροτυπούμεναι βίᾳ 655
χειμῶνι τυφῷ σὺν ζάλῃ τ' ὀμβροκτύπῳ,
ᾤχοντ' ἄφαντοι, ποιμένος κακοῦ στρόβῳ.
Ἐπεὶ δ' ἀνῆλθε λαμπρὸν ἡλίου φάος,
ὁρῶμεν ἀνθοῦν πέλαγος Αἰγαῖον νεκροῖς
ἀνδρῶν Ἀχαιῶν ναυτικοῖς τ' ἐρειπίοις· 660
ἡμᾶς γε μὲν δὴ ναῦν τ' ἀκήρατον σκάφος
ἤτοι τις ἐξέκλεψεν ἢ 'ξῃτήσατο,
θεός τις, οὐκ ἄνθρωπος, οἴακος θιγών·
Τύχη δὲ Σωτὴρ ναῦν θέλουσ' ἐφέζετο,

LE HÉRAUT
Un jour béni, il ne convient pas que le souille une langue
messagère du mal. L'hommage dû aux dieux n'est pas de ce côté-là.
Lorsqu'un messager apporte à la ville des souffrances exécrées,
avec son visage lugubre, quand l'armée est tombée à terre –
dans ses mots, une seule et même blessure pour la ville, touchant
                                    [tout le peuple,   640
et des milliers d'hommes arrachés, en offrande, à mille maisons,
sous les coups d'un double fouet, celui qu'affectionne Arès,
désastre armé de deux lances, attelage sanguinaire –,
quand on porte le harnais de ces souffrances-là,
il convient de réciter le chant de victoire des Érinyes.   645
Mais lorsqu'en messager du bien, quand tout est sauvé,
on entre dans une ville à la joie de son bonheur,
– comment vais-je mêler du mal aux nouvelles agréables, en faisant
                                    [le récit
* de la tempête des Achéens, où la colère des dieux fut sans défaut ?
Car ils se prêtèrent serment, alors qu'avant c'étaient les plus
                                 [grands ennemis,   650
le feu et la mer, et tous deux manifestèrent leur alliance
en dévastant la pauvre armée des Argiens.
Le désastre s'était levé dans la nuit avec ses vagues mauvaises.
Les vents de Thrace, en effet, cassaient les bateaux
l'un contre l'autre. S'encornant par force   655
dans l'embrasement du typhon et sous les rafales cinglantes de pluie,
ils s'en allaient, disparus, pris par le tourbillon d'un berger malfaisant.
Et lorsque monta la lumière flamboyante du soleil,
nous vîmes la mer Égée se fleurir des cadavres
des guerriers achéens et des fragments des bateaux.   660
Quant à nous et à notre vaisseau, dont la coque était intacte,
quelqu'un ou nous a soustraits ou est intercédé,
un dieu, pas un homme, mettant la main sur la gouverne,
et Fortune, la salvatrice, s'était en amie assise à notre bord,

ὡς μήτ' ἐν ὁρμῷ κύματος ζάλην ἔχειν   665
μήτ' ἐξοκεῖλαι πρὸς κραταίλεων χθόνα.
Ἔπειτα δ' ᾅδην πόντιον πεφευγότες,
λευκὸν κατ' ἦμαρ οὐ πεποιθότες τύχῃ,
ἐβουκολοῦμεν φροντίσιν νέον πάθος,
στρατοῦ καμόντος καὶ κακῶς σποδουμένου.   670
Καὶ νῦν ἐκείνων εἴ τις ἐστὶν ἐμπνέων,
λέγουσιν ἡμᾶς ὡς ὀλωλότας, τί μήν ;
ἡμεῖς τ' ἐκείνους ταῦτ' ἔχειν δοξάζομεν.
Γένοιτο δ' ὡς ἄριστα· Μενέλεων γὰρ οὖν
πρῶτόν τε καὶ μάλιστα προσδόκα μολεῖν·   675
εἰ δ' οὖν τις ἀκτὶς ἡλίου νιν ἱστορεῖ
χλωρόν τε καὶ βλέποντα, μηχαναῖς Διός
οὔπω θέλοντος ἐξαναλῶσαι γένος,
ἐλπίς τις αὐτὸν πρὸς δόμους ἥξειν πάλιν.
Τοσαῦτ' ἀκούσας ἴσθι τἀληθῆ κλύων.   680

ΧΟ. Τίς ποτ' ὠνόμαζεν ὧδ'   Str. 1.
ἐς τὸ πᾶν ἐτητύμως —
μή τις ὅντιν' οὐχ ὁρῶμεν προνοί-
αισι τοῦ πεπρωμένου
γλῶσσαν ἐν τύχᾳ νέμων ; —   685
τὰν δορίγαμβρον ἀμφινει-
κῆ θ' Ἑλέναν ; ἐπεὶ πρεπόντως
ἑλένας, ἕλανδρος, ἑλέ-
πτολις, ἐκ τῶν ἁβροτίμων   690
προκαλυμμάτων ἔπλευσεν
Ζεφύρου γίγαντος αὔρᾳ,

nous évitant de subir au mouillage les rafales des vagues   665
et de courir sur les brisants de la terre.
Puis, quand nous eûmes échappé aux Enfers de la mer,
dans le jour blanc, sans croire à notre fortune,
nous devenions dans notre esprit les bergers d'une douleur nouvelle,
l'armée était détruite, mise en poussière avec cruauté.   670
Et maintenant, si, parmi eux, il y en a qui respirent,
ils parlent de nous comme si nous n'étions plus, bien sûr,
et nous, nous imaginons que c'est leur sort.
Que tout aille pour le mieux ! Et Ménélas, qui t'inquiète,
avant toute chose et plus que tout, attends-toi à son arrivée.   675
Et s'il faut qu'un rayon du soleil fouille le monde pour le trouver
* vivant et voyant la lumière, l'habileté de Zeus,
qui n'a certes pas encore l'intention d'anéantir la famille,
nous donne espoir qu'il rentre un jour dans sa maison.
Sache qu'en écoutant tout cela, tu as entendu la vérité.   680

Il sort.

Le Chœur
Qui a pu donner ce nom, si   Str.1
absolument juste,
si ce n'est quelqu'un que nous ne voyons pas et qui,
par prescience de ce qui est fixé,
conduit sa langue avec bonheur,   685
quand à l'épousée parmi les lances, à la disputée,
il donna le nom d'Hélène, « celle qui prend » ? Car, accordée
                                    [à son nom,
preneuse de bateaux, preneuse d'hommes, preneuse
de villes, elle quitta le secret   690
des étoffes délicates et partit sur la mer
au souffle vif d'un Zéphyr géant,

πολύανδροί τε φεράσπιδες κυναγοί
κατ' ἴχνος πλατᾶν ἄφαντον   695
κελσάντων Σιμόεντος ἀκ-
τὰς ἐπ' ἀεξιφύλλους
δι' Ἔριν αἱματόεσσαν.

Ἰλίῳ δὲ κῆδος ὀρ-   Ant. 1.
θώνυμον τελεσσίφρων   700
Μῆνις ἤλασεν, τραπέζας ἀτί-
μωσιν ὑστέρῳ χρόνῳ
καὶ Ξυνεστίου Διὸς
πρασσομένα τὸ νυμφότι-
μον μέλος ἐκφάτως τίοντας,   706
ὑμέναιον ὃς τότ' ἐπέρ-
ρεπε γαμβροῖσιν ἀείδειν·
μεταμανθάνουσα δ' ὕμνον
Πριάμου πόλις γεραιά   710
πολύθρηνον μέγα που στένει, κικλήσκου-
σα Πάριν τὸν αἰνόλεκτρον,
† παμπρόσθη πολύθρηνον
αἰῶν' ἀμφὶ πολίταν †   715
μέλεον αἷμ' ἀνατλᾶσα.

Ἔθρεψεν δὲ λέοντος ἶ-   Str. 2.
νιν δόμοις ἀγάλακτον οὕ-
τως ἀνὴρ φιλόμαστον,
ἐν βιότου προτελείοις   720
ἄμερον, εὐφιλόπαιδα
καὶ γεραροῖς ἐπίχαρτον·
πολέα δ' ἔσχ' ἐν ἀγκάλαις,
νεοτρόφου τέκνου δίκαν,
φαιδρωπὸς ποτὶ χεῖρα σαί-   725
νων τε γαστρὸς ἀνάγκαις.

et partirent des milliers d'hommes en chasse, porteurs de boucliers,
sur la trace des marins qui poussaient   695
* *une rame disparue jusqu'aux rives*
aux grands feuillages du fleuve Simoïs,
sous l'effet de la Discorde couverte de sang.

Et pour Ilion, les noces, conduites par la Colère   Ant.1
qui mène à terme ses projets, prirent un nom véridique   700
de tristesse. Le déshonneur de la table
et de Zeus assis
au foyer, plus tard
elle le fit payer à ceux qui à grande voix   705
honoraient le chant en l'honneur de l'épouse,
le chant d'hyménée qu'il incombait alors
aux nouveaux parents de chanter.
Désapprenant son hymne,
la vieille ville de Priam   710
doit se plaindre lourdement en mille chants de mort, appelant
Pâris le marié d'horreur,
(?) car dès le premier jour, elle portait une vie
pleine d'un grand chant de mort   715
offert au triste sang des citoyens. (?)

Il y eut une fois un homme qui éleva le petit d'un lion   Str.2
dans sa maison, sevré de lait
alors qu'il aimait la mamelle.
Dans les prémices de la vie,   720
il était doux, bon ami des enfants
et la joie des vieillards.
Et il prenait beaucoup, quand on le serrait dans les bras
comme un enfant qui commence à téter,
l'œil brillant à l'approche de la main et   725
cajoleur, quand le ventre le pressait.

Χρονισθεὶς δ' ἀπέδειξεν ἦ-   Ant. 2.
θος τὸ πρὸς τοκέων· χάριν
γὰρ τροφεῦσιν ἀμείβων
μηλοφόνοισι ⟨σὺ⟩ν ἄταις   730
δαῖτ' ἀκέλευστος ἔτευξεν·
αἵματι δ' οἶκος ἐφύρθη,
ἄμαχον ἄλγος οἰκέταις,
μέγα σίνος πολύκτονον·
ἐκ θεοῦ δ' ἱερεύς τις ᾿Α-   735
τας δόμοις προσεθρέφθη.

Παραυτὰ δ' ἐλθεῖν ἐς ᾿Ιλίου πόλιν   Str. 3.
λέγοιμ' ἂν φρόνημα μὲν
νηνέμου γαλάνας,   740
ἀκασκαῖον ⟨δ'⟩ ἄγαλμα πλούτου,
μαλθακὸν ὀμμάτων βέλος,
δηξίθυμον ἔρωτος ἄνθος.
Παρακλίνασ' ἐπέκρανεν
δὲ γάμου πικρὰς τελευτάς,   745
δύσεδρος καὶ δυσόμιλος
συμένα Πριαμίδαισιν,
πομπᾷ Διὸς Ξενίου,
νυμφόκλαυτος ᾿Ερινύς.   749

Παλαίφατος δ' ἐν βροτοῖς γέρων λόγος   Ant. 3.
τέτυκται, μέγαν τελε-
σθέντα φωτὸς ὄλβον
τεκνοῦσθαι μηδ' ἄπαιδα θνήσκειν,
ἐκ δ' ἀγαθᾶς τύχας γένει   755
βλαστάνειν ἀκόρεστον οἰζύν.
Δίχα δ' ἄλλων μονόφρων εἰ-
μί· τὸ δυσσεβὲς γὰρ ἔργον

Passé le temps, il montra   Ant.2
la façon d'être qui venait de ses parents. Car
rendant leur amour à ses nourriciers,
dans une folie tueuse de moutons   730
il se fit un repas où il n'était pas invité.
La maison dégoulinait de sang,
souffrance insurmontable pour la maisonnée,
grand désastre d'un meurtre en masse.
Un dieu avait voulu qu'un prêtre du malheur   735
fût aussi élevé dans la famille.

En un instant, entrèrent dans la ville d'Ilion   Str.3
l'esprit d'un calme sans vent, pourrais-je dire,   740
et la langueur du joyau de la richesse,
la flèche douce du regard,
la fleur du désir qui mord le cœur.
Mais, basculante, elle établit
une fin amère pour le mariage,   745
la résidente pour le mal, la compagne pour le mal,
lancée contre les Priamides
sous la conduite de Zeus l'Hospitalier,
l'Érinye qui met en pleurs les épouses.

Prononcée aux temps anciens, une parole a pris vieillesse
                            [chez les hommes.   Ant.3
Elle dit : l'opulence d'un homme au plus haut de sa grandeur   752
engendre et ne meurt pas sans enfants,
car de la bonne fortune, pour la famille   755
germe une misère toujours insatisfaite.
Mais moi, je ne suis pas du côté des autres et ma pensée
est une. Car c'est l'acte sacrilège

μετὰ μὲν πλείονα τίκτει,
σφετέρᾳ δ' εἰκότα γέννᾳ·   760
οἴκων γὰρ εὐθυδίκων
καλλίπαις πότμος αἰεί.

Φιλεῖ δὲ τίκτειν ὕβρις μὲν παλαι-   Str. 4.
ὰ νεάζουσαν ἐν κακοῖς βροτῶν   765
ὕβριν, τότ' ἢ τόθ', ὅτε τὸ κύριον μόλῃ
νεαροῦ φάος τόκου,
δαίμονά τε τὰν ἄμαχον, ἀπόλεμον, ἀνίερον,
θράσος μελαίνας μελάθροισιν Ἄτας,   770
εἰδομέναν τοκεῦσιν.

Δίκα δὲ λάμπει μὲν ἐν δυσκάπνοις   Ant. 4.
δώμασιν, τὸν δ' ἐναίσιμον τίει   775
βίον· τὰ χρυσόπαστα δ' ἔδεθλα σὺν πίνῳ
χειρῶν παλιντρόποις
ὄμμασι λιποῦσ' ὅσια προσέβαλε, δύναμιν οὐ
σέβουσα πλούτου παράσημον αἴνῳ·   780
πᾶν δ' ἐπὶ τέρμα νωμᾷ.

Ἄγε δή, βασιλεῦ, Τροίας πτολίπορθ',
Ἀτρέως γένεθλον, πῶς σε προσείπω ;
πῶς σε σεβίζω μήθ' ὑπεράρας   785
μήθ' ὑποκάμψας καιρὸν χάριτος ;
πολλοὶ δὲ βροτῶν τὸ δοκεῖν εἶναι
   προτίουσι δίκην παραβάντες·

qui engendre après soi une foule d'enfants,
et ils ressemblent à leur origine. 760
Car dans les maisons où la justice est droite,
le destin fait l'enfant toujours beau.

La violence ancienne aime à mettre au monde Str.4
une violence qui déploie sa jeunesse dans les douleurs des hommes, 765
tel jour ou tel autre, quand brille le jour
* *fixé (?), (…) colère*
* *et démon au-delà des combats, des guerres, des sacrifices,*
arrogance de la ruine noire dans la maison, 770
qui ressemble à ses parents.

La Justice rayonne dans les maisons où la fumée Ant.4
est pénible, elle honore la vie qui tient 775
ses limites. Mais les beautés pailletées d'or, quand les mains
sont sales, le regard tourné de l'autre côté,
* *elle les abandonne et rejoint les choses pures, sans égards*
pour la puissance de l'argent, que rend fausse l'éloge qu'elle reçoit. 780
Elle mène tout à sa fin.

Entre Agamemnon sur un char, accompagné
de Cassandre.

LE CHŒUR
Je te demande, roi, saccageur de la ville de Troie,
descendance d'Atrée :
quel nom te donnerai-je, quel hommage te rendrai-je 785
sans mettre trop haut, ni trop rabaisser
la juste visée de mon amour ?
Beaucoup d'hommes donnent la préséance à ce qui a l'apparence
de l'être, et transgressent le droit.

τῷ δυσπραγοῦντί τ' ἐπιστενάχειν 790
πᾶς τις ἕτοιμος· δῆγμα δὲ λύπης
οὐδὲν ἐφ' ἧπαρ προσικνεῖται·
καὶ ξυγχαίρουσιν ὁμοιοπρεπεῖς
ἀγέλαστα πρόσωπα βιαζόμενοι
. . . .

ὅστις δ' ἀγαθὸς προβατογνώμων, 795
οὐκ ἔστι λαθεῖν ὄμματα φωτὸς
τὰ δοκοῦντ' εὔφρονος ἐκ διανοίας
ὑδαρεῖ σαίνει φιλότητι.

Σὺ δέ μοι τότε μὲν στέλλων στρατιὰν
Ἑλένης ἕνεκ', οὐ γάρ ⟨σ'⟩ ἐπικεύσω, 800
κάρτ' ἀπομούσως ἦσθα γεγραμμένος
οὐδ' εὖ πραπίδων οἴακα νέμων,
θάρσος ἑκούσιον
ἀνδράσι θνήσκουσι κομίζων·
νῦν δ' οὐκ ἀπ' ἄκρας φρενὸς οὐδ' ἀφίλως 805
εὔφρων πόνον εὖ τελέσασιν ⟨ἐγώ⟩·
γνώσῃ δὲ χρόνῳ διαπευθόμενος
τόν τε δικαίως καὶ τὸν ἀκαίρως
πόλιν οἰκουροῦντα πολιτῶν.

ΑΓΑΜΕΜΝΩΝ

Πρῶτον μὲν Ἄργος καὶ θεοὺς ἐγχωρίους 810
δίκη προσειπεῖν, τοὺς ἐμοὶ μεταιτίους
νόστου δικαίων θ' ὧν ἐπραξάμην πόλιν

Πριάμου· δίκας γὰρ οὐκ ἀπὸ γλώσσης θεοὶ
κλύοντες ἀνδροθνῆτας Ἰλίου φθορὰς
ἐς αἱματηρὸν τεῦχος οὐ διχορρόπως 815
ψήφους ἔθεντο, τῷ δ' ἐναντίῳ κύτει

Pour se lamenter avec le malheureux,   790
tout le monde est là, mais la morsure du chagrin
est loin d'atteindre le foie.

Et tous ensemble on se réjouit, brillant d'un même éclat,
* mais on force des visages qui ne rient pas.
Celui qui est un bon connaisseur de son troupeau   795
ne peut pas ne pas voir que les yeux d'un homme
qui paraissent le caresser par esprit de bonté
ont les caresses d'un amour coupé d'eau.

Et toi, quand, alors, tu équipais l'armée
à cause d'Hélène, je ne te le cacherai pas,   800
tu étais pour moi une image bien laide à peindre
et un mauvais timonier de ton souffle,
quand tu te chargeais d'une insolence délibérée
pour des hommes voués à mourir.

Mais aujourd'hui, ce n'est pas du bout du cœur ni sans amour   805
* qu'il faut dire : à qui réussit, la souffrance veut du bien.
Et tu apprendras, avec le temps, en menant ton enquête,
qui, des citoyens, a gardé le foyer de la cité
selon le droit, et qui a failli.

AGAMEMNON
En premier, il est juste de nommer Argos   810
et les dieux du pays, coresponsables avec moi
de mon retour et de la justice avec laquelle j'ai puni la ville
de Priam. Car les dieux, ayant entendu les droits plaidés sans paroles,
* ont mis comme suffrages la ruine d'Ilion
avec ses morts d'hommes dans l'urne sanglante,   815
sans partage. Vers la jarre du côté contraire

ἐλπὶς προσῇει χειρὸς οὐ πληρουμένῳ·
καπνῷ δ' ἁλοῦσα νῦν ἔτ' εὔσημος πόλις·
ἄτης θύελλαι ζῶσι, συνθνήσκουσα δέ
σποδὸς προπέμπει πίονας πλούτου πνοάς.   822
Τούτων θεοῖσι χρὴ πολύμνηστον χάριν
τίνειν, ἐπείπερ χἀρπαγὰς ὑπερκότως
ἐπραξάμεσθα καὶ γυναικὸς οὕνεκα
πόλιν διημάθυνεν Ἀργεῖον δάκος,
ἵππου νεοσσός, ἀσπιδηστρόφος λεώς,   825
πήδημ' ὀρούσας ἀμφὶ Πλειάδων δύσιν·
ὑπερθορὼν δὲ πύργον, ὠμηστὴς λέων,
ἄδην ἔλειξεν αἵματος τυραννικοῦ.
Θεοῖς μὲν ἐξέτεινα φροίμιον τόδε·
τὰ δ' ἐς τὸ σὸν φρόνημα, μέμνημαι κλύων   830
καὶ φημὶ ταὐτὰ καὶ συνήγορόν μ' ἔχεις·
παύροις γὰρ ἀνδρῶν ἐστι συγγενὲς τόδε,
φίλον τὸν εὐτυχοῦντ' ἄνευ φθόνων σέβειν·
δύσφρων γὰρ ἰὸς καρδίαν προσήμενος
ἄχθος διπλοίζει τῷ πεπαμένῳ νόσον·   835
τοῖς τ' αὐτὸς αὑτοῦ πήμασιν βαρύνεται
καὶ τὸν θυραῖον ὄλβον εἰσορῶν στένει·
εἰδὼς λέγοιμ' ἄν — εὖ γὰρ ἐξεπίσταμαι
ὁμιλίας κάτοπτρον — εἴδωλον σκιᾶς
δοκοῦντας εἶναι κάρτα πρευμενεῖς ἐμοί·   840
μόνος δ' Ὀδυσσεύς, ὅσπερ οὐχ ἑκὼν ἔπλει,

ζευχθεὶς ἕτοιμος ἦν ἐμοὶ σειραφόρος·
εἴτ' οὖν θανόντος εἴτε καὶ ζῶντος πέρι
λέγω. Τὰ δ' ἄλλα πρὸς πόλιν τε καὶ θεούς
κοινοὺς ἀγῶνας θέντες ἐν πανηγύρει   845
βουλευσόμεσθα· καὶ τὸ μὲν καλῶς ἔχον
ὅπως χρονίζον εὖ μενεῖ βουλευτέον·

venait l'espoir, mais aucune main pour la remplir.
Une fumée noire met aujourd'hui encore un grand signe
                              [sur la ville conquise.
Les ouragans du mal sont bien vivants, et, mourant avec le reste,
la cendre jette au loin les souffles gras de la richesse.   820
Pour cela, il faut payer aux dieux le prix d'un amour
qui se souvienne à l'infini, puisque notre colère sans limites a puni
le vol, et qu'à cause d'une femme
le carnassier d'Argos a mis la ville en poussière,
jeune enfant du cheval, une armée qui fait tournoyer ses boucliers,   825
dressée d'un bond à l'heure où se couchent les Pléiades.
Et, sautant le rempart, le lion mangeur de chair
lécha à satiété le sang royal.
Pour les dieux, j'ai prolongé cette introduction,
et j'en viens à tes pensées. Bien écoutées, elles sont dans ma mémoire, 830
et j'affirme la même chose et tu m'as avec toi pour défendre ta thèse.
En effet, c'est un trait naturel chez très peu d'individus
de respecter l'ami, quand il a de la chance, sans le jalouser ;
et, en effet, le poison de la malveillance, fixé sur le cœur,
redouble la douleur de celui qui a la maladie comme bien :   835
il est lui-même accablé de ses propres souffrances
et pleure en voyant le bonheur chez les autres.
Je peux dire d'expérience – car je connais bien
le miroir de la société – qu'ils sont l'image d'une ombre
les gens qui paraissent m'être fortement dévoués.   840
Seul Ulysse, l'homme qui avait pris la mer malgré soi,
était, dans l'attelage, un cheval de volée bien disposé,
que ce soit d'un mort ou que ce soit d'un vivant
que je parle. Et pour la suite, qui concerne la cité et les dieux,
nous réunirons tout le monde et déciderons   845
en assemblées solennelles. Et, d'abord, ce qui est beau,
il faudra décider comment bien le maintenir en le faisant durer.

ὅτῳ δὲ καὶ δεῖ φαρμάκων παιωνίων,
ἤτοι κέαντες ἢ τεμόντες εὐφρόνως,
πειρασόμεσθα πῆμ' ἀποστρέψαι νόσου.　　850
Νῦν δ' ἐς μέλαθρα καὶ δόμους ἐφεστίους
ἐλθὼν θεοῖσι πρῶτα δεξιώσομαι,
οἵπερ πρόσω πέμψαντες ἤγαγον πάλιν·
νίκη δ', ἐπείπερ ἕσπετ', ἐμπέδως μένοι.

ΚΛ.　Ἄνδρες πολῖται, πρέσβος Ἀργείων τόδε,　　855
οὐκ αἰσχυνοῦμαι τοὺς φιλάνορας τρόπους
λέξαι πρὸς ὑμᾶς· ἐν χρόνῳ δ' ἀποφθίνει
τὸ τάρβος ἀνθρώποισιν· οὐκ ἄλλων πάρα
μαθοῦσ', ἐμαυτῆς δύσφορον λέξω βίον
τοσόνδ' ὅσονπερ οὗτος ἦν ὑπ' Ἰλίῳ.　　860
Τὸ μὲν γυναῖκα πρῶτον ἄρσενος δίχα
ἧσθαι δόμοις ἔρημον ἔκπαγλον κακόν·　　862
καὶ τὸν μὲν ἥκειν, τὸν δ' ἐπεισφέρειν κακοῦ　　864
κάκιον ἄλλο, πῆμα λάσκοντας δόμοις·　　865
καὶ τραυμάτων μὲν εἰ τόσων ἐτύγχανεν
ἀνὴρ ὅδ' ὡς πρὸς οἶκον ὠχετεύετο
φάτις, τέτρωται δικτύου πλέω λέγειν·
εἰ δ' ἦν τεθνηκὼς ὡς ἐπλήθυον λόγοι,
τρισώματός τἂν Γηρυὼν ὁ δεύτερος　　870

χθονὸς τρίμοιρον χλαῖναν ἐξηύχει λαβεῖν,　　872
ἅπαξ ἑκάστῳ κατθανὼν μορφώματι.
Τοιῶνδ' ἕκατι κληδόνων παλιγκότων

Puis, pour ce qui requiert des médecines qui sauvent,
en brûlant ou en coupant avec bienveillance,
nous tenterons de chasser la douleur de la maladie.   850
Mais, pour le moment, entrant dans les salles et la maison de mon foyer,
je vais, en premier, saluer les dieux de ma main droite,
puisqu'ils m'ont escorté au loin et guidé au retour.
Et puisque la victoire m'a suivi, qu'elle se maintienne avec constance.

Entre Clytemnestre, avec des servantes.

CLYTEMNESTRE
Citoyens, ô vous ici, grande noblesse d'Argos,   855
je ne rougirai pas de vous dire les formes qu'a prises
mon amour d'un homme. Au cours du temps la frayeur,
                              [chez les humains,
se réduit à rien. Ce n'est pas pour l'avoir apprise
d'autrui que je dirai la vie si lourde à porter qui fut la mienne
tout le temps qu'il était, lui, sous les remparts de Troie.   860
Pour une femme, en premier, rester séparée de son homme,
assise en solitaire dans sa maison, est un mal stupéfiant,
* quand elle entend le récit de mille plaisirs qui appellent la colère,
et que quelqu'un se présente, puis un autre, pour apporter une souffrance
plus mauvaise que le mal d'avant en la criant dans le palais.   865
Et s'il avait reçu le nombre exact de blessures,
cet homme qui est ici, que vers la maison en était drainée
la nouvelle, il serait, à bien le dire, plus blessé qu'un filet.
Et s'il était autant mort que s'en multipliait le discours,
ce serait un être fait de trois corps, un second Géryon,   870
* et multiple, mais juste en l'air – car je ne veux pas parler
                              [d'une tombe d'en bas –,
serait le manteau de terre qu'il pourrait se vanter d'avoir reçu
                              [en trois parts,
puisqu'il serait mort une fois après l'autre dans chacune de ces formes.

πολλὰς ἄνωθεν ἀρτάνας ἐμῆς δέρης   875
ἔλυσαν ἄλλοι πρὸς βίαν λελημμένης.
Ἐκ τῶνδέ τοι παῖς ἐνθάδ' οὐ παραστατεῖ,
ἐμῶν τε καὶ σῶν κύριος πιστευμάτων,
ὡς χρῆν, Ὀρέστης· μηδὲ θαυμάσῃς τόδε·
τρέφει γὰρ αὐτὸν εὐμενὴς δορύξενος,   880
Στροφίος ὁ Φωκεύς, ἀμφίλεκτα πήματα
ἐμοὶ προφωνῶν, τόν θ' ὑπ' Ἰλίῳ σέθεν
κίνδυνον, εἴ τε δημόθρους ἀναρχία
βουλὴν καταρρίψειεν, ὥστε σύγγονον
βροτοῖσι τὸν πεσόντα λακτίσαι πλέον·   885
τοιάδε μέντοι σκῆψις οὐ δόλον φέρει.
Ἔμοιγε μὲν δὴ κλαυμάτων ἐπίσσυτοι
πηγαὶ κατεσβήκασιν, οὐδ' ἔνι σταγών·
ἐν ὀψικοίτοις δ' ὄμμασιν βλάβας ἔχω
τὰς ἀμφί σοι κλαίουσα λαμπτηρουχίας   890
ἀτημελήτους αἰέν· ἐν δ' ὀνείρασιν
λεπταῖς ὑπαὶ κώνωπος ἐξηγειρόμην
ῥιπαῖσι θωΰσσοντος, ἀμφί σοι πάθη
ὁρῶσα πλείω τοῦ ξυνεύδοντος χρόνου.
Νῦν, ταῦτα πάντα τλᾶσ', ἀπενθήτῳ φρενὶ   895
λέγοιμ' ἂν ἄνδρα τόνδε τῶν σταθμῶν κύνα,
σωτῆρα ναὸς πρότονον, ὑψηλῆς στέγης
στῦλον ποδήρη, μονογενὲς τέκνον πατρί,
καὶ γῆν φανεῖσαν ναυτίλοις παρ' ἐλπίδα,
κάλλιστον ἦμαρ εἰσιδεῖν ἐκ χείματος,   900
ὁδοιπόρῳ διψῶντι πηγαῖον ῥέος·
τερπνὸν δὲ τἀναγκαῖον ἐκφυγεῖν ἅπαν·
τοιοῖσδέ τοί νιν ἀξιῶ προσφθέγμασιν·
φθόνος δ' ἀπέστω· πολλὰ γὰρ τὰ πρὶν κακά

À cause de telles rumeurs qui appelaient la colère,
de multiples lacets en l'air tinrent mon cou,   875
et d'autres hommes, de force, les dénouaient quand j'y étais prise.
Pour ces raisons, l'enfant n'est pas à nos côtés,
lui qui certifie la fidélité que j'ai et que tu as jurée,
comme il le devrait, Oreste. N'en sois pas étonné.
Un homme bienveillant l'élève, un ami par la guerre,   880
Strophios le Phocidien. Il m'a fait entendre un malheur
qui se dit doublement : le risque que tu courais
sous Ilion, et s'il venait que la vacance du pouvoir hurlée par le peuple
n'abatte la raison publique, car il est naturel
aux hommes d'accabler celui qui est tombé, encore plus, à coups
                                                        [de pied.   885
Un tel argument, en tout cas, ne comporte pas de piège.
Et, pour parler de moi : tout d'abord, les flots envahissants
de mes larmes se sont consumés ; aucune goutte ne s'y trouve.
Et dans mes yeux tard venus au sommeil je porte les dommages
que m'infligeaient les pleurs sur des cortèges de torches
                                                        [qui te concernaient   890
et que, toujours, on négligeait. Et, dans les rêves,
je m'éveillais sous les attaques légères d'un moustique
tonitruant, quand, te concernant, je voyais
plus de malheurs que n'en pouvait tenir le temps qui dormait avec moi.
Aujourd'hui, moi qui ai souffert tout cela, d'un cœur désendeuillé   895
je pourrais dire que l'homme qui est ici est le chien de garde des écuries,
l'étai qui sauve le bateau, la colonne bien posée
du toit éminent, l'enfant unique né pour son père,
et la terre qui se montre aux marins qui n'en avaient plus l'espoir,
le jour si beau à voir quand on sort de la tempête,   900
le flot de la source livré au voyageur assoiffé.
C'est un délice d'échapper à toutes les formes de la nécessité.
Ce sont là les appellations que je juge à sa hauteur.
Que la mesquinerie s'en aille ! Car, dans le temps d'avant,
                                                        [nous avons tenu bon

ἠνειχόμεσθα. Νῦν δέ μοι, φίλον κάρα,   905
ἔκβαιν' ἀπήνης τῆσδε, μὴ χαμαὶ τιθεὶς
τὸν σὸν πόδ', ὦναξ, Ἰλίου πορθήτορα.
Δμωαί, τί μέλλεθ', αἷς ἐπέσταλται τέλος
πέδον κελεύθου στρωννύναι πετάσμασιν ;
εὐθὺς γενέσθω πορφυρόστρωτος πόρος,   910
ἐς δῶμ' ἄελπτον ὡς ἂν ἡγῆται Δίκη.
Τὰ δ' ἄλλα φροντὶς οὐχ ὕπνῳ νικωμένη
θήσει δικαίως σὺν θεοῖς εἱμαρμένα.

ΑΓ.   Λήδας γένεθλον, δωμάτων ἐμῶν φύλαξ,
ἀπουσίᾳ μὲν εἶπας εἰκότως ἐμῇ·   915
μακρὰν γὰρ ἐξέτεινας· ἀλλ' ἐναισίμως
αἰνεῖν, παρ' ἄλλων χρὴ τόδ' ἔρχεσθαι γέρας.
Καὶ τἄλλα μὴ γυναικὸς ἐν τρόποις ἐμέ
ἄβρυνε, μηδὲ βαρβάρου φωτὸς δίκην
χαμαιπετὲς βόαμα προσχάνῃς ἐμοί,   920
μηδ' εἵμασι στρώσασ' ἐπίφθονον πόρον
τίθει· θεούς τοι τοῖσδε τιμαλφεῖν χρεών·
ἐν ποικίλοις δὲ θνητὸν ὄντα κάλλεσιν
βαίνειν ἐμοὶ μὲν οὐδαμῶς ἄνευ φόβου·
λέγω κατ' ἄνδρα, μὴ θεόν, σέβειν ἐμέ·   925
χωρὶς ποδοψήστρων τε καὶ τῶν ποικίλων
κληδὼν ἀϋτεῖ· καὶ τὸ μὴ κακῶς φρονεῖν
θεοῦ μέγιστον δῶρον· ὀλβίσαι δὲ χρὴ
βίον τελευτήσαντ' ἐν εὐεστοῖ φίλῃ.
Εἶπον, τάδ' οὐ πράσσοιμ' ἂν εὐθαρσὴς ἐγώ.   930

ΚΛ.   Καὶ μὴν τόδ' εἰπὲ μὴ παρὰ γνώμην ἐμοί.

contre une foule de maux. Et maintenant, pour moi, ô tête chérie,   905
descends de ce char. Mais ne pose pas sur la terre,
ô roi, le pied qui fut ravageur de Troie !
Servantes, qu'attendez-vous ? Il vous a été donné la charge
de couvrir le sol de son chemin d'étoffes déployées.
Que tout de suite se fasse un passage semé de pourpre,   910
afin que Justice le conduise vers une maison qu'il n'espérait pas !
Et la suite, une pensée qui sait vaincre le sommeil
la disposera selon le droit avec l'aide des dieux : elle appartient au destin.

AGAMEMNON
Descendance de Léda, gardienne de ma maison,
tu as parlé en accord avec mon absence,   915
car tu as tiré le fil d'un long discours. Mais un éloge comme il faut,
l'hommage m'en devait venir d'un autre que toi.
Et, pour la suite, ne me traite pas à la façon des femmes,
en m'amollissant, et, comme on fait à un barbare,
ne me lance pas du grand vide de ta bouche un cri rampant à terre,   920
et ne fabrique pas, en le couvrant d'habits, un passage
qui rend jaloux. Les dieux, oui, il faut les honorer par ces objets,
mais, quand on est mortel, marcher sur des merveilles colorées,
ce ne peut en aucun cas, pour moi, se faire sans effroi.
Je veux dire qu'on doit me vénérer en homme et non en dieu.   925
Elle est loin des carpettes et loin des étoffes aux mille couleurs,
la gloire, quand elle pousse son cri de guerre. Et ne pas penser mal
est le don le plus grand qui vienne d'un dieu. Il faut dire fortuné
celui qui a fini sa vie dans le bien-être qu'on chérit.
Et si, en tout, j'arrive à cela, j'ai confiance pour moi.   930

CLYTEMNESTRE
Prononce-toi encore sur ce point, sans contredire ton jugement, pour moi.

ΑΓ.   Γνώμην μὲν ἴσθι μὴ διαφθεροῦντ' ἐμέ.

ΚΛ.   Ηὔξω θεοῖς δείσας ἂν ὧδ' ἔρδειν τάδε ;

ΑΓ.   Εἴπερ τις εἰδώς γ' εὖ τόδ' ἐξεῖπεν τέλος.

ΚΛ.   Τί δ' ἂν δοκεῖ σοι Πρίαμος, εἰ τάδ' ἤνυσεν ;   935

ΑΓ.   Ἐν ποικίλοις ἂν κάρτα μοι βῆναι δοκεῖ.

ΚΛ.   Μή νυν τὸν ἀνθρώπειον αἰδεσθῇς ψόγον.

ΑΓ.   Φήμη γε μέντοι δημόθρους μέγα σθένει.

ΚΛ.   Ὁ δ' ἀφθόνητός γ' οὐκ ἐπίζηλος πέλει.

ΑΓ.   Οὔτοι γυναικός ἐστιν ἱμείρειν μάχης.   940

ΚΛ.   Τοῖς δ' ὀλβίοις γε καὶ τὸ νικᾶσθαι πρέπει.

ΑΓ.   Ἦ καὶ σὺ νίκην τήνδε δήριος τίεις ;

ΚΛ.   Πιθοῦ, κράτος μέντοι πάρες γ' ἑκὼν ἐμοί.

AGAMEMNON
Détruire mon jugement, dis-toi que tu ne l'auras pas de moi.

CLYTEMNESTRE
Cette promesse aux dieux d'agir comme tu l'as dit, serait-ce de la peur ?

AGAMEMNON
* Si un homme sait ce qu'il dit, c'est moi, qui ai prononcé ma décision.

CLYTEMNESTRE
Mais Priam, que crois-tu qu'il aurait fait, si comme toi il avait réussi ? 935

AGAMEMNON
Je crois qu'à coup sûr il aurait marché sur ces tissus colorés.

CLYTEMNESTRE
N'aie donc pas de scrupules face à la critique des hommes.

AGAMEMNON
Mais, quand même, la parole lancée par le peuple a une grande force.

CLYTEMNESTRE
Mais quand on ne rend pas jaloux, on n'est pas un modèle.

AGAMEMNON
Vraiment, le désir de combattre ne va pas à une femme.   940

CLYTEMNESTRE
Mais c'est quand on est bienheureux, qu'il faut connaître aussi la défaite.

AGAMEMNON
Tu donnes donc tant de prix à ta victoire, dans la lutte ?

CLYTEMNESTRE
Laisse-toi convaincre. Mais accorde-moi un vrai triomphe, de bon cœur.

ΑΓ. Ἀλλ', εἰ δοκεῖ σοι ταῦθ', ὕπαί τις ἀρβύλας
λύοι τάχος, πρόδουλον ἔμβασιν ποδός·   945
καὶ τοῖσδέ μ' ἐμβαίνονθ' ἀλουργέσιν θεῶν
μή τις πρόσωθεν ὄμματος βάλοι φθόνος·
πολλὴ γὰρ αἰδὼς δωματοφθορεῖν ποσίν
φθείροντα πλοῦτον ἀργυρωνήτους θ' ὑφάς.
Τούτων μὲν οὕτω· τὴν ξένην δὲ πρευμενῶς   950
τήνδ' ἐσκόμιζε· τὸν κρατοῦντα μαλθακῶς
θεὸς πρόσωθεν εὐμενῶς προσδέρκεται·
ἑκὼν γὰρ οὐδεὶς δουλίῳ χρῆται ζυγῷ,
αὕτη δὲ πολλῶν χρημάτων ἐξαίρετον
ἄνθος, στρατοῦ δώρημ', ἐμοὶ ξυνέσπετο.   955
Ἐπεὶ δ' ἀκούειν σοῦ κατέστραμμαι τάδε,
εἶμ' ἐς δόμων μέλαθρα πορφύρας πατῶν.

ΚΛ. Ἔστιν θάλασσα — τίς δέ νιν κατασβέσει ; —
τρέφουσα πολλῆς πορφύρας ἰσάργυρον
κηκῖδα παγκαίνιστον, εἱμάτων βαφάς·   960
οἴκοις δ' ὑπάρχει τῶνδε σὺν θεοῖς, ἄναξ,
ἔχειν· πένεσθαι δ' οὐκ ἐπίσταται δόμος.
Πολλῶν πατησμὸν δ' εἱμάτων ἂν ηὐξάμην,
δόμοισι προυνεχθέντος ἐν χρηστηρίοις
ψυχῆς κόμιστρα τῆσδε μηχανωμένη·   965
ῥίζης γὰρ οὔσης φυλλὰς ἵκετ' ἐς δόμους,
σκιὰν ὑπερτείνασα σειρίου κυνός·
καὶ σοῦ μολόντος δωματῖτιν ἑστίαν,
θάλπος μὲν ἐν χειμῶνι σημαίνεις μολόν,
ὅταν δὲ τεύχῃ Ζεὺς ἀπ' ὄμφακος πικρᾶς   970
οἶνον, τότ' ἤδη ψῦχος ἐν δόμοις πέλει,

AGAMEMNON

Dans ce cas, si c'est ton choix, qu'on détache immédiatement
mes chaussures, la monture de mes pieds qui leur tient lieu d'esclave. 945
Et quand je serai monté sur les ouvrages de la mer qu'offrent les dieux,
que ne s'abatte, venue de loin, sur moi aucune jalousie d'aucun regard.
Car j'ai un immense scrupule à détruire la maison par mes pas,
en détruisant la richesse et les tissages payés à prix d'argent.
La question en reste là. Et l'étrangère qui est ici, accueille-la   950
avec amitié. Quand le maître est doux,
le dieu le contemple de loin d'un œil amical.
En effet, personne ne connaît de bon cœur le joug des esclaves.
Elle, c'est la fleur choisie parmi mille
richesses, le don de l'armée, qui m'a accompagné.   955
Et puisque je suis assujetti au devoir de t'obéir,
j'irai vers les salles de ma maison en piétinant la pourpre.

Il commence à sortir.

CLYTEMNESTRE

Il y a la mer – et qui va l'étioler ? –,
pour nourrir la sève d'une pourpre affluante, comme un trésor d'argent
toujours renouvelé, où l'on trempe les étoffes.   960
Et la maison est là, qui, grâce aux dieux, seigneur, en retient
sa part. La demeure ignore ce qu'est la pénurie.
Et j'aurais promis le piétinement de mille étoffes,
eût cela été ordonné dans la demeure des oracles,
* quand je m'ingéniais à rapatrier cette vie, qui est là.   965
Quand il y a la racine, le feuillage vient vers la maison
la couvrir de son ombre contre l'étoile des canicules.
Et toi, quand tu reviens au foyer de la famille,
tu signifies par ton retour la chaleur en hiver.
Et au temps où Zeus, avec l'amertume de la jeune vigne,   970
fait le vin, la fraîcheur, déjà, est dans la maison

ἀνδρὸς τελείου δῶμ' ἐπιστρωφωμένου.
Ζεῦ Ζεῦ Τέλειε, τὰς ἐμὰς εὐχὰς τέλει·
μέλοι δέ τοι σοὶ τῶνπερ ἂν μέλλῃς τελεῖν.

ΧΟ.   Τίπτε μοι τόδ' ἐμπέδως   Str. 1.
       δεῖμα προστατήριον   976
       καρδίας τερασκόπου ποτᾶται,
       μαντιπολεῖ δ' ἀκέ-
       λευστος ἄμισθος ἀοιδά,
       οὐδ' ἀποπτύσας δίκαν   980
       δυσκρίτων ὀνειράτων,
       θάρσος εὐπειθὲς ἵ-
       ζει φρενὸς φίλον θρόνον ;
       χρόνος δ', ἐπεὶ πρυμνη-
       σίων ξὺν ἐμβολαῖς
       ψάμμος ἄμπτα, παρή-   985
       βησεν, εὖθ' ὑπ' ᾿Ίλιον
       ὦρτο ναυβάτας στρατός·

       πεύθομαι δ' ἀπ' ὀμμάτων   Ant. 1.
       νόστον, αὐτόμαρτυς ὤν·
       τὸν δ' ἄνευ λύρας ὅμως ὑμνῳδεῖ   990
       θρῆνον Ἐρινύος
       αὐτοδίδακτος ἔσωθεν
       θυμός, οὐ τὸ πᾶν ἔχων
       ἐλπίδος φίλον θράσος.
       Σπλάγχνα δ' οὔτοι ματᾴ-
       ζει, πρὸς ἐνδίκοις φρεσὶν   995
       τελεσφόροις δίναις
       κυκλούμενον κέαρ·
       εὔχομαι δ' ἐξ ἐμᾶς
       ἐλπίδος ψύθη πεσεῖν
       ἐς τὸ μὴ τελεσφόρον.   1000

quand l'homme d'accomplissement tourne et retourne dans les salles.
Zeus, Zeus qui accomplis, accomplis mes prières !
Et que te tienne à cœur ce que tu vas accomplir !

Elle sort.

LE CHŒUR

Pourquoi cette chose en moi, avec constance,   Str.1
cette angoisse qui fait la garde   976
devant mon cœur guetteur de prodiges, volète-t-elle ?
* *Un chant, sans commande,*
sans salaire, s'occupe à prédire,
et le recracherais-je comme on fait   980
pour les rêves indistincts,
la confiance convaincante ne rejoint pas le siège
où elle aime trôner dans ma poitrine.
Et le temps, depuis que sa barque, des épieux d'amarrage
l'ont figée dans le sable (?), a passé   985
sa jeunesse, du jour où vers Ilion
s'est ruée l'armée montée sur les bateaux.

De mes yeux, je prends connaissance   Ant.1
du retour, témoin par moi-même.
Et, cependant, l'hymne sans lyre   990
elle le chante,
chant funèbre de l'Érinye, ma violence tout au fond de moi,
qui s'instruit par elle-même, dépourvue jusqu'au bout
de la confiance amicale qui fait l'espoir.
Mais, c'est sûr, les entrailles ne divaguent pas,   995
quand jusqu'à mon diaphragme habité par la justice
le cœur fait rouler ses vagues en tourbillons qui s'accomplissent.
Je souhaite que de mon
inquiétude il sorte des mensonges
voués à l'inaccomplissement.   1000

† Μάλα γάρ τοι τᾶς πολλᾶς ὑγιείας †   Str. 2.
ἀκόρεστον τέρμα· νόσος γὰρ ‿ -
γείτων ὁμότοιχος ἐρείδει,

. . . .

καὶ πότμος εὐθυπορῶν   1005
ἀνδρὸς ἔπαισεν ἄφαντον ἕρμα·
καὶ τὸ μὲν πρὸ χρημάτων
κτησίων ὄκνος βαλὼν
σφενδόνας ἀπ' εὐμέτρου,   1010

οὐκ ἔδυ πρόπας δόμος
πλημονᾶς γέμων ἄγαν,
οὐδ' ἐπόντισε σκάφος·
πολλά τοι δόσις ἐκ Διὸς ἀμφιλα-   1015
φής τε καὶ ἐξ ἀλόκων ἐπετειᾶν
νῆστιν ἤλασεν νόσον·

τὸ δ' ἐπὶ γᾶν ἅπαξ πεσὸν θανάσιμον   Ant. 2.
προπάροιθ' ἀνδρὸς μέλαν αἷμα τίς ἂν   1020
πάλιν ἀγκαλέσαιτ' ἐπαείδων ;
οὐδὲ τὸν ὀρθοδαῆ
τῶν φθιμένων ἀνάγειν
Ζεὺς ἀπέπαυσεν ἐπ' ἀβλαβείᾳ ;
Εἰ δὲ μὴ τεταγμένα   1025
μοῖρα μοῖραν ἐκ θεῶν
εἶργε μὴ πλέον φέρειν,
προφθάσασα καρδία
γλῶσσαν ἂν τάδ' ἐξέχει·
νῦν δ' ὑπὸ σκότῳ βρέμει   1030
θυμαλγής τε καὶ οὐδὲν ἐπελπομέ-
να ποτὲ καίριον ἐκτολυπεύσειν
ζωπυρουμένας φρενός.

* *En effet, on peut vraiment dire que la santé débordante*   Str.2
  touche une limite inassouvie, car la maladie,
  sa voisine, s'appesantit sur le mur qu'elle partage avec elle.
  (…)
  Et, dans sa course rectiligne, le destin   1005
  d'un homme frappe un récif invisible.
  Et si, pour sauver les richesses
  qu'on a acquises, l'appréhension en jette une part,
  d'une élingue bien mesurée,   1010
  la maison ne sombre pas toute
* *avec son poids de trop de douleurs,*
  et le bateau ne s'engouffre pas dans la mer.
  On peut dire qu'elle est immense la générosité de Zeus,   1015
  et qu'elle étreint de tout côté. Avec les sillons de chaque année,
* *elle détruit la maladie de la faim.*

  Mais quand il est tombé à terre, en une fois,   Ant.2
  devant l'homme, le sang noir de la mort, qui
  pourrait le rappeler par ses incantations ?   1020
* *Car celui dont la science haut dressée*
  faisait remonter de chez les morts,
  Zeus l'a arrêté, sans aucun dédommagement.
  Et si la part fixée des choses   1025
  n'interdisait, du fait des dieux,
  à une autre part d'obtenir plus,
  mon cœur, allant plus vite
  que ma langue, déverserait ce qui m'obsède au dehors.
  Mais, il gronde couvert d'ombre,   1030
  blessé dans sa violence, et n'espérant rien tirer
  de son écheveau qui aille au but,
  quand la poitrine est mise en feu.

Entre Clytemnestre.

ΚΛ. Εἴσω κομίζου καὶ σύ, Κασσάνδραν λέγω·   1035
     ἐπεί σ' ἔθηκε Ζεὺς ἀμηνίτως δόμοις
     κοινωνὸν εἶναι χερνίβων, πολλῶν μέτα
     δούλων σταθεῖσαν κτησίου βωμοῦ πέλας,
     ἔκβαιν' ἀπήνης τῆσδε μηδ' ὑπερφρόνει·
     καὶ παῖδα γάρ τοι φασὶν Ἀλκμήνης ποτέ   1040
     πραθέντα τλῆναι δουλίας μάζης βίον.
     Εἰ δ' οὖν ἀνάγκη τῆσδ' ἐπιρρέποι τύχης,
     ἀρχαιοπλούτων δεσποτῶν πολλὴ χάρις·
     οἳ δ' οὔποτ' ἐλπίσαντες ἤμησαν καλῶς
     ὠμοί τε δούλοις πάντα καὶ παρὰ στάθμην·   1045
     ἔχεις παρ' ἡμῶν οἷάπερ νομίζεται.

ΧΟ. Σοί τοι λέγουσα παύεται σαφῆ λόγον·
     ἐντὸς δ' ἂν οὖσα μορσίμων ἀγρευμάτων
     πείθοι' ἄν, εἰ πείθοι'· ἀπειθοίης δ' ἴσως.

ΚΛ. Ἀλλ' εἴπερ ἐστὶ μὴ χελιδόνος δίκην   1050
     ἀγνῶτα φωνὴν βάρβαρον κεκτημένη,
     ἔσω φρενῶν λέγουσα πείθω νιν λόγῳ.

ΧΟ. Ἕπου· τὰ λῷστα τῶν παρεστώτων λέγει·
     πιθοῦ λιποῦσα τόνδ' ἁμαξήρη θρόνον.

ΚΛ. Οὔτοι θυραίαν τῇδ' ἐμοὶ σχολὴ πάρα   1055
     τρίβειν· τὰ μὲν γὰρ ἑστίας μεσομφάλου
     ἕστηκεν ἤδη μῆλα πρὸς σφαγὰς πάρος.   1057

CLYTEMNESTRE

Laisse-toi conduire à l'intérieur, toi aussi, je veux dire Cassandre.   1035
Puisque Zeus, sans la moindre colère, a établi que dans cette maison
tu aurais ta part de l'eau lustrale, avec la foule
des esclaves, debout près de l'autel où l'on célèbre nos possessions,
descends de ce char, et ne fais pas la présomptueuse.
En effet, on dit que le fils d'Alcmène lui-même, un jour   1040
* fut vendu et souffrit sous la contrainte du mauvais pain des esclaves.
Si, donc, la nécessité de ce sort a été la plus lourde dans la balance,
immense est la bénédiction d'appartenir à des maîtres de vieille richesse.
Ceux qui ont fait une belle moisson sans s'y être jamais attendus,
sont cruels envers les esclaves, en tout et sans dévier de leur ligne.   1045
Tu as appris de nous quelle règle vaut exactement ici.

LE CHŒUR

Elle a fini de te parler, en te faisant un clair discours.
Et comme tu es prise dans les filets du destin,
obéis, veux-tu, si tu comptes obéir, mais peut-être que tu n'obéiras pas.

CLYTEMNESTRE

Mais non, à supposer qu'elle n'est pas, comme l'hirondelle,   1050
dotée de la langue indiscernable des Barbares,
* je la fais obéir par mes paroles, en parlant dans son esprit.

LE CHŒUR

Suis-la. De l'état présent des choses, elle te dit le meilleur.
Obéis, et quitte ce siège attaché à ce char.

CLYTEMNESTRE

* Il ne m'est vraiment pas donné le temps d'user   1055
ce seuil. En effet, les offrandes du foyer au centre ombilical de la maison,
les brebis, sont déjà en place pour les égorgements que commande le feu,
* comme si jamais nous ne nous étions attendus à cette bénédiction.

Σὺ δ' εἴ τι δράσεις τῶνδε, μὴ σχολὴν τίθει· 1059
εἰ δ' ἀξυνήμων οὖσα μὴ δέχῃ λόγον, 1060
σὺ δ' ἀντὶ φωνῆς φράζε καρβάνῳ χερί.

ΧΟ. Ἑρμηνέως ἔοικεν ἡ ξένη τοροῦ
δεῖσθαι· τρόπος δὲ θηρὸς ὣς νεαιρέτου.

ΚΛ. *Ἦ μαίνεταί γε καὶ κακῶν κλύει φρενῶν,
ἥτις λιποῦσα μὲν πόλιν νεαίρετον 1065
ἥκει, χαλινὸν δ' οὐκ ἐπίσταται φέρειν,
πρὶν αἱματηρὸν ἐξαφρίζεσθαι μένος·
οὐ μὴν πλέω ῥίψασ' ἀτιμασθήσομαι.

ΧΟ. Ἐγὼ δ', ἐποικτίρω γάρ, οὐ θυμώσομαι·
ἴθ', ὦ τάλαινα, τόνδ' ἐρημώσασ' ὄχον, 1070
εἴκουσ' ἀνάγκῃ τῇδε καίνισον ζυγόν.

ΚΑΣΣΑΝΔΡΑ
Ὀτοτοτοῖ πόποι δᾶ· Str. 1.
Ἀπόλλων, Ἀπόλλων.

ΧΟ. Τί ταῦτ' ἀνωτότυξας ἀμφὶ Λοξίου ;
οὐ γὰρ τοιοῦτος ὥστε θρηνητοῦ τυχεῖν. 1075

Et toi, si tu es disposée à faire l'une des choses que je dis, ne prends
[pas de temps,
et si tu n'acceptes pas mes paroles, parce que tu ne les comprends pas, 1060
eh bien, explique-toi, non par le langage, mais avec ta main
[de balbutiante.

LE CHŒUR
L'étrangère, à ce qu'il semble, a besoin d'un interprète
compétent. Elle a les manières d'une bête qu'on vient juste de prendre.

CLYTEMNESTRE
À tous les coups, elle est folle, et elle écoute un esprit mauvais,
elle qui nous arrive, venue d'une ville qu'on vient juste   1065
de prendre, et qui ne sait pas porter le mors
tant qu'elle n'aura pas craché l'écume sanglante de sa violence.
Je ne vais quand même pas lui lancer encore des mots,
[et me déshonorer.

Elle sort.

LE CHŒUR
Moi, au contraire, car j'ai pitié, je ne me fâcherai pas.
Va, ma pauvre, déserte cet attelage,   1070
et de bon cœur étrenne, par la nécessité qui t'est faite, ce nouveau joug.

CASSANDRE
* *La mort, la mort, la mort, la mort ! Hélas, ici !*   Str.1
* *Ô Apollon ! Ô Apollon !*

LE CHŒUR
Pourquoi ces cris à la mort au sujet de Loxias ?
Il n'est pas tel qu'il puisse avoir affaire à un chanteur funèbre.   1075

KA.   Ὀτοτοτοῖ πόποι δᾶ·   Ant. 1.
       Ἀπόλλων, Ἀπόλλων.

XO.   Ἥ δ' αὖτε δυσφημοῦσα τὸν θεὸν καλεῖ
       οὐδὲν προσήκοντ' ἐν γόοις παραστατεῖν.

KA.   Ἀπόλλων, Ἀπόλλων   Str. 2.
       Ἀγυιᾶτ', ἀπόλλων ἐμός·   1081
       ἀπώλεσας γὰρ οὐ μόλις τὸ δεύτερον.

XO.   Χρήσειν ἔοικεν ἀμφὶ τῶν αὑτῆς κακῶν·
       μένει τὸ θεῖον δουλίᾳ περ ἐν φρενί.

KA.   Ἀπόλλων, Ἀπόλλων   Ant. 2.
       Ἀγυιᾶτ', ἀπόλλων ἐμός·   1086
       ἆ ποῖ ποτ' ἤγαγές με ; πρὸς ποίαν στέγην ;

XO.   Πρὸς τὴν Ἀτρειδῶν· εἰ σὺ μὴ τόδ' ἐννοεῖς,
       ἐγὼ λέγω σοι· καὶ τάδ' οὐκ ἐρεῖς ψύθη.

KA.   Ἀᾶ   Str. 3.
       μισόθεον μὲν οὖν, πολλὰ συνίστορα   1090
       αὐτόφονα κακὰ καρατόμα,
       ἀνδροσφαγεῖον καὶ πεδορραντήριον.

CASSANDRE

La mort, la mort, la mort, la mort ! Hélas, ici !   Ant.1
Ô Apollon ! Ô Apollon !

LE CHŒUR

À nouveau, elle blasphème en appelant le dieu,
qui ne doit à aucun titre présider aux pleurs.

CASSANDRE

Apollon, Apollon,   St.2
dieu de la rue ! Mon Apollon destructeur !   1081
Car sans fatigue, une seconde fois, tu m'as détruite.

LE CHŒUR

À ce qu'il semble, elle va prophétiser sur ses propres malheurs.
Le divin reste présent dans un esprit, même quand il est esclave.

CASSANDRE

Apollon, Apollon,   Ant.2
dieu de la rue ! Mon Apollon destructeur !   1086
Horreur ! Où m'as-tu amenée, à quelle maison ?

LE CHŒUR

Chez les Atrides. Si toi, tu n'en as pas conscience,
moi, je te le dis, et tu n'en parleras pas en te trompant.

CASSANDRE

Horreur, horreur !
Dis plutôt : une maison qui hait les dieux, confidente de tant
[d'histoires,   Str.3
* *malheurs des meurtres entre soi et soi, cordes de pendaisons,*   1091
égorgeoir à hommes, vase lustral aspergeant le sol.

ΧΟ. Ἔοικεν εὖρις ἡ ξένη κυνὸς δίκην
εἶναι, ματεύει δ' ὧν ἀνευρήσει φόνον.

ΚΑ. ⟨᾿Αᾶ⟩   Ant. 3.
μαρτυρίοισι γὰρ τοῖσδ' ἐπιπείθομαι·   1095
κλαιόμενα τάδε βρέφη σφαγὰς
ὀπτάς τε σάρκας πρὸς πατρὸς βεβρωμένας.

ΧΟ. Τὸ μὲν κλέος σου μαντικὸν πεπυσμένοι
ἦμεν· προφήτας δ' οὔτινας ματεύομεν.

ΚΑ. ᾿Ιὼ πόποι, τί ποτε μήδεται ;   Str 4.
τί τόδε νέον ἄχος μέγα,   1101
μέγ' ἐν δόμοισι τοῖσδε μήδεται κακὸν
ἄφερτον φίλοισιν,
δυσίατον, ἀλκὰ δ'
ἑκὰς ἀποστατεῖ.

ΧΟ. Τούτων ἄϊδρίς εἰμι τῶν μαντευμάτων·   1105
ἐκεῖνα δ' ἔγνων· πᾶσα γὰρ πόλις βοᾷ.

ΚΑ. ᾿Ιὼ τάλαινα, τόδε γὰρ τελεῖς·   Ant. 4.
τὸν ὁμοδέμνιον πόσιν
λουτροῖσι φαιδρύνασα — πῶς φράσω τέλος ;
τάχος γὰρ τόδ' ἔσται·
προτείνει δὲ χεὶρ ἐκ   1110
χειρὸς ὀρεγομένα.

LE CHŒUR
L'étrangère, à ce qu'il semble, comme une chienne, flaire
une trouvaille. Elle cherche de qui elle découvrira le meurtre.

CASSANDRE
* *Oui, car je me fie à ces témoins-là :*   Ant.3
ces petits qui pleurent leur égorgement,   1096
et les chairs cuites, dévorées par le père.

LE CHŒUR
Nous étions, bien entendu, informés de ta gloire
de devin. Mais nous ne cherchons pas de diseurs d'oracles.

CASSANDRE
Hélas ! Quelle tristesse ! Que médite-t-elle ?   Str.4
Quel est ce tourment nouveau ? Grand,   1101
un grand mal est prémédité dans cette maison,
insupportable pour les proches,
ennemi des remèdes. Le secours
s'est mis loin, à l'écart.

LE CHŒUR
Je n'ai pas la science de ces oracles.   1105
Les autres, je les ai reconnus, car toute la ville en résonne.

CASSANDRE
Tristesse, la misérable ! Tu accomplis cela ?   Ant.4
Cet époux, l'homme de ton lit,
dans les eaux du bain, le rendant lumineux – comment dire la fin ?
Car elle sera vite.
* *Et elle lance une main après*   1110
une autre main, avidement.

ΧΟ. Οὔπω ξυνῆκα· νῦν γὰρ ἐξ αἰνιγμάτων
ἐπαργέμοισι θεσφάτοις ἀμηχανῶ.

ΚΑ. Ἐῆ, παπαῖ παπαῖ, τί τόδε φαίνεται ;   Str. 5.
ἦ δίκτυόν τί γ' Ἅιδου ;   1115
ἀλλ' ἄρκυς ἢ ξύνευνος, ἢ ξυναιτία
φόνου· στάσις δ' ἀκόρετος γένει
κατολολυξάτω
θύματος λευσίμου.

ΧΟ. Ποίαν Ἐρινὺν τήνδε δώμασιν κέλῃ
ἐπορθιάζειν ; οὔ με φαιδρύνει λόγος.   1120
Ἐπὶ δὲ καρδίαν ἔδραμε κροκοβαφὴς
σταγών, ἅτε καὶ δορὶ πτωσίμοις
ξυνανύτει βίου δύντος αὐγαῖς,
ταχεῖα δ' ἄτα πέλει.

ΚΑ. Ἀᾶ, ἰδοὺ ἰδού, ἄπεχε τῆς βοός·   Ant. 5.
τὸν ταῦρον ἐν πέπλοισιν   1126
μελάγκερων λαβοῦσα μηχανήματι
τύπτει· πίτνει δ' ⟨ἐν⟩ ἐνύδρῳ τεύχει·
δολοφόνου λέβη-
τος τύχαν σοι λέγω.

LE CHŒUR
Je ne comprends toujours pas. Maintenant, à cause des énigmes,
je suis désemparé devant le regard vitreux des révélations.

CASSANDRE
Non, non ! Hurler, hurler !   Str.5
C'est quoi, cela qui se montre ?
Un filet des Enfers ?   1115
Non, le piège, c'est l'épouse, la complice
du meurtre. Et que la discorde, inassouvie dans la famille,
crie de joie sur un sacrifice qui appelle des pierres !

LE CHŒUR
Quelle est cette Érinye que tu sommes de lever la voix
dans la maison ? Tes mots ne m'illuminent pas.   1120
Mais vers mon cœur a couru une goutte
* *teinte de safran, celle-là même qui, tombée sous les coups de la lance,*
accompagne jusqu'au bout les rayons
de la vie qui se couche. Le désastre
arrive vite.

CASSANDRE
* *Horrible ! Horrible ! Regarde, regarde !*   Ant.5
Tiens le taureau   1125
loin de la vache. Dans des robes,
elle a pris la bête à la corne noire par stratagème,
elle frappe. Et il tombe dans la cuve pleine d'eau.
Je te raconte l'histoire du chaudron, tueur par ruse.

ΧΟ. Οὐ κομπάσαιμ' ἂν θεσφάτων γνώμων ἄκρος   1130
εἶναι, κακῷ δέ τῳ προσεικάζω τάδε.
Ἀπὸ δὲ θεσφάτων τίς ἀγαθὰ φάτις
βροτοῖς τέλλεται ; κακῶν γὰρ διαὶ
πολυεπεῖς τέχναι θεσπιῳδὸν
φόβον φέρουσιν μαθεῖν.   1135

ΚΑ. Ἰὼ ἰὼ ταλαίνας   Str. 6.
κακόποτμοι τύχαι· τὸ γὰρ ἐμὸν θροῶ
πάθος ἐπεγχέασα.
Ποῖ δή με δεῦρο τὴν τάλαιναν ἤγαγες ;
οὐδέν ποτ' εἰ μὴ ξυνθανουμένην· τί γάρ ;

ΧΟ. Φρενομανής τις εἶ θεοφόρητος, ἀμ-   1140
φὶ δ' αὑτᾶς θροεῖς
νόμον ἄνομον, οἷά τις ξουθὰ
ἀκόρετος βοᾶς, φεῦ, ταλαίναις φρεσὶν
Ἴτυν Ἴτυν στένουσ' ἀμφιθαλῆ κακοῖς
ἀηδὼν βίον.   1145

ΚΑ. Ἰὼ ἰὼ λιγείας   Ant. 6.
μόρον ἀηδόνος· περέβαλον γὰρ οἱ
πτεροφόρον δέμας θεοὶ
γλυκύν τ' ἄγ⟨ειν αἰ⟩ῶνα κλαυμάτων ἄτερ·
ἐμοὶ δὲ μίμνει σχισμὸς ἀμφήκει δορί.

LE CHŒUR
Je ne prétendrais pas être excellent dans l'analyse   1130
des prophéties. Mais je reconnais là un désastre.
Et, depuis les prophéties, quelle bonne parole
* *est envoyée aux hommes ? Car, avec leurs malheurs,*
* *les arts volubiles des chanteurs de révélations*
apportent la connaissance de l'effroi.   1135

CASSANDRE
Tristes ! Tristes, les histoires de la malheureuse   Str. 6
et leur destin mauvais !
Car je prononce ma
* *souffrance, en versant un flot nouveau.*
Mais pourquoi m'as-tu, en malheureuse, amenée ici ?
Pour rien, sinon mourir aussi. Pourquoi serait-ce ?

LE CHŒUR
Tu es une divagante de l'esprit, prise par les dieux. Et sur   1140
toi-même, tu prononces
une musique qui n'est nulle musique, comme un oiseau roux,
affamé de cris, hélas !, l'esprit tout à l'amour de sa plainte,
le rossignol qui pleure – « Itys ! Itys ! » – sur sa vie
forte de tous côtés de la sève des malheurs.   1145

CASSANDRE
Triste, triste, la mort   Ant.6
du rossignol clair chanteur !
Car les dieux l'ont serti
dans un corps bardé de plumes
* *et dans une douce vie sans hurlements,*
mais moi, une mise en pièces m'attend, d'une arme tranchante
                                        [des deux côtés.

ΧΟ.   Πόθεν ἐπισσύτους θεοφόρους τ' ἔχεις   1150
ματαίους δύας,
τὰ δ' ἐπίφοβα δυσφάτῳ κλαγγᾷ
μελοτυπεῖς ὁμοῦ τ' ὀρθίοις ἐν νόμοις ;
πόθεν ὅρους ἔχεις θεσπεσίας ὁδοῦ
κακορρήμονας ;   1155

ΚΑ.   Ἰὼ γάμοι γάμοι Πάριδος   Str. 7.
ὀλέθριοι φίλων·
ἰὼ Σκαμάνδρου πάτριον ποτόν·
τότε μὲν ἀμφὶ σὰς ἀϊόνας τάλαιν'
ἠνυτόμαν τροφαῖς·
νῦν δ' ἀμφὶ Κωκυτόν τε κἀχερουσίους   1160
ὄχθους ἔοικα θεσπιῳδήσειν τάχα.

ΧΟ.   Τί τόδε τορὸν ἄγαν ἔπος ἐφημίσω ;
νεογνὸς ἂν ἀΐων μάθοι·
πέπληγμαι δ', ἅπερ δήγματι φοινίῳ,
δυσαλγεῖ τύχᾳ   1165
μινυρὰ κακὰ θρεομένας,
θραύματ' ἐμοὶ κλύειν.

ΚΑ.   Ἰὼ πόνοι πόνοι πόλεος   Ant. 7.
ὀλομένας τὸ πᾶν·
ἰὼ πρόπυργοι θυσίαι πατρὸς
πολυκανεῖς βοτῶν ποιονόμων· ἄκος δ'
οὐδὲν ἐπήρκεσεν   1170
τὸ μὴ πόλιν μὲν ὥσπερ οὖν ἔχει παθεῖν·
ἐγὼ δὲ θερμόνους τάχ' ἐν πέδῳ βαλῶ.

Le Chœur

D'où te viennent ces tortures vides, à l'assaut de toi,   1150
où le dieu te prend ?
Ce qui porte l'effroi, tu le martèles en mélodie,
grondement sonnant mal couplé à une haute musique.
D'où tiens-tu les bornes maldisantes
de ton chemin d'oracles ?   1155

Cassandre

Tristesse ! Mariage, mariage de Pâris,   Str.7
qui tue les amis ! Triste, la bonne eau du Scamandre de mes pères !
Autrefois, sur tes bords, malheureuse,
j'achevais de grandir.
Maintenant, près du Cocyte et des falaises   1160
de l'Achéron, vite, il semble que je chanterai l'oracle.

Le Chœur

Quelle est cette parole trop claire que tu as proférée ?
S'il l'entend, un jeune enfant comprendra.
Je suis pénétré d'une morsure de sang,
quand sous la douleur qui t'arrive tu donnes force à ton murmure.   1165
Écouter me blesse.

Cassandre

Tristesse ! Souffrances, souffrances d'une ville   Ant.7
entièrement morte ! Tristes, les sacrifices de mon père devant les murs,
grand massacre de bêtes nourries dans les prés ! Ils n'eurent rien
d'un remède qui évite   1170
à la ville de subir l'état où elle est.
Et moi, l'esprit échauffé, vite, je heurterai le sol.

ΧΟ.　Ἑπόμενα προτέροισι τάδ' ἐφημίσω,
　　　καί τίς σε κακοφρονῶν τίθη-
　　　σι δαίμων ὑπερβαρὴς ἐμπίτνων　　　　　　　1176
　　　μελίζειν πάθη
　　　γοερὰ θανατηφόρα·
　　　τέρμα δ' ἀμηχανῶ.

ΚΑ.　Καὶ μὴν ὁ χρησμὸς οὐκέτ' ἐκ καλυμμάτων
　　　ἔσται δεδορκὼς νεογάμου νύμφης δίκην·
　　　λαμπρὸς δ' ἔοικεν ἡλίου πρὸς ἀντολάς　　　　1180
　　　πνέων ἐσᾴξειν, ὥστε κύματος δίκην
　　　κλύζειν πρὸς αὐγὰς τοῦδε πήματος πολύ
　　　μεῖζον· φρενώσω δ' οὐκέτ' ἐξ αἰνιγμάτων·
　　　καὶ μαρτυρεῖτε συνδρόμως ἴχνος κακῶν
　　　ῥινηλατούσῃ τῶν πάλαι πεπραγμένων·　　　　1185
　　　τὴν γὰρ στέγην τήνδ' οὔποτ' ἐκλείπει χορός
　　　ξύμφθογγος, οὐκ εὔφωνος· οὐ γὰρ εὖ λέγει·
　　　καὶ μὴν πεπωκώς γ', ὡς θρασύνεσθαι πλέον,
　　　βρότειον αἷμα κῶμος ἐν δόμοις μένει,
　　　δύσπεμπτος ἔξω, συγγόνων Ἐρινύων·　　　　1190
　　　ὑμνοῦσι δ' ὕμνον δώμασιν προσήμεναι
　　　πρώταρχον ἄτην, ἐν μέρει δ' ἀπέπτυσαν
　　　εὐνὰς ἀδελφοῦ τῷ πατοῦντι δυσμενεῖς.
　　　Ἥμαρτον, ἢ κυρῶ τι τοξότης τις ὥς ;
　　　ἢ ψευδόμαντίς εἰμι θυροκόπος φλέδων ;　　　1195
　　　ἐκμαρτύρησον προυμόσας τὸ μὴ εἰδέναι
　　　λόγῳ παλαιὰς τῶνδ' ἁμαρτίας δόμων.

Le Chœur
Tu profères des mots qui s'accordent à ceux d'avant.
Un démon te met dans cette pensée du mal,
trop lourd, t'accablant,   1175
dans cette mélodie de souffrances gémissantes, porteuses de la mort.
Je n'arrive pas à saisir la fin.

Cassandre
Mais maintenant, l'oracle ne se fera plus voyant
au travers du secret d'un voile, comme une jeune fille tout juste
                                                    [épousée,
mais lumineux, il va, je crois, face aux levers du soleil   1180
jaillir par son souffle jusqu'ici, pour que déferle comme une vague
face aux rayons du matin un mal beaucoup plus grand
que celui que tu ressens. Je n'instruirai plus par le secret des énigmes.
Et témoignez qu'en les suivant dans ma course, je flaire la piste
de malheurs accomplis il y a longtemps.   1185
Car ce palais, jamais ne le quitte un chœur
qui unit sa voix pour un mauvais son, car il ne dit pas le bien.
C'est qu'à s'en gonfler d'insolence, il a bu
le sang humain, clique joyeuse qui reste dans la maison,
difficile à renvoyer, des Érinyes nées dans la famille.   1190
Assises tout contre les chambres, elles chantent dans leur hymne
le désastre du tout premier début ; à tour de rôle, elles ont craché
sur le lit d'un frère, hostile à qui le piétine.
* Me trompé-je, ou ai-je bien visé comme un archer ?
Ou suis-je un faux devin qui frappe aux portes en radotant ?   1195
Atteste, en jurant d'abord, que je connais
les égarements, anciens dans les histoires, de cette maison.

ΧΟ. Καὶ πῶς ἂν ὅρκου πῆγμα γενναίως παγέν
παιώνιον γένοιτο ; θαυμάζω δέ σε
πόντου πέραν τραφεῖσαν ἀλλόθρουν, τὸ πᾶν   1200
κυρεῖν λέγουσαν, ὥσπερ εἰ παρεστάτεις.

ΚΑ. Μάντις μ' Ἀπόλλων τῷδ' ἐπέστησεν τέλει.

ΧΟ. Μῶν καὶ θεός περ ἱμέρῳ πεπληγμένος ;   1204

ΚΑ. Πρὸ τοῦ μὲν αἰδὼς ἦν ἐμοὶ λέγειν τάδε.   1203

ΧΟ. Ἁβρύνεται γὰρ πᾶς τις εὖ πράσσων πλέον.   1205

ΚΑ. Ἀλλ' ἦν παλαιστὴς κάρτ' ἐμοὶ πνέων χάριν.

ΧΟ. Ἦ καὶ τέκνων εἰς ἔργον ἦλθετον νόμῳ ;

ΚΑ. Ξυναινέσασα Λοξίαν ἐψευσάμην.

ΧΟ. Ἤδη τέχναισιν ἐνθέοις ᾑρημένη ;

ΚΑ. Ἤδη πολίταις πάντ' ἐθέσπιζον πάθη.   1210

ΧΟ. Πῶς δῆτ' ἄνατος ἦσθα Λοξίου κότῳ ;

Le Chœur

* Mais comment un serment, c'est-à-dire un fléau figé pour de bon,
serait-il guérisseur ? Je m'étonne que toi,
grandie de l'autre côté de la mer, tu saches raconter les histoires
[d'une ville   1200
parlant une autre langue, comme si ta place avait été ici.

Cassandre

Apollon le devin m'a imposé ce rôle.
* Avant ce jour, j'éprouvais de la honte à raconter cela.

Le Chœur

Voudrais-tu dire qu'il était frappé du désir de toi, tout en étant dieu ?
C'est quand nous vient plus de bonheur que tous, nous faisons
[le délicat.   1205

Cassandre

Mais non, il était un lutteur qui me soufflait son charme avec violence.

Le Chœur

Mais êtes-vous, tous les deux, allés jusqu'à l'acte de procréation,
[selon la norme ?

Cassandre

En disant oui, j'ai menti à Loxias.

Le Chœur

Étais-tu prise, déjà, par le métier inspiré ?

Cassandre

Déjà, aux gens de la ville, je révélais toutes leurs souffrances.   1210

Le Chœur

Mais comment pouvais-tu rester intouchée par la colère de Loxias ?

ΚΑ.   Ἔπειθον οὐδέν· οὐδέν, ὡς τάδ' ἤμπλακον.

ΧΟ.   Ἡμῖν γε μὲν δὴ πιστὰ θεσπίζειν δοκεῖς.

ΚΑ.   Ἰοὺ ἰού, ὢ ὢ κακά·
      ὑπ' αὖ με δεινὸς ὀρθομαντείας πόνος   1215
      στροβεῖ ταράσσων φροιμίοις ⌣ – ⌣ – ·
      Ὁρᾶτε τούσδε τοὺς δόμοις ἐφημένους
      νέους, ὀνείρων προσφερεῖς μορφώμασιν ;
      παῖδες θανόντες ὡσπερεὶ πρὸς τῶν φίλων,
      χεῖρας κρεῶν πλήθοντες, οἰκείας βορᾶς,   1220
      σὺν ἐντέροις τε σπλάγχν', ἐποίκτιστον γέμος,
      πρέπουσ' ἔχοντες, ὧν πατὴρ ἐγεύσατο.
      Ἐκ τῶνδε ποινάς φημι βουλεύειν τινά
      λέοντ' ἄναλκιν ἐν λέχει στρωφώμενον
      οἰκουρόν, οἴμοι, τῷ μολόντι δεσπότῃ   1225
      ἐμῷ· φέρειν γὰρ χρὴ τὸ δούλιον ζυγόν·
      νεῶν τ' ἄπαρχος Ἰλίου τ' ἀναστάτης
      οὐκ οἶδεν οἷα γλῶσσα μισητῆς κυνός
      λέξασα κἀκτείνασα φαιδρόνους, δίκην
      ἄτης λαθραίου, τεύξεται κακῇ τύχῃ.   1230
      Τοιάδε τόλμα· θῆλυς ἄρσενος φονεύς
      ἔστιν — τί νιν καλοῦσα δυσφιλὲς δάκος
      τύχοιμ' ἂν — ἀμφίσβαιναν, ἢ Σκύλλαν τινά
      οἰκοῦσαν ἐν πέτραισι, ναυτίλων βλάβην —
      θύουσαν Ἅιδου μητέρ' ἄσπονδόν τ' Ἄρη   1235
      φίλοις πνέουσαν ; ὡς δ' ἐπωλολύξατο
      ἡ παντότολμος, ὥσπερ ἐν μάχης τροπῇ·

CASSANDRE
Je ne persuadais personne de rien, après avoir commis cette faute.

LE CHŒUR
Tu sais, à nous tes révélations paraissent fiables.

CASSANDRE
Surprise ! Surprise ! Ô, ô, le mal !
Au fond de moi, la souffrance effrayante de la prophétie exacte   1215
m'emporte dans ses cercles, troublante avec ses préludes (…).
Voyez-vous, assis près de la maison,
ces petits, qui ressemblent aux constructions des rêves ?
Des enfants morts, comme si cela leur venait de leurs proches,
chargeant leurs mains d'une pâture de viande bien à eux ;   1220
distinctement, avec les intestins, on les voit tenir, fardeau pitoyable,
les entrailles dont le père a goûté.
Cela, j'affirme que quelqu'un projette de le faire payer
– un lion sans aucune force, qui tourne et se retourne dans le lit
en gardant la maison – hélas ! au maître qui revient,   1225
mon maître, car il faut porter le joug d'esclave.
Commandant des navires et destructeur de Troie,
il ne sait pas quel succès obtiendra la langue de la chienne infecte,
qui parle et n'en finit pas de parler dans un esprit radieux, pour atteindre,
tel un désastre sombre, le succès du malheur.   1230
L'audace en est là. La femelle devient meurtrière
du mâle. Comment réussir à donner un nom à la bête
qui combat l'amour : reptile rampant dans les deux sens,
                              [une Scylla quelconque,
habitante des rochers, malfaisance pour les marins,
* mère furieuse sortie des Enfers et qui souffle contre les siens
                              [une malédiction   1235
ennemie des trêves ? Et comme elle a hurlé son triomphe,
l'audacieuse parfaite, comme au tournant du combat,

δοκεῖ δὲ χαίρειν νοστίμῳ σωτηρίᾳ.
Καὶ τῶνδ' ὅμοιον εἴ τι μὴ πείθω· τί γάρ ;
τὸ μέλλον ἥξει· καὶ σύ μ' ἐν τάχει παρὼν   1240
ἄγαν ἀληθόμαντιν οἰκτίρας ἐρεῖς.

ΧΟ.   Τὴν μὲν Θυέστου δαῖτα παιδείων κρεῶν
ξυνῆκα καὶ πέφρικα, καὶ φόβος μ' ἔχει
κλύοντ' ἀληθῶς, οὐδὲν ἐξηκασμένα·
τὰ δ' ἄλλ' ἀκούσας ἐκ δρόμου πεσὼν τρέχω.   1245

ΚΑ   Ἀγαμέμνονός σέ φημ' ἐπόψεσθαι μόρον.

ΧΟ.   Εὔφημον, ὦ τάλαινα, κοίμησον στόμα.

ΚΑ.   Ἀλλ' οὔτι παιὼν τῷδ' ἐπιστατεῖ λόγῳ.

ΧΟ.   Οὔκ, εἴπερ ἔσται γ'· ἀλλὰ μὴ γένοιτό πως.

ΚΑ.   Σὺ μὲν κατεύχῃ, τοῖς δ' ἀποκτείνειν μέλει.   1250

ΧΟ.   Τίνος πρὸς ἀνδρὸς τοῦτ' ἄχος πορσύνεται ;

ΚΑ.   Ἦ κάρτα λίαν παρεκόπης χρησμῶν ἐμῶν.

alors qu'elle paraît prendre son plaisir au salut qu'apporte le retour !
Et si de cela je ne persuade pas, c'est égal. Comment ne le serait-ce pas ?
L'avenir viendra. Et toi, bien vite, tu seras là   1240
à m'appeler tristement prophète de trop de vérité.

LE CHŒUR
Le repas de Thyeste avec ses viandes enfantines,
je le comprends, et je me hérisse, et la peur me tient
à entendre des mots véridiques qui ne sont pas de simples semblances.
Mais quand j'écoute le reste, je cours en me précipitant loin
                                        [de ma course.   1245
CASSANDRE
J'affirme que tu assisteras à la mort d'Agamemnon.

LE CHŒUR
Endors ta bouche, malheureuse, pour qu'elle dise du bien !

CASSANDRE
Mais non, aucun dieu guérisseur n'a compétence sur cc que je dis.

LE CHŒUR
Non, si cela doit être, mais que ce ne soit pas !

CASSANDRE
Toi, tu fais des prières ; eux, ils s'occupent de tuer.   1250

LE CHŒUR
Par quel homme ce malheur doit-il être réalisé ?

CASSANDRE
* Vraiment, ton œil s'est à ce point éloigné de mes oracles ?

ΧΟ. Τοῦ γὰρ τελοῦντος οὐ ξυνῆκα μηχανήν.

ΚΑ. Καὶ μὴν ἄγαν γ᾽ Ἕλλην᾽ ἐπίσταμαι φάτιν.

ΧΟ. Καὶ γὰρ τὰ πυθόκραντα· δυσμαθῆ δ᾽ ὅμως.　　　1255

ΚΑ. Παπαῖ· οἷον τὸ πῦρ· ἐπέρχεται δ᾽ ἐμοί·
ὀτοτοῖ, Λύκει᾽ Ἄπολλον, οἲ ἐγὼ ἐγώ.
Αὕτη δίπους λέαινα συγκοιμωμένη
λύκῳ, λέοντος εὐγενοῦς ἀπουσίᾳ,
κτενεῖ με τὴν τάλαιναν· ὡς δὲ φάρμακον　　　1260
τεύχουσα κἀμοῦ μισθὸν ἐνθήσει κότῳ·
ἐπεύχεται, θήγουσα φωτὶ φάσγανον,
ἐμῆς ἀγωγῆς ἀντιτείσασθαι φόνον.
Τί δῆτ᾽ ἐμαυτῆς καταγέλωτ᾽ ἔχω τάδε,
καὶ σκῆπτρα καὶ μαντεῖα περὶ δέρῃ στέφη;　　　1265
σὲ μὲν πρὸ μοίρας τῆς ἐμῆς διαφθερῶ·
ἴτ᾽ ἐς φθόρον· πεσόντα γ᾽ ὧδ᾽ ἀμείβομαι·
ἄλλην τιν᾽ ἄτης ἀντ᾽ ἐμοῦ πλουτίζετε
Ἰδοὺ δ᾽, Ἀπόλλων αὐτὸς ἐκδύων ἐμέ
χρηστηρίαν ἐσθῆτ᾽, ἐποπτεύσας δέ μ.　　　1270
κἂν τοῖσδε κόσμοις καταγελωμένην μέγα
φίλων ὑπ᾽ ἐχθρῶν ⟨τ᾽⟩ οὐ διχορρόπως μάτην·
καλουμένη δὲ φοιτάς, ὡς ἀγύρτρια
πτωχὸς τάλαινα λιμοθνής, ἠνεσχόμην·
καὶ νῦν ὁ μάντις μάντιν ἐκπράξας ἐμέ　　　1275
ἀπήγαγ᾽ ἐς τοιάσδε θανασίμους τύχας·
βωμοῦ πατρῴου δ᾽ ἀντ᾽ ἐπίξηνον μένει,
θερμῷ κοπείσης φοίνιον προσφάγματι.

LE CHŒUR
Mais je ne comprends pas le procédé qu'emploie l'exécutant.

CASSANDRE
Et pourtant, je sais assez comment parler grec.

LE CHŒUR
Oui, mais les oracles de la Pythie aussi, et on les comprend mal.   1255

CASSANDRE
Horreur ! Qu'il est fort, le feu ! Et il vient sur moi.
La mort, la mort ! Apollon le loup ! Hélas pour moi, pour moi !
* Elle, la lionne dégénérée, qui couche avec
un loup en l'absence du lion bien né,
elle va me tuer, malheureuse. Comme si elle fabriquait   1260
une drogue, elle mêle mon salaire à sa fureur.
Elle s'engage, en aiguisant pour l'homme une épée,
à faire payer de ma mort le fait qu'on m'a amenée.
Alors, pourquoi gardé-je ces dérisions de moi-même,
le sceptre et les couronnes prophétiques autour de mon cou ?   1265
Toi, je vais t'anéantir, en avance sur mon destin.
* Allez au néant, c'est votre chute. Je vous échange contre un bien.
* Allez enrichir un autre désastre, au lieu de moi.
Regarde ! Apollon lui-même me dévêt
de l'habit oraculaire, alors qu'il me contemplait   1270
* dans ces parures mêmes quand, parmi mes amis, j'étais
par mes ennemis ridiculisée absolument pour rien.
Et comme une égarée des rues je supportais les noms
de mendiante, misérable, crève-la-faim.
Et aujourd'hui, le devin, venant à bout de moi, le devin,   1275
m'a menée à de telles circonstances de mort.
Au lieu de l'autel paternel, la table du boucher m'attend,
rouge du chaud égorgement de celle qu'on a frappée en rite préliminaire.

Οὐ μὴν ἄτιμοί γ' ἐκ θεῶν τεθνήξομεν·
ἥξει γὰρ ἡμῶν ἄλλος αὖ τιμάορος,   1280
μητροκτόνον φίτυμα, ποινάτωρ πατρός·
φυγὰς δ' ἀλήτης τῆσδε γῆς ἀπόξενος
κάτεισιν, ἄτας τάσδε θριγκώσων φίλοις·
ἄξει νιν ὑπτίασμα κειμένου πατρός.
Τί δῆτ' ἐγὼ κάτοικτος ὧδ' ἀναστένω ;   1285
ἐπεὶ τὸ πρῶτον εἶδον Ἰλίου πόλιν
πράξασαν ὡς ἔπραξεν, οἳ δ' εἷλον πόλιν
οὕτως ἀπαλλάσσουσιν ἐν θεῶν κρίσει,
ἰοῦσα, πράξω, τλήσομαι τὸ κατθανεῖν·
ὀμώμοται γὰρ ὅρκος ἐκ θεῶν μέγας·   1290
Ἅιδου πύλας δὲ τάσδ' ἐγὼ προσεννέπω·
ἐπεύχομαι δὲ καιρίας πληγῆς τυχεῖν,
ὡς ἀσφάδαστος, αἱμάτων εὐθνησίμων
ἀπορρυέντων, ὄμμα συμβάλω τόδε.

ΧΟ.   Ὦ πολλὰ μὲν τάλαινα, πολλὰ δ' αὖ σοφή   1295
γύναι, μακρὰν ἔτεινας· εἰ δ' ἐτητύμως
μόρον τὸν αὑτῆς οἶσθα, πῶς θεηλάτου
βοὸς δίκην πρὸς βωμὸν εὐτόλμως πατεῖς ;

ΚΑ.   Οὐκ ἔστ' ἄλυξις, οὔ, ξένοι, χρόνῳ πλέον.

ΧΟ.   Ὁ δ' ὕστατός γε τοῦ χρόνου πρεσβεύεται.   1300

ΚΑ.   Ἥκει τόδ' ἦμαρ· σμικρὰ κερδανῶ φυγῇ.

Mais les dieux ne nous laisseront pas mourir déshonorés,
car un autre se présentera, un gardien, cette fois, de notre honneur,   1280
jeune plante tueuse de mère, un vengeur du père.
Un errant mis en fuite, interdit sur cette terre,
reviendra poser le couronnement de ces désastres pour les siens.
Le chavirement de son père gisant le conduira.
* Alors, pourquoi devrais-je pleurer ainsi sur cette maison ?   1285
Puisque, en premier, j'ai vu la ville d'Ilion
* connaître le sort qu'elle a connu, et que ceux qui tenaient la ville
disparaissent ainsi, par le jugement des dieux,
mon sort, c'est d'aller, de subir la mise à mort.
Grand, en effet, est le serment qu'ont juré les dieux.   1290
Et ces portes-là, je leur donne le nom de portes des Enfers.
Mon vœu est d'être touchée par un coup décisif,
afin que, quand de moi s'écoulera le sang
d'une mort facile, sans convulsions je ferme cet œil.

LE CHŒUR

Ô femme, extrêmement malheureuse, et extrêmement savante   1295
aussi, tu as prolongé ton discours. Mais si véritablement
tu connais ta propre mort, comment peux-tu, comme une vache
conduite par le dieu, marcher vers l'autel avec un courage si beau ?

CASSANDRE
Il n'y a pas d'issue, et pas plus, étranger, si j'y mets du temps.

LE CHŒUR
Mais le moment ultime du temps mérite le respect.   1300

CASSANDRE
Ce jour que tu dis est arrivé. Le profit est minuscule si je fuis.

ΧΟ. Ἀλλ' ἴσθι τλήμων οὖσ' ἀπ' εὐτόλμου φρενός.

ΚΑ. Οὐδεὶς ἀκούει ταῦτα τῶν εὐδαιμόνων.

ΧΟ. Ἀλλ' εὐκλεῶς τοι κατθανεῖν χάρις βροτῷ.

ΚΑ. Ἰὼ πάτερ σοῦ σῶν τε γενναίων τέκνων.   1305

ΧΟ. Τί δ' ἐστὶ χρῆμα ; τίς σ' ἀποστρέφει φόβος ;

ΚΑ. Φεῦ φεῦ.

ΧΟ. Τί τοῦτ' ἔφευξας ; εἴ τι μὴ φρενῶν στύγος.

ΚΑ. Φόνον δόμοι πνέουσιν αἱματοσταγῆ.

ΧΟ. Καὶ πῶς ; τόδ' ὄζει θυμάτων ἐφεστίων.   1310

ΚΑ. Ὅμοιος ἀτμὸς ὥσπερ ἐκ τάφου πρέπει.

ΧΟ. Οὐ Σύριον ἀγλάϊσμα δώμασιν λέγεις.

LE CHŒUR
Alors, sache que ta résignation vient d'un esprit qui montre
[un beau courage.

CASSANDRE
Aucun être heureux ne s'entend dire cela.

LE CHŒUR
Mais mourir en belle gloire est une bénédiction pour un mortel.

CASSANDRE
Tristesse, mon père, sur toi, sur tes enfants nobles !   1305

LE CHŒUR
Qu'y a-t-il ? Quelle terreur te fait reculer ?

CASSANDRE
Pas ça ! Pas ça !

LE CHŒUR
Sur quoi cries-tu « pas ça ! », sinon quelque chose qui glace ton esprit ?

CASSANDRE
* La maison respire une terreur dégoulinante de sang.

LE CHŒUR
Que veux-tu dire ? C'est l'odeur des sacrifices près du foyer.   1310

CASSANDRE
Une vapeur se montre, pareille à celle qui sort du tombeau.

LE CHŒUR
Ce n'est pas la beauté des parfums de Syrie que tu dis pour la maison.

ΚΑ.   'Αλλ' εἶμι κἄν θανοῦσι κωκύσουσ' ἐμήν
      'Αγαμέμνονός τε μοῖραν· ἀρκείτω βίος.
      'Ιὼ ξένοι·   1315
      οὔτοι δυσοίζω θάμνον ὡς ὄρνις φόβῳ,
      ἀλλ' ὡς θανούσῃ μαρτυρῆτέ μοι τόδε,
      ὅταν γυνὴ γυναικὸς ἀντ' ἐμοῦ θάνῃ,
      ἀνήρ τε δυσδάμαρτος ἀντ' ἀνδρὸς πέσῃ·
      ἐπιξενοῦμαι ταῦτα δ' ὡς θανουμένη.   1320

ΧΟ.   *Ω τλῆμον, οἰκτίρω σε θεσφάτου μόρου.

ΚΑ.   Ἅπαξ ἔτ' εἰπεῖν ῥῆσιν, οὐ θρῆνον θέλω
      ἐμὸν τὸν αὑτῆς· ἡλίῳ δ' ἐπεύχομαι
      πρὸς ὕστατον φῶς τοὺς ἐμοὺς τιμαόρους
      χρέος φονεῦσι τοῖς ἐμοῖς τίνειν ὁμοῦ   1325
      δούλης θανούσης, εὐμαροῦς χειρώματος.

(ΧΟ.) 'Ιὼ βρότεια πράγματ'· εὐτυχοῦντα μέν
      σκιά τις ἂν πρέψειεν· εἰ δὲ δυστυχοῖ,
      βολαῖς ὑγρώσσων σπόγγος ὤλεσεν γραφήν·
      καὶ ταῦτ' ἐκείνων μᾶλλον οἰκτίρω πολύ.   1330

      Τὸ μὲν εὖ πράσσειν ἀκόρεστον ἔφυ
      πᾶσι βροτοῖσιν· δακτυλοδεικτῶν δ'
      οὔτις ἀπειπὼν εἴργει μελάθρων,
         « Μηκέτ' ἐσέλθῃς », τάδε φωνῶν.
      Καὶ τῷδε πόλιν μὲν ἑλεῖν ἔδοσαν   1335

CASSANDRE
Mais j'irai, même si, à l'intérieur, je dois crier le deuil sur mon
destin et celui d'Agamemnon. Que la vie s'en tienne là !
Tristesse, étrangers !   1315
Cette mauvaise plainte ne vient pas de la peur, comme d'un fourré
                                               [a peur l'oiseau.
* Mais soyez mes témoins, pour moi la morte, de ce que je subis ici,
le jour où une femme mourra en échange de cette femme, moi,
et où un homme à la mauvaise épouse en échange d'un homme tombera.
C'est l'hospitalité que j'attends, quand je vais mourir.   1320

LE CHŒUR
Ô malheureuse, j'ai pitié de ta mort révélée par les dieux.

CASSANDRE
* Un seul, je veux dire un discours encore, ou une déploration funèbre
sur moi-même. Au soleil, je demande,
* face à cette lumière ultime, qu'à mes punisseurs (?),
mes ennemis meurtriers, je paye en une seule fois (?) ;   1325
une esclave qui meurt est une proie facile.
* Tristes choses humaines ! Qui est heureux,
une ombre le renverse, et si l'on est malheureux,
une éponge humide, par ses attaques, détruit le dessin.
Ceci me fait pitié, beaucoup plus que cela.   1330

Elle sort.

LE CHŒUR
D'un côté, la réussite est née insatiable
chez tous les mortels. Des maisons que l'on remarque du doigt,
personne, la refusant, ne l'écarte
en disant cela : « n'entre plus ! »
Et à cet homme les Bienheureux ont donné de prendre   1335

μάκαρες Πριάμου, θεοτίμητος δ'
οἴκαδ' ἱκάνει· νῦν δ' εἰ προτέρων
αἷμ' ἀποτείσει

καὶ τοῖσι θανοῦσι θανὼν ἄλλων
    ποινὰς θανάτων ἐπικρανεῖ,   1340
τίς ⟨τίς⟩ ἂν εὔξαιτο βροτῶν ἀσινεῖ
    δαίμονι φῦναι τάδ' ἀκούων ;

ΑΓ.   Ὤμοι, πέπληγμαι καιρίαν πληγὴν ἔσω.

ΧΟ. Σῖγα· τίς πληγὴν ἀϋτεῖ καιρίως οὐτασμένος ;

ΑΓ.   Ὤμοι μάλ' αὖθις, δευτέραν πεπληγμένος.   1345

ΧΟ. Τοὔργον εἴργασθαι δοκεῖ μοι βασιλέως οἰμώγμασιν·
    ἀλλὰ κοινωσώμεθ', ἄνδρες, ἀσφαλῆ βουλεύματα.

—   Ἐγὼ μὲν ὑμῖν τὴν ἐμὴν γνώμην λέγω,
    πρὸς δῶμα δεῦρ' ἀστοῖσι κηρύσσειν βοήν.

—   Ἐμοὶ δ' ὅπως τάχιστά γ' ἐμπεσεῖν δοκεῖ   1350
    καὶ πρᾶγμ' ἐλέγχειν σὺν νεορρύτῳ ξίφει.

—   Κἀγὼ τοιούτου γνώματος κοινωνὸς ὢν
    ψηφίζομαί τι δρᾶν· τὸ μὴ μέλλειν δ' ἀκμή.

la ville de Priam
et, honoré des dieux, il rentre à sa maison.
Mais, d'un autre côté, s'il doit payer le sang de ses ancêtres
et à ces êtres morts, par sa mort, apporter encore
le prix d'autres morts,   1340
* quel mortel pourra se vanter d'être né
pour un sort intouchable, entendant cela ?

AGAMEMNON *(de l'intérieur du palais)*
Oh, mon malheur ! Je suis frappé, profond, d'une frappe précise.

LE CHŒUR
Silence ! Qui hurle qu'on le frappe, tranché avec précision ?

AGAMEMNON
Oh, mon malheur, à nouveau ! Frappé une seconde fois !   1345

LE CHŒUR
Il semble, à cause des gémissements du roi, que la tâche est accomplie.
Mais parlons en commun, s'il se trouve qu'il y a de fermes résolutions
                                                                          [à prendre.

PREMIER CHOREUTE
Moi, je vous dis l'opinion qui est la mienne :
convoquer ici publiquement les citoyens, qu'ils portent secours au palais.

DEUXIÈME CHOREUTE
À moi, il semble qu'il faut donner l'assaut tout de suite,   1350
et établir le fait, sur la preuve d'une épée dégoulinante depuis peu.

TROISIÈME CHOREUTE
Et moi, comme je partage une opinion de ce type,
je vote pour l'action. C'est le moment critique de ne pas attendre.

— Όρᾶν πάρεστι· φροιμιάζονται γὰρ ὥς,
τυραννίδος σημεῖα πράσσοντες πόλει.   1355

— Χρονίζομεν γάρ· οἳ δὲ τῆς μελλοῦς κλέος
πέδοι πατοῦντες οὐ καθεύδουσιν χερί.

— Οὐκ οἶδα βουλῆς ἧστινος τυχὼν λέγω·
τοῦ δρῶντός ἐστι καὶ τὸ βουλεῦσαι πέρι.

— Κἀγὼ τοιοῦτός εἰμ', ἐπεὶ δυσμηχανῶ   1360
λόγοισι τὸν θανόντ' ἀνιστάναι πάλιν.

— Ἦ καὶ βίον τείνοντες ὧδ' ὑπείξομεν
δόμων καταισχυντῆρσι τοῖσδ' ἡγουμένοις ;

— Ἀλλ' οὐκ ἀνεκτόν, ἀλλὰ κατθανεῖν κρατεῖ·
πεπαιτέρα γὰρ μοῖρα τῆς τυραννίδος.   1365

— Ἦ γὰρ τεκμηρίοισιν ἐξ οἰμωγμάτων
μαντευσόμεσθα τἀνδρὸς ὡς ὀλωλότος ;

— Σάφ' εἰδότας χρὴ τῶνδε θυμοῦσθαι πέρι·
τὸ γὰρ τοπάζειν τοῦ σάφ' εἰδέναι δίχα.

QUATRIÈME CHOREUTE
L'évidence est là. En effet, ils en sont au prélude, comme
des gens qui posent les marques de la tyrannie pour la ville.   1355

CINQUIÈME CHOREUTE
Nous temporisons. Et eux, foulant par terre
la noble renommée de l'acte d'attendre, ils ne dorment pas de la main.

SIXIÈME CHOREUTE
Je ne sais pas quelle décision pratique je pourrais dire pour
                                                    [l'avoir trouvée,
car décider concerne aussi l'individu qui agit.

SEPTIÈME CHOREUTE
Et moi, je suis de même, car j'ai du mal à inventer le moyen   1360
de remettre debout le mort par des discours.

HUITIÈME CHOREUTE
Mais allons-nous prolonger notre propre vie à céder comme cela
à ces outrageurs du palais en en faisant les maîtres ?

NEUVIÈME CHOREUTE
Mais c'est insupportable. Et il prévaut de mourir.
Le sort en serait plus doux que la tyrannie.   1365

DIXIÈME CHOREUTE
Vraiment, sur des témoignages tirés de gémissements
nous allons rendre l'oracle que l'homme a péri ?

ONZIÈME CHOREUTE
Il nous faut une connaissance claire pour parler de ces choses,
car conjecturer est séparé de savoir clairement.

—   Ταύτην ἐπαινεῖν πάντοθεν πληθύνομαι,   1370
      τρανῶς 'Ατρείδην εἰδέναι κυροῦνθ' ὅπως.

ΚΛ. Πολλῶν πάροιθεν καιρίως εἰρημένων
      τἀναντί' εἰπεῖν οὐκ ἐπαισχυνθήσομαι·
      πῶς γάρ τις ἐχθροῖς ἐχθρὰ πορσύνων, φίλοις
      δοκοῦσιν εἶναι, πημονῆς ἀρκύστατ' ἂν   1375
      φάρξειεν ὕψος κρεῖσσον ἐκπηδήματος ;
      'Εμοὶ δ' ἀγὼν ὅδ' οὐκ ἀφρόντιστος πάλαι·
      νίκης πάλαισμ' ἄρ' ἦλθε, σὺν χρόνῳ γε μήν·
      ἕστηκα δ' ἔνθ' ἔπαισ' ἐπ' ἐξειργασμένοις.
      Οὕτω δ' ἔπραξα, καὶ τάδ' οὐκ ἀρνήσομαι,   1380
      ὡς μήτε φεύγειν μήτ' ἀμύνεσθαι μόρον·
      ἄπειρον ἀμφίβληστρον, ὥσπερ ἰχθύων,
      περιστιχίζω, πλοῦτον εἵματος κακόν·
      παίω δέ νιν δίς, κἀν δυοῖν οἰμώγμασιν
      μεθῆκεν αὐτοῦ κῶλα, καὶ πεπτωκότι   1385
      τρίτην ἐπενδίδωμι, τοῦ κατὰ χθονός
      Διὸς νεκρῶν Σωτῆρος εὐκταίαν χάριν.
      Οὕτω τὸν αὑτοῦ θυμὸν ὁρυγάνει πεσών,
      κἀκφυσιῶν ὀξεῖαν αἵματος σφαγήν
      βάλλει μ' ἐρεμνῇ ψακάδι φοινίας δρόσου,   1390
      χαίρουσαν οὐδὲν ἧσσον ἢ διοσδότῳ
      γάνει σπορητὸς κάλυκος ἐν λοχεύμασιν.

DOUZIÈME CHOREUTE

Une foule en moi me pousse de partout à approuver cet avis :   1370
faire en sorte de savoir distinctement ce qu'il en est de l'Atride.

Entre Clytemnestre, avec le corps d'Agamemnon,
dans un bain et couvert d'un tissu,
et, à côté de lui, celui de Cassandre.

CLYTEMNESTRE

Ces paroles nombreuses que j'ai prononcées autrefois avec justesse,
je ne rougirai pas de prononcer leur contraire.
En effet, quand on se propose des actes d'inimitié contre des ennemis
                                                              [qui passent
pour des amis, comment bâtir un désastre qui devienne un filet   1375
si haut qu'il interdise qu'on s'échappe d'un bond ?
Le combat d'aujourd'hui ne m'est pas venu sans que l'accompagne
                                                        [la vieille pensée
* d'une vieille victoire, même s'il a fallu du temps.
Je me tiens là où j'ai frappé, une fois la tâche accomplie.
J'ai agi, et cela je ne le nierai pas,   1380
de sorte qu'il ne pût ni s'enfuir, ni éviter la mort.
L'enveloppe sans limites d'un filet, comme pour des poissons,
je l'arrange autour de lui, richesse malfaisante d'un vêtement.
Et je le frappe deux fois, et en deux gémissements
il lâcha ses membres, et à l'homme à terre   1385
j'offre en plus une troisième frappe, action de grâce destinée
* à Hadès souterrain, le sauveur des corps.
* Et ainsi, abattu, il déchaîna son ardeur.
Soufflant la saignée d'une victime égorgée net,
il me frappe des gouttes ténébreuses d'une rosée de sang,   1390
* ne me faisant pas moins plaisir que lorsqu'au vent de pluie donné
                                                              [par Zeus
la fleur semée s'illumine, quand le calice naît au monde.

ὋὩς ὧδ' ἐχόντων, πρέσβος Ἀργείων τόδε,
χαίροιτ' ἄν, εἰ χαίροιτ', ἐγὼ δ' ἐπεύχομαι·
εἰ δ' ἦν πρεπόντων ὥστ' ἐπισπένδειν νεκρῷ,   1395
τάδ' ἂν δικαίως ἦν, ὑπερδίκως μὲν οὖν·
τοσῶνδε κρατῆρ' ἐν δόμοις κακῶν ὅδε
πλήσας ἀραίων αὐτὸς ἐκπίνει μολών.

ΧΟ. Θαυμάζομέν σου γλῶσσαν, ὡς θρασύστομος,
ἥτις τοιόνδ' ἐπ' ἀνδρὶ κομπάζεις λόγον.   1400

ΚΛ. Πειρᾶσθέ μου γυναικὸς ὡς ἀφράσμονος·
ἐγὼ δ' ἀτρέστῳ καρδίᾳ πρὸς εἰδότας
λέγω· σὺ δ' αἰνεῖν εἴτε με ψέγειν θέλεις
ὁμοῖον· οὗτός ἐστιν Ἀγαμέμνων, ἐμός
πόσις, νεκρὸς δὲ τῆσδε δεξιᾶς χερός,   1405
ἔργον δικαίας τέκτονος. Τάδ' ὧδ' ἔχει.

ΧΟ. Τί κακόν, ὦ γύναι,   Str.
χθονοτρεφὲς ἐδανὸν ἢ ποτὸν
πασαμένα ῥυτᾶς ἐξ ἁλὸς ὀρόμενον
τόδ' ἐπέθου θύος, δημοθρόους τ' ἀρὰς
ἀπέδικες, ἀπέταμες; Ἀπόπολις δ' ἔσῃ,   1410
μῖσος ὄβριμον ἀστοῖς.

Comme les choses en sont là, ô vous, grande noblesse d'Argos,
prenez plaisir, si vous voulez prendre plaisir. Moi, je veux être bénie
                                                [des dieux.
Et si parmi les offrandes légitimes, il y en avait une qu'on puisse
                                                [verser sur un cadavre,   1395
ce serait un acte de justice, et plus que de justice.
Cet homme avait dans sa maison empli un cratère avec tant
                                                [de malheurs
pour maudire qu'à son retour il le boit lui-même jusqu'au bout.

LE CHŒUR
Je m'émerveille de ton langage, de l'audace qu'il te met dans la bouche,
toi qui te glorifies par ces mots-là contre ton mari.   1400

CLYTEMNESTRE
Vous me mettez à l'épreuve comme si j'étais une femme sans raison.
Mais moi, d'un cœur qui ne tremble pas, je parle à
des gens qui savent. Et toi, que tu veuilles approuver ou blâmer,
c'est pareil. Lui, c'est Agamemnon, mon
époux, et le cadavre est l'œuvre de cette main   1405
droite, ouvrière de justice. Tels sont les faits.

LE CHŒUR
De quel mal, ô femme, nourri de la terre   Str.1
t'es-tu alimentée, ou de quelle boisson
jaillie des flots de la mer, pour t'imposer ce sacrifice
* *ainsi que les malédictions grondantes du peuple ? Tu as évincé,*
                                                [tu as démembré ;
de la ville, tu seras déchue, haine puissante des habitants.   1410

ΚΛ.   Νῦν μὲν δικάζεις ἐκ πόλεως φυγὴν ἐμοὶ
      καὶ μῖσος ἀστῶν δημόθρους τ' ἔχειν ἀράς,
      οὐδὲν τότ' ἀνδρὶ τῷδ' ἐναντίον φέρων,
      ὃς οὐ προτιμῶν, ὡσπερεὶ βοτοῦ μόρον,   1415
      μήλων φλεόντων εὐπόκοις νομεύμασιν,
      ἔθυσεν αὐτοῦ παῖδα, φιλτάτην ἐμοὶ
      ὠδῖν', ἐπῳδὸν Θρῃκίων ἀημάτων·
      οὐ τοῦτον ἐκ γῆς τῆσδε χρῆν σ' ἀνδρηλατεῖν,
      μιασμάτων ἄποιν' ; ἐπήκοος δ' ἐμῶν   1420
      ἔργων δικαστὴς τραχὺς εἶ. Λέγω δέ σοι
      τοιαῦτ' ἀπειλεῖν, ὡς παρεσκευασμένης
      ἐκ τῶν ὁμοίων, χειρὶ νικήσαντ' ἐμοῦ
      ἄρχειν· ἐὰν δὲ τοὔμπαλιν κραίνῃ θεός,
      γνώσῃ διδαχθεὶς ὀψὲ γοῦν τὸ σωφρονεῖν.   1425

ΧΟ.   Μεγαλόμητις εἶ,   Ant.
      περίφρονα δ' ἔλακες, ὥσπερ οὖν
      φονολιβεῖ τύχᾳ φρὴν ἐπιμαίνεται·
      λίπος ἐπ' ὀμμάτων αἵματος εὖ πρέπειν·
      ἀτίετόν σε χρὴ στερομέναν φίλων
      τύμμα τύμμα⟨τι⟩ τεῖσαι.   1430

ΚΛ.   Καὶ τήνδ' ἀκούεις ὁρκίων ἐμῶν θέμιν ;
      μὰ τὴν τέλειον τῆς ἐμῆς παιδὸς Δίκην,
      Ἄτην Ἐρινύν θ', αἷσι τόνδ' ἔσφαξ' ἐγώ,
      οὔ μοι φόβου μέλαθρον ἐλπὶς ἐμπατεῖ,
      ἕως ἂν αἴθῃ πῦρ ἐφ' ἑστίας ἐμῆς   1435
      Αἴγισθος ὡς τὸ πρόσθεν εὖ φρονῶν ἐμοί·
      οὗτος γὰρ ἡμῖν ἀσπὶς οὐ σμικρὰ θράσους.

CLYTEMNESTRE
Et voilà que tu me condamnes à être exilée de la ville,
et à subir la haine des habitants et les malédictions grondantes du peuple,
* alors que cette contestation, tu ne la fais pas valoir contre cet homme,
lui qui, confondant les dignités, comme si c'était la mort d'une bête   1415
quand les brebis affluent en troupeaux de belle laine,
sacrifia sa propre fille, la douleur chérie
de ma délivrance, pour ensorceler les souffles de Thrace.
* N'est-ce pas lui que tu dois bannir de ce pays
pour le prix de ses souillures ? Mais, prêtant l'oreille à mes   1420
actes, tu es un juge revêche. Mais, je te le dis,
ne profère de telles menaces qu'en sachant que je me suis préparée
sur le principe de la réciprocité : qui vainc par la violence me
commande, et si le dieu décide le rapport inverse,
tu sauras, pour l'avoir appris tard, ce qu'est la sagesse.   1425

LE CHŒUR
Tu as des pensées d'immensité, et tu as hurlé   Ant.1
des folies, tout comme le fait un esprit qui délire
devant une libation sanguinaire. La viscosité du sang
* *se remarque sur tes yeux. En contrepartie, il faut encore,*
privée d'amis, que frappée d'un coup tu deviennes quitte du coup
                                        [frappé.   1430

CLYTEMNESTRE
* Écoute aussi cette loi qui règne dans mes alliances :
au nom de la Justice exécutrice du droit de mon enfant,
et au nom du Désastre et de l'Érinye pour qui j'ai égorgé cet homme,
l'Espérance, pour moi, ne pose pas le pied dans une maison d'Effroi
tant que sur l'autel de mon foyer le feu est allumé   1435
par Égisthe, qui me veut du bien comme avant.
En effet, il ne nous est pas un petit bouclier de confiance.

Κεῖται γυναικὸς τῆσδε λυμαντήριος,
Χρυσηΐδων μείλιγμα τῶν ὑπ' Ἰλίῳ·
ἥ τ' αἰχμάλωτος ἥδε καὶ τερασκόπος,   1440
ἡ κοινόλεκτρος τοῦδε θεσφατηλόγος,
πιστὴ ξύνευνος, ναυτίλων γε σελμάτων
ἰσοτριβής. Ἄτιμα δ' οὐκ ἐπραξάτην·
ὃ μὲν γὰρ οὕτως, ἡ δέ τοι κύκνου δίκην
τὸν ὕστατον μέλψασα θανάσιμον γόον   1445

κεῖται φιλήτωρ τοῦδ', ἐμοὶ δ' ἐπήγαγεν
ἀνὴρ παροψώνημα τῆς ἐμῆς χλιδῆς.

ΧΟ.   Φεῦ, τίς ἂν ἐν τάχει, μὴ περιώδυνος   Str. 1.
        μηδὲ δεμνιοτήρης,
        μόλοι τὸν αἰεὶ φέρουσ' ἐν ἡμῖν   1450
        μοῖρ' ἀτέλευτον ὕπνον, δαμέντος
        φύλακος εὐμενεστάτου καὶ
        πολλὰ τλάντος γυναικὸς διαί·
        πρὸς γυναικὸς δ' ἀπέφθισεν βίον.

        Ἰὼ (ἰὼ) παράνους Ἑλένα
        μία τὰς πολλάς, τὰς πάνυ πολλὰς   1455
            ψυχὰς ὀλέσασ' ὑπὸ Τροίᾳ,
        νῦν τελέαν πολύμναστον ἐπηνθίσω
        δι' αἷμ' ἄνιπτον· ἦ τις ἦν τότ' ἐν δόμοις 1460
        Ἔρις, ἐρίδματος ἀνδρὸς οἰζύς.

Il est gisant, le maltraiteur de cette femme qui est là,
le consolant des Chryséis sous les murs d'Ilion,
et celle-là aussi, la prise de guerre qui scrute les prodiges,   1440
la concubine de cet homme diseuse d'oracles,
l'épouse fidèle, et, sur les bancs des marins,
* la caresseuse du mât. Mais ce qu'ils ont fait à eux deux n'est pas
                                                    [sans prix :
lui, comme on le voit ; et elle, qui à la manière d'un cygne
a chanté l'ultime gémissement sur la mort,   1445
est gisante en amante de lui, et, à moi, elle a apporté en plus
* un aromate d'amour à mes voluptés.

LE CHŒUR
Hélas ! Quel destin rapide, pas trop torturant,   Str.2
pas grabataire,
viendrait nous porter pour toujours   1450
le sommeil infini, puisqu'a été vaincu
le plus amical des gardiens et puisqu'
il a souffert une masse de douleurs à cause d'une femme ?
Et par une femme il a perdu l'existence.

Tristesse !   Refrain
Hélène, la folle, toi qui as détruit, toi seule, cette masse,   1455
cette vraiment grande masse
de vies sous les remparts de Troie,
aujourd'hui tu as sur toi, comme une couronne parfaite
                                                    [de grande mémoire,
à cause d'un sang qui ne se lave pas, fait fleurir   1460
la discorde qui solidement
s'était bâtie dans la maison pour faire pleurer un guerrier.

ΚΛ.   Μηδὲν θανάτου μοῖραν ἐπεύχου
       τοῖσδε βαρυνθείς· μηδ' εἰς Ἑλένην
       κότον ἐκτρέψῃς, ὡς ἀνδρολέτειρ',
       ὡς μία πολλῶν ἀνδρῶν ψυχὰς   1465
       Δαναῶν ὀλέσασ'
       ἀξύστατον ἄλγος ἔπραξεν.

ΧΟ.   Δαῖμον, ὃς ἐμπίτνεις δώμασι καὶ διφυί-   Ant. 1.
       οισι Τανταλίδαισιν,
       κράτος ⟨τ'⟩ ἰσόψυχον ἐκ γυναικῶν   1470
       καρδιόδηκτον ἐμοὶ κρατύνεις —
       ἐπὶ δὲ σώματος δίκαν μοι
       κόρακος ἐχθροῦ σταθεὶς ἐννόμως
       ὕμνον ὑμνεῖν ἐπεύχεται ⌣ —·
       ⟨ʼΙὼ ἰὼ παράνους Ἑλένα
       μία τὰς πολλάς, τὰς πάνυ πολλὰς
       ψυχὰς ὀλέσασ' ὑπὸ Τροίᾳ,
       νῦν τελέαν πολύμναστον ἐπηνθίσω
       δι' αἷμ' ἄνιπτον· ἦ τις ἦν τότ' ἐν δόμοις
       Ἔρις, ἐρίδματος ἀνδρὸς οἰζύς.⟩

ΚΛ.   Νῦν δ' ὤρθωσας στόματος γνώμην,   1475
       τὸν τριπάχυντον δαίμονα γέννης
       τῆσδε κικλήσκων· ἐκ τοῦ γὰρ ἔρως
       αἱματολοιχὸς νείρῃ τρέφεται,
       πρὶν καταλῆξαι
       τὸ παλαιὸν ἄχος νέος ἰχώρ.   1480

ΧΟ.   Ἦ μέγαν, ⟨ἦ μέγαν⟩ οἴκοις   Str. 2.
       δαίμονα καὶ βαρύμηνιν αἰνεῖς,
       φεῦ φεῦ, κακὸν αἶνον ἀτη-
       ρᾶς τύχας ἀκόρεστον·
       ἰὼ ἰή, διαὶ Διὸς   1485

CLYTEMNESTRE

Ne te voue pas à un destin de mort
parce que ce qui est là t'accable !
Et contre Hélène ne détourne pas le ressentiment,
la faisant perdeuse d'hommes, lui faisant, toute seule,   1465
détruire la vie d'une masse d'hommes
et créer une douleur qui ne s'affronte pas !

LE CHŒUR

Démon, toi qui assailles la maison et le couple   Ant.2
des deux enfants de Tantale,
tu règnes, grâce à des femmes, d'un règne   1470
à double force de vie, et qui me dévore le cœur.
Et debout sur le corps, à la manière
d'un corbeau hostile, il prétend,
* *conformément aux règles, chanter son hymne (…).*

CLYTEMNESTRE

Là, maintenant, tu as rectifié le jugement issu de ta bouche,   1475
quand tu fais appel
au démon trois fois repu de cette famille.
En effet, né de lui, un désir habitué à lécher le sang des hommes
grandit dans son ventre. Avant que ne s'achève
l'ancien tourment, la liqueur vivace du dieu reprend jeunesse.   1480

LE CHŒUR

* *Grand dévastateur de maison* (?)   Str.3
et accablant de colère est le démon dont tu fais l'éloge,
non ! non !, éloge malfaisant
* *de la rencontre insatiable avec le désastre !*
Tristesse et terreur ! – dont Zeus est la raison,   1485

παναιτίου πανεργέτα·
τί γὰρ βροτοῖς ἄνευ Διὸς τελεῖται ;
τί τῶνδ' οὐ θεόκραντόν ἐστιν ;

Ἰὼ ἰὼ βασιλεῦ βασιλεῦ,
πῶς σε δακρύσω ;   1490
   φρενὸς ἐκ φιλίας τί ποτ' εἴπω ;
κεῖσαι δ' ἀράχνης ἐν ὑφάσματι τῷδ'
   ἀσεβεῖ θανάτῳ βίον ἐκπνέων.

Ὤμοι μοι,   κοίταν τάνδ' ἀνελεύθερον
δολίῳ μόρῳ δαμεὶς ⟨δάμαρτος⟩   1495
ἐκ χερὸς ἀμφιτόμῳ βελέμνῳ.

ΚΛ.   Αὐχεῖς εἶναι τόδε τοὖργον ἐμόν·
μηδ' ἐπιλεχθῇς Ἀγαμεμνονίαν
εἶναί μ' ἄλοχον· φανταζόμενος
δὲ γυναικὶ νεκροῦ τοῦδ' ὁ παλαιὸς   1500
δριμὺς ἀλάστωρ Ἀτρέως χαλεποῦ
θοινατῆρος τόνδ' ἀπέτεισεν
   τέλεον νεαροῖς ἐπιθύσας.

ΧΟ.   Ὡς μὲν ἀναίτιος εἶ ⟨σὺ⟩   Ant. 2.
τοῦδε φόνου τίς ὁ μαρτυρήσων ;   1506
πῶς πῶς ; Πατρόθεν δὲ συλλή-
πτωρ γένοιτ' ἂν ἀλάστωρ·
βιάζεται δ' ὁμοσπόροις
ἐπιρροαῖσιν αἱμάτων   1510
μέλας Ἄρης ὅποι δίκαν προβαίνων
πάχνᾳ κουροβόρῳ παρέξει.

cause de tout, maniganceur de tout.
En effet, qu'y a-t-il chez les mortels qui s'accomplisse sans Zeus ?
Qu'y a-t-il, ici, qui ne soit pas décision divine ?

Triste, triste   Refrain
roi, mon roi ! Comment te pleurerai-je ?   1490
Que puis-je dire avec mon cœur qui t'aime ?
Tu es couché dans ce tramage de l'araignée,
exhalant l'existence en une mort sans piété
– ô malheur, mon malheur ! –,
cette couche-là, non franche,
* *vaincu par un arrêt de mort sournois,*   1495
touché de près par un trait à deux tranchants.

CLYTEMNESTRE
Tu t'emploies à dire que cet ouvrage-là est de moi.
Mais ne considère même pas que je suis épouse d'un Agamemnon.
Se révélant à la femme
de ce cadavre, l'ancien génie, âpre punisseur   1500
d'Atrée le banqueteur peu gracieux,
a fait payer cet homme,
ajoutant un adulte au sacrifice des enfants.

LE CHŒUR
* *Que tu ne sois pas cause*   Ant.3
de ce meurtre, qui en sera le témoin ?   1506
Comment ? Comment ? Venant d'un père,
le génie punisseur s'est peut-être fait coopérant.
Dans des afflux de sang
issus d'une même semence, Arès le noir   1510
fait violence. Où qu'il s'avance,
il les offrira à l'horreur glacée mangeuse de jeunes gens.

Ἰὼ ἰὼ βασιλεῦ βασιλεῦ,
πῶς σε δακρύσω ;
   φρενὸς ἐκ φιλίας τί ποτ' εἴπω ;   1515
κεῖσαι δ' ἀράχνης ἐν ὑφάσματι τῷδ'
ἀσεβεῖ θανάτῳ βίον ἐκπνέων.

Ὤμοι μοι,   κοίταν τάνδ' ἀνελεύθερον
δολίῳ μόρῳ δαμεὶς ⟨δάμαρτος⟩
ἐκ χερὸς ἀμφιτόμῳ βελέμνῳ.   1520

ΚΛ. Οὐδ' ἀνελεύθερον οἶμαι θάνατον
     ∪ ∪– ∪ ∪ τῷδε γενέσθαι·

οὐδὲ γὰρ οὗτος δολίαν ἄτην
οἴκοισιν ἔθηκ' ; ἀλλ' ἐμὸν ἐκ τοῦδ'
ἔρνος ἀερθὲν τὴν πολύκλαυτόν τ'   1525
Ἰφιγένειαν ἄξια δράσας
ἄξια πάσχων μηδὲν ἐν Ἅιδου
μεγαλαυχείτω, ξιφοδηλήτῳ
   θανάτῳ τείσας ἅπερ ἦρξεν.

ΧΟ. Ἀμηχανῶ φροντίδος στερηθεὶς   Str. 3.
εὐπάλαμον μέριμναν   1531
ὄπα τράπωμαι, πίτνοντος οἴκου·
δέδοικα δ' ὄμβρου κτύπον δομοσφαλῆ
τὸν αἱματηρόν, ψακὰς δὲ λήγει·
δίκαν δ' ἐπ' ἄλλο πρᾶγμα θηγάνει βλάβης   1535
πρὸς ἄλλαις θηγάναισι μοῖρα.

Triste, triste   Refrain
roi, mon roi ! Comment te pleurerai-je ?
Que puis-je dire avec mon cœur qui t'aime ?   1515
Tu es couché dans ce tramage de l'araignée,
exhalant l'existence en une mort sans piété
– ô malheur, mon malheur ! –,
cette couche-là, non franche,
* *vaincu par un arrêt de mort sournois,*
touché de près par un trait à deux tranchants.   1520

CLYTEMNESTRE
Je ne pense pas que la mort pour lui
n'ait pas été franche (…)
(…)
Car n'a-t-il pas lui-même installé dans la maison
la calamité sournoise ?
Ma jeune plante, qui a poussé de cet homme,   1525
et qui est devenue l'Iphigénie de si grands pleurs,
* il lui a fait ce qu'il ne devait pas et a subi ce qu'il devait :
qu'il ne se donne pas une grande gloire dans l'Hadès !
Une mort qui détruit par l'épée
lui a fait exactement payer ce qu'il a accompli.

LE CHŒUR
Privé de ma réflexion, je n'ai pas accès   Str.4
à une pensée habile qui dise   1531
vers où me tourner, alors que la demeure s'effondre.
J'ai peur du grondement de pluie qui chavire la maison,
gorgé de sang. Les gouttes ont cessé,
* *mais au nom de la justice, pour une autre affaire de préjudice,*   1535
sur d'autres pierres le destin affûte.

'Ιὼ γᾶ γᾶ, εἴθ' ἔμ' ἐδέξω,
πρὶν τόνδ' ἐπιδεῖν ἀργυροτοίχου
   δροίτης κατέχοντα χαμεύναν.   1540
Τίς δ θάψων νιν ; τίς δ θρηνήσων ;
ἢ σὺ τόδ' ἔρξαι τλήσῃ κτείνασ'
ἄνδρα τὸν αὑτῆς ἀποκωκῦσαι,
ψυχῇ τ' ἄχαριν χάριν ἀντ' ἔργων   1545
   μεγάλων ἀδίκως ἐπικρᾶναι ;
Τίς δ' ἐπιτύμβιον αἶνον ἐπ' ἀνδρὶ θείῳ
σὺν δακρύοις ἰάπτων
   ἀληθείᾳ φρενῶν πονήσει ;   1550

ΚΛ.   Οὐ σὲ προσήκει τὸ μέλημ' ἀλέγειν

τοῦτο· πρὸς ἡμῶν κάππεσε, κάτθανε,
καὶ καταθάψομεν οὐχ ὑπὸ κλαυθμῶν
τῶν ἐξ οἴκων,
ἀλλ' Ἰφιγένειά νιν ἀσπασίως   1555
θυγάτηρ, ὡς χρή,
πατέρ' ἀντιάσασα πρὸς ὠκύπορον
πόρθμευμ' ἀχέων
   περὶ χεῖρε βαλοῦσα φιλήσει.

ΧΟ.   Ὄνειδος ἥκει τόδ' ἀντ' ὀνείδους,   Ant. 3.
δύσμαχα δ' ἔστι κρῖναι·   1561
φέρει φέροντ', ἐκτίνει δ' ὁ καίνων·
μίμνει δὲ μίμνοντος ἐν θρόνῳ Διὸς
παθεῖν τὸν ἔρξαντα· θέσμιον γάρ·
τίς ἂν γονὰν ἀραῖον ἐκβάλοι δόμων ;   1565
κεκόλληται γένος πρὸς ἄτᾳ.

   ⟨'Ιὼ γᾶ γᾶ, εἴθ' ἔμ' ἐδέξω,
πρὶν τόνδ'.ἐπιδεῖν ἀργυροτοίχου
   δροίτης κατέχοντα χαμεύναν.
Τίς δ θάψων νιν ; τίς δ θρηνήσων ;
ἢ σὺ τόδ' ἔρξαι τλήσῃ, κτείνασ'
ἄνδρα τὸν αὑτῆς ἀποκωκῦσαι,
ψυχῇ τ' ἄχαριν χάριν ἀντ' ἔργων

Tristesse ! Terre, ô terre !   Refrain
Si tu m'avais accueilli avant que je ne voie cet homme,
dans les murs d'argent
d'une baignoire, occuper un lit de bassesse !   1540
Qui sera là pour l'enterrer ? Qui, pour chanter le chant de mort ?
Est-ce toi qui oseras faire cela,
tuer puis pleurer à grands cris celui qui est ton mari,
et à son âme, sans justice, rendre un hommage   1545
de nul hommage en échange de ses grands exploits ?
Et qui, sur l'homme divin,
avec des larmes lancera
la louange sur la tombe,
se mettant à la peine selon la vérité de son cœur ?   1550

CLYTEMNESTRE
Il n'appartient pas à toi de parler de cette
tâche. De notre fait,
et il est tombé et il est mort, et nous lui donnerons une tombe,
non pas sous les plaintes de la maison,
mais Iphigénie, face à lui, tendrement,   1555
la fille, comme il convient,
à la rencontre de son père sur les rives du passage
empressé des souffrances,
l'enveloppera de ses bras pour un baiser.

LE CHŒUR
Cet outrage-là est venu en échange d'un outrage.   Ant.4
La lutte est dure pour juger.   1561
On dépouille qui dépouille. Mais qui tue paie le prix.
Et immuablement, puisque Zeus est immuable dans le temps,
qui a agi subit. C'est la loi.
Qui pourrait jeter la semence de malédiction hors de la maison ?   1565
La famille est soudée au désastre.

ΚΛ. Ἐς τόνδ' ἐνέβης ξὺν ἀληθείᾳ
χρησμόν· ἐγὼ δ' οὖν ἐθέλω δαίμονι
τῷ Πλεισθενιδᾶν ὅρκους θεμένη
τάδε μὲν στέργειν, δύστλητά περ ὄνθ',   1570
ὃ δὲ λοιπόν, ἰόντ' ἐκ τῶνδε δόμων
ἄλλην γενεὰν τρίβειν θανάτοις
αὐθένταισιν· κτεάνων δὲ μέρος
βαιὸν ἐχούσῃ πᾶν ἀπόχρη 'μοί γ'
ἀλληλοφόνους   1575
μανίας μελάθρων ἀφελούσῃ.

ΑΙΓΙΣΘΟΣ

Ὦ φέγγος εὖφρον ἡμέρας δικηφόρου·
φαίην ἂν ἤδη νῦν βροτῶν τιμαόρους
θεοὺς ἄνωθεν γῆς ἐποπτεύειν ἄχη,
ἰδὼν ὑφαντοῖς ἐν πέπλοις Ἐρινύων   1580
τὸν ἄνδρα τόνδε κείμενον φίλως ἐμοί
χερὸς πατρῴας ἐκτίνοντα μηχανάς.
Ἀτρεὺς γὰρ ἄρχων τῆσδε γῆς, τούτου πατήρ,
πατέρα Θυέστην τὸν ἐμόν, ὡς τορῶς φράσαι,
αὐτοῦ δ' ἀδελφόν, ἀμφίλεκτος ὢν κράτει,   1585
ἠνδρηλάτησεν ἐκ πόλεώς τε καὶ δόμων·
καὶ προστρόπαιος ἑστίας μολὼν πάλιν
τλήμων Θυέστης μοῖραν ηὕρετ' ἀσφαλῆ,
τὸ μὴ θανὼν πατρῷον αἱμάξαι πέδον
αὐτοῦ, ξένια δὲ τοῦδε δύσθεος πατήρ   1590
Ἀτρεύς, προθύμως μᾶλλον ἢ φίλως, πατρὶ
τὠμῷ, κρεουργὸν ἦμαρ εὐθύμως ἄγειν

CLYTEMNESTRE

Tu t'es aventuré sur cet oracle avec l'assistance
de la vérité. Mais, quant à moi,
je veux établir un pacte avec le démon
des enfants de Plisthène : me satisfaire de ce qui est là,   1570
aussi pénible que cela soit, et, pour le reste du temps, qu'il aille,
sorti de cette maison, épuiser une autre
lignée par des morts qu'elle se donne elle-même.
Et si de mes biens je ne tiens qu'une petite part,
il me suffit absolument d'avoir enlevé du palais   1575
les délires qui assassinent les proches entre eux.

Entre Égisthe, avec des gardes.

ÉGISTHE

Ô lumière bienveillante d'une journée porteuse de justice !
Je peux dire, depuis ce moment, qu'ils protègent l'honneur des mortels,
les dieux, qui observent d'en haut les tourments de la terre,
quand je vois, dans les robes tissées des Érinyes,   1580
cet homme-là gisant, d'une façon qui m'est aimable,
en rachat complet des manigances de la main d'un père.
Car Atrée, roi de ce pays, le père de lui,
à Thyeste – mon père à moi, pour être précis,
et qui était son frère –, alors que son pouvoir était discuté,   1585
infligea le bannissement, et de la ville et de la maison.
Puis, de retour chez soi en fugitif implorant le foyer,
le pauvre Thyeste trouva un destin intègre,
qui lui épargnait de mourir et d'ensanglanter le sol paternel,
sur place. En signe de bienvenue, le père sacrilège de cet homme,   1590
Atrée, avec plus d'enthousiasme que d'amitié, offrit à mon père,
alors qu'il donnait l'apparence de célébrer avec joie un jour

δοκῶν, παρέσχε δαῖτα παιδείων κρεῶν.
Τὰ μὲν ποδήρη καὶ χερῶν ἄκρους κτένας
ἔθρυπτ', ἄνωθεν   1595

. . . . . . ἀνδρακὰς καθήμενος·
ἄσημα δ' αὐτῶν αὐτίκ' ἀγνοίᾳ λαβών
ἔσθει βορὰν ἄσωτον, ὡς ὁρᾷς, γένει·
κᾆπειτ' ἐπιγνοὺς ἔργον οὐ καταίσιον
ᾤμωξεν, ἀμπίπτει δ' ἀπὸ σφαγὰς ἐρῶν,
μόρον δ' ἄφερτον Πελοπίδαις ἐπεύχεται,   1600
λάκτισμα δείπνου ξυνδίκως τιθεὶς ἀρᾷ·
οὕτως ὀλέσθαι πᾶν τὸ Πλεισθένους γένος.
Ἐκ τῶνδέ σοι πεσόντα τόνδ' ἰδεῖν πάρα·
κἀγὼ δίκαιος τοῦδε τοῦ φόνου ῥαφεύς·
τρίτον γὰρ ὄντα μ' ἐπὶ δέκ' ἀθλίῳ πατρί   1605
συνεξελαύνει τυτθὸν ὄντ' ἐν σπαργάνοις·
τραφέντα δ' αὖθις ἡ Δίκη κατήγαγεν
καὶ τοῦδε τἀνδρὸς ἡψάμην θυραῖος ὤν,
πᾶσαν συνάψας μηχανὴν δυσβουλίας.
Οὕτω καλὸν δὴ καὶ τὸ κατθανεῖν ἐμοί,   1610
ἰδόντα τοῦτον τῆς Δίκης ἐν ἕρκεσιν.

ΧΟ.   Αἴγισθ', ὑβρίζειν ἐν κακοῖσιν οὐ σέβω·
σὺ δ' ἄνδρα τόνδε φῂς ἑκὼν κατακτανεῖν,
μόνος δ' ἔποικτον τόνδε βουλεῦσαι φόνον ;
οὔ φημ' ἀλύξειν ἐν δίκῃ τὸ σὸν κάρα   1615
δημορριφεῖς, σάφ' ἴσθι, λευσίμους ἀράς.

de boucherie, un repas de viandes d'enfants.
Les attaches des pieds et la dentelure extrême des mains,
* il les hachait depuis le bout, s'étant assis à l'écart de l'autre.   1595
S'emparant tout de suite, par ignorance, de cette chose indistincte,
il mange, nourriture, comme tu le vois, qui ne fait pas le salut
                                            [de la famille.
Puis, prenant conscience de l'acte contraire à la loi divine,
il a gémi. Fuyant l'immolation, il chavire, en vomissant ;
et voue les fils de Pélops à une mort intolérable,   1600
et, dans une même justice, il joint à la malédiction le piétinement
                                            [du festin :
qu'ainsi périsse toute la famille des fils de Plisthène !
De là vient qu'il t'est donné de voir cet homme mis à terre.
Et moi, je suis, par le droit, la main qui a cousu ce meurtre.
En effet, troisième enfant après dix autres encore, il m'exila   1605
avec mon pauvre père, alors que j'étais tout petit dans les langes.
Une fois grandi, la justice me ramena d'où j'étais parti.
Et j'ai attaqué cet homme bien qu'étant au dehors,
en attachant avec adresse tous les fils du projet malfaisant.
Et c'est ainsi que même mourir me serait beau,   1610
quand j'ai vu celui-là dans le filet de la justice.

Le Chœur
Égisthe, faire l'insolent au milieu des souffrances n'a pas de dignité
                                            [pour moi.
Tu dis, toi, que tu as tué cet homme délibérément,
que seul tu as projeté ce meurtre pitoyable.
Je dis que ta tête n'échappera pas, devant la justice,   1615
aux malédictions lancées par le peuple, sache le bien, avec leurs pierres.

ΑΙ. Σὺ ταῦτα φωνεῖς νερτέρᾳ προσήμενος
      κώπῃ, κρατούντων τῶν ἐπὶ ζυγῷ δορός ;
      γνώσῃ γέρων ὢν ὡς διδάσκεσθαι βαρύ
      τῷ τηλικούτῳ, σωφρονεῖν εἰρημένον·   1620
      δεσμὸς δὲ καὶ τὸ γῆρας αἵ τε νήστιδες
      δύαι διδάσκειν ἐξοχώταται φρενῶν
      ἰατρομάντεις. Οὐχ ὁρᾷς ὁρῶν τάδε ;
      πρὸς κέντρα μὴ λάκτιζε, μὴ παίσας μογῇς.

ΧΟ. Γύναι σύ, τοὺς ἥκοντας ἐκ μάχης μένων   1625
      οἰκουρός, εὐνὴν ἀνδρὸς αἰσχύνας ἅμα
      ἀνδρὶ στρατηγῷ τόνδ' ἐβούλευσας μόρον ;

ΑΙ. Καὶ ταῦτα τἄπη κλαυμάτων ἀρχηγενῆ·
      Ὀρφεῖ δὲ γλῶσσαν τὴν ἐναντίαν ἔχεις·
      ὃ μὲν γὰρ ἦγε πάντ' ἀπὸ φθογγῆς χαρᾷ,   1630
      σὺ δ' ἐξορίνας νηπίοις ὑλάγμασιν
      ἄξῃ· κρατηθεὶς δ' ἡμερώτερος φανῇ.

ΧΟ. Ὡς δὴ σύ μοι τύραννος Ἀργείων ἔσῃ,
      ὃς οὐκ, ἐπειδὴ τῷδ' ἐβούλευσας μόρον,
      δρᾶσαι τόδ' ἔργον οὐκ ἔτλης αὐτοκτόνως ;   1635

ÉGISTHE

Tu prononces de tels sons, alors que tu es assis à la rame
inférieure et que ceux de dessus le banc gouvernent le vaisseau ?
Tu vas apprendre, en bon vieillard, que l'éducation est pesante
à cet âge de la vie, quand l'ordre donné est d'être sage.   1620
Mais, pour éduquer la vieillesse aussi, la chaîne
et les supplices de la faim sont les meilleurs prêtres qui guérissent
les esprits. Tu es voyant et ne vois pas cela ?
Ne donne pas du pied contre l'aiguillon, si tu ne veux pas souffrir
[en frappant !

LE CHŒUR

Femelle ! Eux, qui arrivent à peine de la bataille, et toi,   1625
resté à la maison, en même temps que tu souillais le lit d'un homme,
contre l'homme en charge de l'armée tu as inventé ce meurtre !

ÉGISTHE

Ces mots-là, encore, sont au principe d'une lignée de pleurs.
D'Orphée, tu n'as, dans ta langue, que le contraire.
Car lui, de sa voix, emportait tous les êtres, grâce au plaisir,   1630
et toi, qui énerves avec tes gentils aboiements,
tu seras emporté. Dominé, tu montreras plus de douceur.

LE CHŒUR

Je dois donc me dire que tu seras le roi des Argiens,
toi qui, alors que tu as contre lui conçu sa mort,
n'as pas osé accomplir cet acte en tuant par toi-même ?   1635

ΑΙ.   Τὸ γὰρ δολῶσαι πρὸς γυναικὸς ἦν σαφῶς·
      ἐγὼ δ' ὕποπτος ἐχθρὸς ἦ παλαιγενής.
      Ἐκ τῶν δὲ τοῦδε χρημάτων πειράσομαι
      ἄρχειν πολιτῶν· τὸν δὲ μὴ πειθάνορα
      ζεύξω βαρείαις, οὔτι μὴ σειραφόρον   1640
      κριθῶντα πῶλον, ἀλλ' ὁ δυσφιλὴς σκότῳ
      λιμὸς ξύνοικος μαλθακόν σφ' ἐπόψεται.

ΧΟ.   Τί δὴ τὸν ἄνδρα τόνδ' ἀπὸ ψυχῆς κακῆς
      οὐκ αὐτὸς ἠνάριζες, ἀλλά νιν γυνή,
      χώρας μίασμα καὶ θεῶν ἐγχωρίων,   1645
      ἔκτειν'; Ὀρέστης ἆρά που βλέπει φάος,
      ὅπως κατελθὼν δεῦρο πρευμενεῖ τύχῃ
      ἀμφοῖν γένηται τοῖνδε παγκρατὴς φονεύς;

ΑΙ.   Ἀλλ' ἐπεὶ δοκεῖς τάδ' ἔρδειν καὶ λέγειν, γνώσῃ τάχα —
      εἶα δή, φίλοι λοχῖται, τοὖργον οὐχ ἑκὰς τόδε.   1650

ΧΟ.   Εἶα δή, ξίφος πρόκωπον πᾶς τις εὐτρεπιζέτω.

ΑΙ.   Ἀλλὰ κἀγὼ μὴν πρόκωπος οὐκ ἀναίνομαι θανεῖν.

ΧΟ.   Δεχομένοις λέγεις θανεῖν σύ· τὴν τύχην δ' αἱρούμεθα.

ÉGISTHE

De fait, la ruse était évidemment du côté de la femme,
et moi j'étais suspect comme ennemi d'ancien lignage.
Mais avec les biens de cet individu je m'emploierai
à gouverner les citoyens. Et l'homme de désobéissance,
je le jugulerai pesamment, et non pas comme le poulain de volée   1640
qu'on nourrit avec de l'orge ; mais la faim inamicale,
qui habite avec l'ombre, le verra s'affaiblir.

LE CHŒUR

Mais alors pourquoi, par lâcheté de l'âme, cet homme, ici,
ne l'as-tu pas massacré toi-même, au lieu que, pour t'aider,
                                                        [une femme,
qui infecte le pays et les dieux résidents du pays,   1645
ne le tue ? Est-ce qu'Oreste, on ne sait où, voit la lumière du jour,
pour que de retour ici même, par le bon vouloir de la fortune,
il devienne le meurtrier tout-puissant de ce couple-là ?

ÉGISTHE

Eh bien ! Puisque c'est ton choix d'agir et de parler comme cela,
                                                        [tu vas apprendre vite.
Courage, soldats, mes amis ! Cette action-là n'est pas loin de vous.   1650

LE CHŒUR

Courage ! Que tout le monde ajuste une épée, l'empoignant
                                                        [droit devant !

ÉGISTHE

Mais moi aussi, j'ai l'arme droite au poing, et ne refuse pas la mort.

LE CHŒUR

Tu parles de ta mort à des gens qui l'acceptent. Nous saisirons la fortune.

ΚΛ. Μηδαμῶς, ὦ φίλτατ' ἀνδρῶν, ἄλλα δράσωμεν κακά·
ἀλλὰ καὶ τάδ' ἐξαμῆσαι πολλὰ δύστηνον θέρος· 1655
πημονῆς δ' ἅλις γ'· ὕπαρχε μηδέν· ἡματώμεθα.
Στεῖχε δ' ἤδη χοί γέροντες πρὸς δόμους πεπρωμένους,
πρὶν παθεῖν ἔρξαι τ' ἄκαιρον· χρῆν τάδ' ὡς ἐπράξαμεν·
εἰ δέ τοι μόχθων γένοιτο τῶνδ' ἅλις, δεχοίμεθ' ἄν,
δαίμονος χηλῇ βαρείᾳ δυστυχῶς πεπληγμένοι. 1660
Ὧδ' ἔχει λόγος γυναικός, εἴ τις ἀξιοῖ μαθεῖν.

ΑΙ. Ἀλλὰ τούσδ' ἐμοὶ ματαίαν γλῶσσαν ὧδ' ἀπανθίσαι
κἀκβαλεῖν ἔπη τοιαῦτα δαίμονος πειρωμένους,
σώφρονος γνώμης δ' ἁμαρτεῖν τὸν κρατοῦντά ⟨θ' ὑβρίσαι⟩.

ΧΟ. Οὐκ ἂν Ἀργείων τόδ' εἴη, φῶτα προσσαίνειν κακόν. 1665

ΑΙ. Ἀλλ' ἐγώ σ' ἐν ὑστέραισιν ἡμέραις μέτειμ' ἔτι.

ΧΟ. Οὔκ, ἐὰν δαίμων Ὀρέστην δεῦρ' ἀπευθύνῃ μολεῖν.

ΑΙ. Οἶδ' ἐγὼ φεύγοντας ἄνδρας ἐλπίδας σιτουμένους.

CLYTEMNESTRE

Surtout, ô le plus aimé des hommes, n'allons pas accomplir d'autres
[désastres !
Ceux, déjà, qu'il faut moissonner sont beaucoup, un été de détresse !   1655
La souffrance est là, suffisamment, ne nous ensanglantons pas !
Allez, vénérables vieux, dans vos maisons, où est votre destin,
avant de subir, pour avoir agi, ce qui n'est pas pour vous. Il fallait cela,
[comme nous l'avons fait.
Mais si, de là, devait venir un lot de douleurs, de cela nous serions
[assez pourvus,
puisque attaqués déjà, pour notre malchance, par la lourde serre   1660
[du démon.
Tel est le discours d'une femme, si on daigne le comprendre.

ÉGISTHE

Mais eux, peuvent-ils contre moi assembler cet absurde bouquet
[de paroles,
jeter cette sorte de mots, en tentant le démon,
et manquer de jugement sage au point d'injurier (?) le maître ?

LE CHŒUR

Cajoler un homme mauvais, aucun Argien ne le fera.   1665

ÉGISTHE

Mais moi, dans les jours qui viennent, je serai encore à te poursuivre.

LE CHŒUR

Non, pas si le démon dirige Oreste dans son retour jusqu'ici.

ÉGISTHE

Je sais bien, moi, que les hommes en exil se nourrissent d'espérances.

ΧΟ. Πρᾶσσε, πιαίνου μιαίνων τὴν δίκην, ἐπεὶ πάρα.

ΑΙ. Ἴσθι μοι δώσων ἄποινα τῆσδε μωρίας χάριν.   1670

ΧΟ. Κόμπασον θαρσῶν, ἀλέκτωρ ὥστε θηλείας πέλας.

ΚΛ. Μὴ προτιμήσῃς ματαίων τῶνδ' ὑλαγμάτων· ⟨ἐγώ⟩
     καὶ σὺ θήσομεν κρατοῦντε τῶνδε δωμάτων ⟨καλῶς⟩.

LE CHŒUR
Va donc, gave-toi, en souillant la justice, puisque tu le peux !

ÉGISTHE
Sache que tu me paieras le prix de cette sottise, avec le temps.   1670

LE CHŒUR
N'aie pas peur de faire le fier, comme un coq aux côtés de sa femelle !

CLYTEMNESTRE
N'accorde pas trop de valeur à ces aboiements absurdes. Moi
et toi, tous les deux maîtres de cette maison, ici, nous gouvernerons
                                                    [avec bonheur.

Tous sortent.

ANALYSES ET NOTES

Ces remarques tentent de donner des éléments de compréhension du texte. Elles se concentrent sur la capacité du discours scénique à faire événement, à donner un sens, toujours précaire, renouvelé de scène en scène, à l'espace théâtral et au temps du spectacle. En cela, le drame se démarque d'autres formes de discours publics, politiques, religieux, théoriques, poétiques, dont, depuis son propre lieu, il propose une analyse. C'est ce mouvement qui, dans ses grandes lignes, est retracé ici. Les notes, par ailleurs, explicitent certains choix d'édition, de traduction, et rappellent des informations factuelles. Elles simplifient, nécessairement, le sens du texte, quand, à la manière des commentaires antiques, elles donnent des équivalents clairs pour des expressions intentionnellement difficiles.

Pour l'analyse précise des phrases, des problèmes sémantiques et syntaxiques très nombreux qu'elles posent, et pour une histoire des discussions tant de ces problèmes locaux que des questions concernant l'interprétation de l'ensemble de la pièce, je renvoie aux commentaires que j'ai publiés avec Jean Bollack pour le prologue et les parties lyriques (*L'Agamemnon d'Eschyle. Le texte et ses interprétations*, 1981 et 1982), et aux volumes que j'ai plus récemment consacrés aux épisodes (*L'Agamemnon d'Eschyle. Commentaire des dialogues*, en 2001)[1]. Les notes reprennent ici celles publiées chez Bayard en 2004 ; elles ont été modifiées après un réexamen du texte et la lecture de travaux récents[2].

Les notes précédées d'un * correspondent aux passages où la traduction repose sur un autre texte que celui choisi par Paul Mazon dans son édition (1925) qui est reproduite sur la page de gauche. Cela, par la force des choses, oriente le commentaire vers la discussion de cette édition, qui est conservatrice, qui suit très souvent celle d'U. von Wilamowitz-Moellendorff (1914) et dont les choix personnels n'ont pas été souvent repris par les éditeurs ultérieurs. Mais comme ce texte fait autorité dans l'enseignement français, une plus grande clarté sur les motivations des choix que reflète cette traduction devrait en résulter.

Prologue (v. 1-39)

La pièce commence deux fois. Par le monologue d'un garde que Clytemnestre a posté sur le toit du palais afin qu'il attende le signal convenu, un feu allumé sur

---

1. Voir *infra*, dans la section « Quelques livres », les références bibliographiques.
2. Notamment, l'édition d'Alan H. Sommerstein (à la Loeb Classical Library) et les premières versions de son édition et de son commentaire par Enrico Medda pour l'édition critique patronnée par l'Accademia dei Lincei. Qu'il soit ici vivement remercié pour son travail critique et les discussions que nous avons eues. Les travaux de Stefano Novelli sur la syntaxe et de Giampaolo Galvani sur les chœurs, réalisés tous les deux dans le cadre du Doctorat international de philologie de l'Université de Trente, m'ont été particulièrement utiles, ainsi que l'examen critique des éditions modernes de la pièce effectué par plusieurs chercheurs de ce Doctorat (voir « Quelques livres »).

une montagne voisine qui doit annoncer la nouvelle de
la prise de Troie ; puis, après l'apparition de ce signal
et le départ du garde, par l'entrée du Chœur des vieillards argiens (v. 40), qui prennent la parole alors qu'ils
ignorent la nouvelle. Ils sont concernés par le même
événement, la victoire des Grecs, mais, ne sachant pas
qu'il a eu lieu, ils l'interrogent sur son sens possible, non
sur sa réalité. L'espace scénique, ainsi divisé d'emblée
en deux paroles différentes, met tout de suite en place les
deux dimensions majeures de l'œuvre : l'intrigue, dont le
commencement est signalé par l'apparition du signe et sa
transmission à la reine (le feu est la première étape vers
la mise à mort du roi), et une réflexion verbale, menée ici
par le Chœur, sur ce qu'on peut dire au sujet de ce qui se
passe. Ces deux dimensions, l'action et le discours, ne se
rejoindront que très tard dans la pièce, avec les révélations de Cassandre sur le piège tendu par Clytemnestre
et les réactions du Chœur et de la reine au spectacle des
cadavres d'Agamemnon et de Cassandre. La scène est
ainsi construite comme un lieu brisé : tout ce qui s'y dira
aura comme arrière-plan cette action non dite. La scis-
sion est renforcée par le fait que le garde, une fois son
discours solitaire prononcé, disparaît à jamais[3]. Il lance
une action, qui restera souterraine, inconnue, pendant la
plus grande partie du drame.

Mais, au-delà de cette fonction, il incarne une forme
de discours qui ne se retrouvera plus. C'est la seule fois
où la parole est totalement au présent, attachée à une
expérience vécue et directement transformée par l'événement scénique : les douleurs d'une attente nocturne

3. Il est dans le drame la seule figure à occuper un lieu physiquement
distinct de la scène, en hauteur et souvent utilisé pour les apparitions
des dieux, le *theologeion*.

d'un an, puis la joie de la délivrance avec l'apparition du
signal, et l'angoisse devant ce qu'on ne peut dire, à savoir
la perversion du pouvoir en place. Les autres personnages
parleront en relation avec le passé, dans l'interprétation
de ce qui a eu lieu ou dans la justification, ou avec le
futur, par la prophétie ou la menace. Ils sont tous pris
dans des enchaînements de faits qu'ils essaient de modifier ou d'interpréter. Pour le garde, le rôle s'achève avec
l'événement présent, avec la rupture qu'il apporte.

Isolée, cette scène concentre cependant en elle les
tensions qui vont se déployer dans le discours des personnages, et notamment du Chœur. Elle n'est pas réaliste ou
pittoresque, mais fait entendre la relation malheureuse
qui, dans cette histoire, lie celui qui parle à ce qu'il peut
dire. Le monologue commence par une demande (« j'attends des dieux qu'ils me délivrent de ces peines ») qui a
une résonance mystique, liée au rite des mystères comme
purification ; elle sera exaucée au cours même du monologue (v. 22). Mais le plaisir s'accompagne immédiatement d'une censure, puisque le garde ne sait que trop
que Clytemnestre trahit. La maison pourrait parler, mais,
précisément, personne n'est son porte-parole sur scène ;
elle est disloquée.

Le discours du garde comporte un détachement vis-
à-vis de ce qui peut être dit, puisque c'est sur fond d'une
souffrance qui n'est en fait pas supprimée par l'événement
libérateur. Le début est emblématique de cette inadéqua-
tion. Contraint à scruter l'horizon nocturne pendant un
cycle céleste complet d'une année, il s'est acquis, malgré
lui, une connaissance achevée de la régularité du ciel. Il
connaît tous les mouvements des astres, comme le ferait
un philosophe physicien. Mais ce savoir totalisant de
type théorique, au lieu de procurer une maîtrise, comme

ce serait le cas pour un savant, est présenté ici comme une malédiction. Il exprime la soumission à une durée. La formulation même de ce savoir suggère qu'une nécessité régulière commande implacablement le cours des actions humaines. Le garde décrit sa cosmologie à partir de son expérience familière, qui est politique puisqu'il est soumis. Il repère dans le ciel une hiérarchie entre la foule des étoiles et les astres majeurs. Comme les dynasties, les astres sont soumis à des mouvements cycliques de mort et de triomphe (v. 7).

Mais le sens de la métaphore peut, à l'écoute, s'inverser : les astres montrent ce qu'il en est en fait du pouvoir humain ; les rois, comme les astres, sont soumis à la logique des disparitions et des levers, et, de fait, la reine se lèvera, comme une étoile, une fois qu'il l'aura avertie de l'apparition du feu (v. 27). Un souverain va chasser l'autre. Le garde ne sait évidemment pas qu'il dit aussi cela, même s'il a peur de ce qui doit arriver. Toutefois, sa lassitude devant son savoir, puis son angoisse devant le sens de l'événement qui l'arrache à sa contemplation mais confirme en fait ce qu'il a appris – puisque c'est le début d'un nouveau cycle –, thématisent sous une forme vécue la relation au savoir qui sera l'un des traits essentiels de cette œuvre. On y entendra, juste après, le Chœur poursuivre avec rigueur une activité méthodique de théoricien, visant à une compréhension systématique du cours des choses ; ce savoir, au lieu de procurer la sérénité, comme le devrait toute saisie théorique du monde, débouchera sur une angoisse renforcée.

Notes

v. 2. Une longue année de garde : plutôt que « une veille qui se compte en années ». Le garde n'est posté que la dernière année du siège de Troie, dont la durée était connue par un oracle (*Iliade*, II, 329). Eschyle reprend et transforme l'*Odyssée* (IV, 526), où Égisthe poste un garde pendant un an pour ne pas être surpris par le retour d'Agamemnon.

v. 12. Ce lit dérivant dans la nuit : le même adjectif *(nuktiplagktos[4])*, créé par Eschyle, est utilisé pour le combat nocturne de la prise de Troie (v. 330). La régularité des mouvements des étoiles (la sphère des fixes, qui tourne d'un seul bloc) ne se reproduit pas au niveau du veilleur qui, ballotté par les mouvements de la nuit, est assimilé à une « planète » (une « errante »).

v. 17. Tirer de moi le remède : le verbe grec *(entemnein)* renvoie à la pratique de l'incision des racines, dont on tirait un suc bénéfique. Le garde voudrait extraire ce remède de son propre chant.

v. 27. Qu'elle se lève au plus vite de son lit : le verbe *(epantellein)* s'emploie d'habitude pour les astres.

v. 36 s. Un grand bœuf est monté sur ma langue : proverbe, lié au silence des Mystères d'Éleusis. Le garde découvre que ce dont il se plaignait à haute voix pendant son attente (« je pleure de tristesse sur l'état de cette maison », v. 18), il ne peut le dire, à partir du moment où la reine, avertie, va entrer en action.

---

4. Le grec est donné en transcription, sauf pour les cas où Paul Mazon change fortement la lettre du texte.

Parodos anapestique (v. 40-103)

Le Chœur, composé d'Anciens d'Argos (au nombre de 12[5]), fait son entrée[6] avec un récitatif, diction intermédiaire entre le parlé et le chanté, sans doute accompagné de la flûte. Il emploie comme mètre les anapestes, qui servent souvent à accompagner une entrée ou une sortie du Chœur ou d'un personnage, et dont le noyau est composé de deux syllabes brèves suivies d'une longue, ⏑⏑‒, à savoir d'une forme qui est le symétrique du mètre de l'épopée, le dactyle, ‒⏑⏑ ; ce qui permet de nombreux échos avec le texte d'Homère, d'autant que le spondée, composé de deux longues, peut se substituer à l'anapeste proprement dit. Cette partie n'est pas organisée en strophes, mais en « périodes », dont la fin est marquée par une clausule (un anapeste incomplet, dit catalectique : ⏑⏑‒⏑⏑‒⏑⏑ ‒), que la traduction indique ici par un interligne plus grand. Il y a un débat pour savoir si la disposition des vers avant cette catalexe est indifférente ou libre, ou si l'ordre transmis par les manuscrits est porteur de sens. La seconde option est souvent utile : elle met en valeur des mots rares ou des expressions marquées par des monomètres (deux anapestes) succédant à des dimètres. Elle a été suivie ici, d'où certains écarts avec la disposition proposée par Paul Mazon. La *parodos* sera suivie d'un chant strophique, la *parodos* lyrique, selon un schéma que l'on retrouve dans les *Perses* et dans les *Suppliantes*.

5. Comme l'atteste la répartition des répliques entre les choreutes, juste après la mise à mort d'Agamemnon, aux vers 1348-1371.
6. Ou, en grec, *parodos*, d'où le nom traditionnellement donné à ce type de prestation chorale.

L'entrée du Chœur est motivée par sa demande d'information auprès de la reine. Il a été mis dans une situation paradoxale. Il représente la noblesse de la cité (cf. v. 855), mais il a été tenu éloigné de la nouvelle qui a bouleversé la vie nocturne de sa ville, débordante de fêtes. Il s'apprête bien à chanter et à danser, comme chœur, mais il est resté à l'écart des chœurs joyeux qui pendant la nuit se sont établis dans Argos (v. 23) pour célébrer une victoire dont il ignore tout. Son chant, massif mais solitaire comme le monologue du garde, n'a que lui-même comme destinataire (la reine n'entrera qu'au vers 258), signalant par là une coupure entre Argos et l'instance qui représente, par son chant, la haute culture de la cité, sa tradition poétique et théorique. La reine, en faisant allumer partout des feux qu'alimente l'huile tirée des celliers royaux pour répondre au feu annonçant la victoire, l'a dépossédé de son monde. L'espace public, devant le palais, est à elle : on s'y rend pour la consulter, et c'est elle qui y dispose du pouvoir de parler ou de se taire (v. 263). Mais en venant formuler sa demande, et en explicitant, dans un chant exceptionnellement long, sa reconstruction de la situation présente, le Chœur donne à l'espace de la scène un autre sens que sa dépendance politique vis-à-vis de Clytemnestre. Les échanges avec la reine, puis avec le messager et le roi, empliront un lieu qui aura été d'abord habité par cette longue réflexion lyrique, menée hors interlocution réelle et sans autre limite que son propre développement. Un savoir systématique sur les dieux, sur l'histoire, va se mettre en place, avec son approfondissement comme but premier. Les dialogues politiques qui vont suivre présupposeront, sans même que cela soit su par les personnages, cet effort théorique d'une saisie intellectuelle de la réalité.

Le Chœur ne parle pas du ciel, comme le garde, mais de la justice. Elle est posée, dès le début, comme principe universel et comme cadre inconditionné de l'action menée par les Grecs à Troie. La guerre est un procès, où les deux plaignants, les deux Atrides, disposent d'une légitimité divine et donc d'une puissance incontestable. Agamemnon et Ménélas sont assimilés à l'Érinye, la divinité vengeresse implacable « qui fait payer plus tard » (v. 59). Le temps, avec ses aléas, les attentes, les craintes qu'il entretient, a un terme nécessaire, le châtiment des Troyens. Quels qu'aient été les déboires qui ont ponctué ces dix ans de guerre, il a un sens. Et cependant, le récitatif finit sur l'évocation de l'angoisse. La *parodos* lyrique énoncera la cause objective de cette obsession : la monstruosité d'Agamemnon sacrifiant sa fille à Aulis pour permettre à sa flotte de prendre la mer. Mais, pour le moment, nous n'avons pas ce récit, et l'angoisse se laisse expliquer par les éléments que le Chœur convoque ici. Il est confronté à plusieurs formes de débordements violents. Tout d'abord, le crime de Pâris enlevant Hélène n'est pas désigné en termes directement juridiques (comme il le sera par le Chœur dans un autre chant, v. 402, et par le héraut, v. 534, comme « vol »), mais au moyen d'une scène animalière rappelant les fables ou les comparaisons homériques et qui est centrée sur la violence de la réaction des Atrides : un couple de vautours criant dans les airs sur la perte de leurs petits. Agamemnon et Ménélas sont ensuite assimilés à l'Érinye, qui déclenche une orgie de combats, aux connotations érotiques claires (v. 60-66), pour une « femme aux nombreux époux ». À ces formes de déchaînement en répond une troisième, à la fin du récitatif, avec la profusion des feux et de l'huile dans la ville : les

flammes, « à hauteur de ciel » (v. 93), atteignent figura-
tivement le lieu où tournaient les vautours. Le Chœur
est en retrait par rapport à ces violences : trop vieux il
y a dix ans déjà, il n'avait, comme le dit une période
centrale (v. 72-82), que la force d'un enfant, et était
devenu étranger au domaine de la guerre. Une tension
se met ainsi déjà en place ; elle sera l'objet des chants
à venir, avec le contraste entre la régularité du droit
(ses procédures établies, avec la guerre comparée à un
procès, la certitude de la réalisation finale de la justice)
et l'irrationalité des événements concrets auquel le droit,
comme forme, est censé donner un sens.

Notes

* *v. 40 s. Le grand adversaire de Priam* : même si la
traduction paraît traduire un génitif, *Priamou*, la leçon
transmise, un datif, est préférable, comme « plus difficile » et donc probablement authentique (cf. M. West,
A. Sommerstein, E. Medda). Priam est bien l'adversaire
dans le procès qu'est la guerre, et non Pâris (nommé en
61), car l'enjeu est la prise et la destruction de sa ville, et
non le simple règlement du litige entre le fils de Priam et
Ménélas. Les deux Atrides, pour cette entreprise globale
de destruction, sont unis.

v. 43. Le couple solide des Atrides : les deux frères,
chez Eschyle, règnent ensemble à Argos, alors que, chez
Homère, Agamemnon est à Mycènes et Ménélas à Sparte.
Le contraste, traditionnel, entre les deux Atrides (cf.
v. 123) sera analysé comme étant lié à la fonction royale.
Le choix d'une ville ayant une signification géopolitique
importante au ve siècle, Argos plutôt que la Mycènes
homérique, signale l'enjeu actuel de la trilogie comme
généalogie d'une forme adéquate de droit.

v. 44. Avec les deux trônes, les deux sceptres d'une majesté venue de Zeus : en grec, la dualité des deux frères, avec la syllabe *di-*, dans *dithronou* (« avec les deux trônes ») et *diskèptrou* (« avec les deux sceptres »), est phoniquement rattachée à la « justice », *dikè*, (cf. v. 41) et à Zeus, *Di-othen*, « venue de Zeus ».

v. 55 s. Apollon, ou Pan, ou Zeus : chaque dieu est envisagé ici comme ayant sa force propre (cf. « ou ») et souligne un aspect de l'événement : Pan signale la nature sauvage du lieu du crime ; Apollon, plus identifiable, dieu percevant, signale la portée universelle de la transgression ; Zeus est au principe du droit.

v. 58. Qui partagent leur maison : littéralement, « métèques ».

v. 61. Alexandre : autre nom de Pâris (par antiphrase : « qui protège les hommes »), en réponse à l'épithète d'Hélène, *polu-andros*, « aux nombreux époux ».

v. 66. Les prémices : le mot *(proteleia)* désigne, mais pas exclusivement, les rites préliminaires du mariage ; voir son emploi au v. 227, pour le sacrifice d'Iphigénie, comme « prémices » pour le départ des navires vers Troie.

* *v. 69. Ni les flammes des offrandes* : selon la correction (minime) d'I. Casaubon (début du XVIIe siècle), *hupokaiôn*, pour *hupoklaiôn* des manuscrits (ce serait : « ni le murmure des sanglots »). Pour la suite, *hupoleibôn* a souvent été corrigée en *epileibôn* (« verser une libation par-dessus »), mais la forme transmise est attestée dans le vocabulaire rituel du Ve siècle (cf. E. Medda). Mazon supprime le mot *dakruôn*, « ni les larmes » ; la plupart des éditeurs le considèrent comme une glose entrée dans le texte pour expliquer la forme fautive *hupoklaiôn*. On a, en outre, mis en doute l'existence de larmes dans un rite de prière. Mais l'inflexibilité des Érinyes fait que l'on

passe sans transition de la supplication au deuil. Indifférentes aux rites humains, à leurs différences, elles pour-
suivent leur propre cérémonie (les « immolations sans
feu », v. 71, que sont les combats).

v. 76. La moelle toute neuve : substance de l'énergie
vitale chez Homère[7].

v. 83 s. Mais toi, fille de Tyndare : il y a une longue
discussion chez les modernes pour savoir si, à ce moment,
Clytemnestre entre en scène et procède silencieusement à
des sacrifices (ainsi dans la mise en scène de Peter Stein),
ou si ces mots s'adressent à une Clytemnestre absente
(mise en scène d'Ariane Mnouchkine), ce qui semble
plus juste. La répétition de l'adresse à Clytemnestre, qui
sera alors présente, au début du premier épisode, et les
différences très nettes de langage et de contenu entre les
deux interpellations soulignent clairement le contraste
entre la réflexion lyrique qui s'ouvre ici et le dialogue
parlé. Le Chœur, dans ces vers, ne parle pas comme on le
fait à un personnage royal présent. Son langage est fami-
lier (cf. « Quelle nouvelle ? »).

v. 94. Droguée par la persuasion douce : à la force
impérieuse contenue dans le trésor royal, l'huile, qui
donne au feu le moyen de rejoindre le ciel, le Chœur
opposera la persuasion méthodique qui est produite par
son chant (v. 108)[8].

v. 99. Celle qui soigne : l'épithète « Guérisseur »
(paiôn) est liée à Apollon.

---

7. Pour toutes les notations physiologiques dans la pièce, très
nombreuses, voir le livre de Richard B. Onians, *Les Origines de la
pensée européenne sur le corps, l'esprit, l'âme, le monde, le temps et le
destin* (1951), tr. fr. par B. Cassin *et al.*, Paris, 1999.
8. Voir l'étude du thème de la persuasion dans l'*Orestie* par Pietro
Pucci (voir *supra* à la note 19 de l'Introduction).

* *v. 103* : Paul Mazon traduit un autre texte, proposé par Louis Havet, … τὴν θυμοβόρον λύπης φρενὶ φροντίδ' ἄπληστον (« … voit l'espoir écarter d'elle le dévorant souci insatiable de ma peine »). Le passage est difficile, avec l'accumulation de mots sémantiquement proches. Si la structure métrique attendue peut être rétablie avec l'ordre φρένα λύπης, l'analyse reste hypothétique. Ou bien il y a corruption (ce serait, par exemple, ἄπληστον τῆς θυμοβόρου φρένα λύπης, « insatiable de cela, le chagrin qui dévore la pensée dans son élan » [cf. G. Hermann], avec un φρένα complétif), ou bien, si on garde le texte, le groupe introduit par l'article τήν introduit une apposition à φροντίδα (c'est la solution, difficile, traduite ici).

Parodos lyrique (v. 104-257)

Le chant, exceptionnellement long, se développe en six couples strophiques (une strophe, suivie d'une antistrophe reprenant la même structure métrique, avec la présence, pour le premier couple, d'une « épode » ; cette première section prend donc modèle sur les « triades » de la poésie lyrique plus ancienne). Du point de vue du mètre et du contenu, une coupure nette est introduite par la seconde strophe (v. 160, début de « l'Hymne à Zeus ») : on passe d'une section où prédominent les dactyles (mètre de l'épopée) à une section en mètres iambiques (« iambe » : une syllabe brève suivie d'une longue, ∪—, qui est le mètre le plus courant de la poésie lyrique).

À ce changement métrique correspond un changement de point de vue. Dans la première section, le Chœur décrit un présage apparu aux Grecs regroupés à Aulis : un couple d'aigles (et non plus de vautours comme dans la *parodos* anapestique) dévore une hase pleine ; puis il cite l'interprétation autorisée qu'en donne le devin de l'armée,

Calchas. L'interprétation est double, elle annonce le succès de l'expédition ainsi que la menace d'une violence succédant immédiatement à celle des aigles : Artémis, qui défend les petits des animaux, exigera sans doute qu'Agamemnon lui sacrifie, en compensation, sa propre petite, Iphigénie. De cette contradiction résulte une plainte (qui tranche avec le ton épique, distant, du Chœur dans son récit, même si elle est dite en dactyles), que répète un refrain : « Lamentations ! Dis les lamentations ! Mais que le bien triomphe ! » (v. 121, 139, 159). La partie iambique (v. 160-257) nomme d'abord l'instance qui, par-delà cette contradiction, garantit le sens positif que l'histoire devrait malgré tout atteindre : Zeus, qui peut seul servir de repère objectif et universel quand il s'agit de comprendre les événements douloureux et angoissants. Un « Hymne à Zeus », en trois strophes (strophe-antistrophe 2, strophe 3), analyse cette puissance du dieu. Par un phénomène plutôt rare de changement thématique au sein d'un même couple strophique, le Chœur reprend son récit des événements d'Aulis dans le mètre de cet Hymne, avec l'antistrophe 3. Le récit est ainsi mis sous le signe de l'interprétation théologique la plus universelle possible (telle que la donne l'Hymne à Zeus), sans que le Chœur soit encore en mesure de faire le lien entre la norme divine et ce qui est advenu, et qu'il ignore.

La disposition des vers, ou plutôt des « membres de vers » *(kôla)* fait discussion, avec deux tendances principales dans la critique : ou bien, à la suite de Bruno Gentili et de son école, suivre la disposition des manuscrits quand elle remonte aux éditions alexandrines, avec leur choix de distinguer des unités métriques courtes, les « membres » (cela vaut pour le manuscrit M, mais il est très lacunaire, sinon nous dépendons du travail de réorganisation accompli au XIVe siècle en plusieurs étapes et heureusement sans grande cohérence par Démétrius Triclinius[9]) ; ou bien passer par-delà cet état du texte, jugé second et dû à la théorie métrique des Alexandrins, et proposer une analyse moins atomisante, qui tient d'abord compte des périodes (unités longues, conclues par un hiatus entre deux voyelles ou par l'emploi d'une syllabe brève au lieu d'une longue ; mais parfois un tel signal est absent, et parfois, il clôt clairement un *kôlon* et non une période, ainsi souvent dans les strophes chantées par Cassandre).

La première option a parfois l'avantage de rendre métriquement intelligibles des leçons transmises qui paraissaient impossibles ; ainsi aux vers 145 s., où la forme pour « oiseaux » trouve une explication. En plus, elle fait ressortir des effets évidents de sens ; ainsi, pour la première strophe, avec la colométrie du manuscrit M, la mise en relief de groupes contrastés sémantiquement, avec *aision andrôn* alliant le divin et l'humain (« favorable par les dieux »/« des hommes ») ou *ekteleôn eti gar* juxtaposant la clôture (« [des hommes] accomplis ») et l'ouverture (« car encore »). Mais il n'est pas sûr que ces effets supposent une distinction en membres métriques. Comptent surtout dans la composition de la strophe les périodes, avec le passage d'une série de dactyles épiques à l'iambe non épique (v. 107, 115, 119), ou le passage inverse (v. 120). Pour l'épode, au vers 147, faut-il en coupant avec le manuscrit M après *antipnoous* (« vents contraires ») interrompre la série des dactyles et dès lors reprendre par des anapestes ?

9. Cette absence de cohérence peut laisser entrevoir un texte plus ancien.

Première partie : le présage des aigles (v. 104-159)

Un « proème », comme dans l'épopée, pose l'autorité de celui qui chante, en soulignant la provenance divine de son chant. Même si le thème du récit, le pouvoir des Atrides, sera homérique, la divinité n'est pas ici dans son rôle poétique traditionnel. Il ne s'agit pas d'une Muse, puisque le Chœur ne parlera que de ce dont il a été le témoin direct (v. 248) : aucun savoir de ce qui est invisible ne lui est communiqué. Le don du dieu (anonyme) consiste à avoir maintenu l'énergie des chanteurs au cours du temps[10] ; le Chœur sait alors rendre présent ce qui est devenu lointain (c'est ce qui rend son chant persuasif). Par cette capacité, le chant sera alors doté d'une puissance équivalente à celle de son objet, une « force guerrière » *(alka)*, et le chœur-poète, commandant cette force, sera du même niveau que les rois dont il chante le pouvoir : il est « souverain » de son chant. L'ode trace ainsi le cadre de son autonomie, face aux guerriers, mais dans une perfection qui n'est adressée à aucun destinataire, puisque le Chœur est seul en scène ; le poème dit le vrai, mais à part.

Le repas des deux aigles, qui sont les oiseaux de Zeus, assure le devin Calchas de la nécessité du succès de l'entreprise[11]. La différence de couleur entre les oiseaux (l'un est totalement noir, Agamemnon, car entièrement voué à la violence ; l'autre est noir et blanc, Ménélas) signale

10. Selon le modèle de Nestor au chant IV de l'*Iliade*, v. 318-325.
11. Chez Homère, le présage qui annonce la durée de la guerre et la victoire des Grecs est différent : un serpent y dévore un passereau femelle et ses huit petits : Troie sera prise la dixième année (II, 308 ss.). Eschyle a transposé la scène, avec les vautours de la *parodos* anapestique.

deux relations différentes au massacre : Ménélas, traditionnellement plus « doux » que son frère, représente la
partie lésée, celle dont le malheur enclenche l'action de
justice ; mais, parce qu'il représente un bonheur perdu,
il est en retrait par rapport à l'action de dévastation[12]. La
contradiction entre la cause à défendre (pacifique) et les
moyens juridiques et guerriers mis à sa défense apparaît, par l'union et le contraste des deux rois, comme
étant constitutive du droit. Dans la pièce, Ménélas
restera absent, invisible après la tempête du retour des
Grecs (v. 617 ss.), comme s'il n'était pas atteint par les
violences que son histoire a suscitées.

La hase pleine symbolise Troie, ville caractérisée
dans la tradition par sa fécondité débordante, avec ses
troupeaux (Pâris était vacher) et les cinquante enfants de
Priam. Cette fécondité a son défenseur divin, Artémis.
La violence divine, nécessairement triomphante car
commandée par Zeus, se heurte donc à une contre-
violence, due au fait que l'univers est réglé par la répartition des pouvoirs entre les différents dieux de l'Olympe :
Zeus, en déchaînant le droit, empiète sur le domaine de
sa propre fille, Artémis, qui, comme le rappelle l'épode,
a compétence pour défendre la vie proliférante de la
génération. Ne pouvant s'opposer à la loi imposée par
son père, elle est seulement en mesure d'exiger une
compensation symbolique qui montre qu'elle est malgré
tout honorée : massacreur de progénitures, le justicier

---

12. Sur la provenance indo-européenne et la recomposition par
Homère de ce contraste, voir Philippe Rousseau, « Le deuxième Atride.
Le type épique de Ménélas dans l'*Iliade* », dans M.-M. Mactoux et
E. Genys (éd.), *Mélanges Pierre Lévêque 5 (Anthropologie et société)*,
Paris, 1990, p. 325-354. Agamemnon est du côté du pouvoir et de la
violence, Ménélas, du côté du droit et des contrats.

Agamemnon aura à lui offrir d'abord un enfant de lui[13]. Eschyle innove fortement en se refusant à attribuer à Agamemnon une faute particulière contre Artémis (comme le feront Sophocle et Euripide dans leurs *Électre* en accord avec la tradition) : c'est la réalisation de la justice elle-même, par sa violence, qui suscite la colère de la déesse. Le propos, dans ce chant, est plus spéculatif que dans les récits traditionnels.

Notes

v. 104 s. Je suis maître de prononcer... : chaque mot de cette phrase signale une réinterprétation de la tradition poétique. « Maître » *(kurios)* appartient exclusivement au vocabulaire institutionnel et politique et non à celui du chant : le Chœur se dit souverain, comme les rois qu'il chante ; « prononcer » *(throein)*, qui insiste sur la puissance vocale du chant, est employé ici pour la première fois ; « en route béni des dieux » *(odion... aision)* transforme fortement pour le sens une expression homérique liée à Hermès, dieu de la chance, de la bonne rencontre (« voyageur de bon augure », *odoiporos... aisios*, *Iliade*, XXIV, 375 s.)[14]. La traduction souvent choisie de « signe » (en référence au présage des aigles) pour *kratos* (le seul mot qui soit employé dans son sens habituel, et qui note simplement le pouvoir qu'exercent les Atrides) – traduction reprise d'une scholie ancienne

13. Comme dans les rites de chasse, des jeunes animaux lui étaient préalablement sacrifiés (cf. H. Lloyd-Jones).
14. Sur les traductions, depuis W. von Humboldt (1816), de cette phrase difficile, voir mon étude, « Un dire indirect. Traductions allemandes et françaises d'une phrase d'Eschyle », dans S. Humbert-Mougin et C. Lechevalier (éd.), *Le Théâtre antique entre France et Allemagne*, p. 241-275.

et qui a fait tradition (Th. Stanley l'a popularisée au
xviie siècle, P. Mazon la reprend de Wilamowitz et
F. Dupont de P. Mazon) –, étonne. Le mot n'a strictement
jamais ce sens en grec (comme cela a été rappelé dès le
xixe siècle, par H. L. Ahrens, sans effet – voir la remarque
scandalisée d'E. Fraenkel *ad loc.*). C'est le cas typique et
déroutant où l'interprétation, pourtant savante, ne porte
pas sur la lettre du texte, qui est pourtant claire, mais sur
la représentation que l'on pense être sous-jacente au texte
et qui devrait dès lors guider la lecture, contre les mots,
en se substituant à eux.

v. 112. La terre de Teucros : Troie.

v. 116. Tout près de la maison des princes : le présage
apparaît à Aulis, et non devant le palais des rois à Argos
(cf. le v. 122, « le devin avisé de l'armée »).

v. 121, 139, 159. Lamentations : le mot traduit *ailinos*,
chant triste rappelant le sort de Linos, chanteur tué par
Apollon.

* *v. 124 s. L'instance qui les envoie* : Zeus. Mazon
adopte la conjecture de S. Musgrave (1746) πομπᾶς
(génitif, au lieu de l'adjectif à l'accusatif πομπούς
τ' ἀρχούς (leçon des manuscrits tricliniens) : « les chefs
mêmes de l'expédition », au lieu de πομπούς τ' ἀρχάς,
« les commandements qui envoient ».

v. 141 s. Rosée..., tendre brume : ces deux expressions, qui notent les petits des animaux, avaient frappé
les érudits anciens. La seconde traduit un mot qu'on
ne trouve qu'ici, *obrikala*, sans doute à rapprocher de
« pluie ».

* *v. 144. Elle demande que pour cela soit décidé un
signe* : vers très discuté, dont le sens faisait problème
dès l'Antiquité et dont dépend l'interprétation de toute
la scène. Mazon édite et traduit un texte corrigé : « elle

m'invite (avec un pronom de la première personne rajouté, tiré de la scholie) à expliquer (avec la corrrection *krinai*, de G. Hermann, pour *kranai*) des signes que ces oiseaux nous apportent (la relative rend le pronom au génitif pluriel, *toutôn*). » Le texte transmis se laisse en fait interpréter. La demande d'Artémis est adressée à Zeus (qui « décide », selon l'emploi formulaire du verbe *krainein*). Le « signe » (*xumbola*, neutre pluriel, comme réunion de deux éléments complémentaires) ne peut être le présage lui-même (présent dans la phrase suivante, avec « le spectacle des oiseaux ») : Artémis est opposée à la violence des aigles et ne peut donc demander sa réalisation. Dans les limites de sa compétence, elle exige que soit, par Zeus, décidée l'existence d'un autre signe (le sacrifice d'Iphigénie), qui corresponde symboliquement à « cela » (*toutôn*, pronom au génitif, dépendant de « signe »), à savoir à la situation de violence qui vient d'être décrite (plutôt que les jeunes animaux dont il vient d'être question). Ce signe devra, contre l'autre, manifester le respect de son domaine. Ce sera le sacrifice d'Iphigénie.

　　* v. 145. *Des oiseaux* : le texte présente en fin de vers un génitif pluriel *strouthôn* ; le mot a été considéré comme inapproprié (il désigne d'habitude des « passereaux ») et amétrique (cf. Fraenkel, mais l'argument ne vaut que si l'on opte pour une scansion dactylique). Porson, en 1812, y a reconnu une glose tirée d'*Iliade*, II, 311 (le présage, à Aulis, d'un serpent dévorant une portée de passereaux). Mais *strouthos*, qui est présent dans les scholies du manuscrit M (où il est glosé par *aetôn*, « des aigles » ; le mot devait donc être lu dans l'Antiquité), a en fait la valeur plus générale d'« oiseau », et la scansion est iambique si l'on adopte, avec M, une division de 145

en deux membres, *dexia men katamompha*, hémiépès, puis *de phasmata strouthôn*, dimètre sous la forme ◡‒ ◡ ‒ ‒ ‒) ; voir E. Medda.

v. 147. Qu'on célèbre en criant « ïè ! » : fait référence au cri caractéristique du « péan », chant de victoire en l'honneur d'Apollon (comme guérisseur, cf. la note au v. 99).

v. 153. Sans la peur du guerrier : Eschyle transforme en adjectif un nom propre homérique, Deisénôr, « guerrier à craindre », en en changeant le sens. Clytemnestre n'aura pas peur du vainqueur de Troie.

v. 154. L'économe rusée : Clytemnestre, comme colère.

v. 155. Qui venge l'enfant : le meurtre d'Agamemnon aura pour cause le massacre de sa fille (et non l'infidélité de Clytemnestre). « Enfant » ne renvoie pas au massacre, plus ancien, des enfants de Thyeste par Atrée (père d'Agamemnon, massacre raconté par Égisthe dans la scène finale et, avant, évoqué par Cassandre). Mais il y a superposition des violences : en sacrifiant l'un de ses enfants pour sauver le droit conjugal de son frère, Agamemnon répète l'infanticide qui a souillé sa lignée une génération avant lui. Égisthe, fils de Thyeste et héritier de cette violence ancienne, s'associera à la vengeance de Clytemnestre. La violence héroïque, contre Troie, finira par coïncider avec la logique domestique des mises à mort. Homère avait écarté, dans sa version, le sacrifice d'Iphigénie comme condition de la guerre de Troie.

Deuxième partie : « l'Hymne à Zeus » (v. 160-183)

L'avenir prédit par Calchas est contradictoire : victoire des Grecs, mais violence préalable d'Agamemnon contre sa fille entraînant son châtiment chez lui, d'où la lamentation du refrain. L'évocation de Zeus pose les conditions de la réalisation du « bien » souhaité en contrepoint de la plainte (« Mais que le bien triomphe ! »). L'Hymne, contrairement à ce qu'ont dit de nombreux interprètes qui font d'Eschyle un prophète, n'anticipe aucun monothéisme[15]. Le dieu s'impose si l'on cherche un sens à l'angoisse ; comme dieu souverain, il fait seul contrepoids au mal particulier que l'on ressent, puisqu'il en donne la cause (cf. le v. 1486). L'opération rationnelle de la pesée, qui fait de Zeus la mesure des choses, n'est pas motivée par un appétit de connaissance théorique ; elle est pratique, comme recherche d'une délivrance (cf. le premier vers de la pièce). La théologie est, dans le drame, toujours liée à une situation définie, de souffrance et d'incompréhension préalables. Il n'y a pas de connaissance pure du dieu, seulement intellectuelle, contrairement à ce que présupposent les entreprises des théologiens comme Hésiode et des philosophes qui ont suivi (selon une posture explicitement réfutée aux vers 369 ss.). Les dieux de la *Théogonie* hésiodique, Ouranos et Cronos, qui ont régné avant Zeus, pourront être évoqués, mais pour être écartés comme vaincus, et donc inaptes à soulager l'angoisse.

La sagesse est donc réflexive, elle vient après le mal subi (le *pathos*). Le Chœur n'entre pas dans la perspective spéculative d'une théodicée qui ferait du mal humain le

---

15. Les dieux sont plusieurs à gouverner, comme le disent clairement les v. 182 s.

moment nécessaire de la réalisation d'une volonté divine universelle ; cette perspective appartient à l'œuvre dans son ensemble, et non à un personnage comme le Chœur : le déroulement de la trilogie montrera que les souffrances d'Agamemnon, de Clytemnestre et d'Oreste étaient les étapes nécessaires à la constitution d'un droit véritablement juste, établi dans les *Euménides*. Méthodique, Eschyle montre ici d'abord comment les individus, liés à leur expérience, peuvent parler du dieu d'une manière qui fasse sens pour eux. Le Chœur suppose que les acteurs de l'histoire parviendront à une connaissance de la norme universelle à partir de leurs souffrances particulières (cf. la reprise de ce thème à la fin de la *parodos*). Mais cela ne sera pas confirmé pour les protagonistes de l'histoire. Agamemnon n'apprendra rien. Le Chœur énonce en fait une théorie générale dont il pense qu'elle devra nécessairement s'appliquer aux acteurs de l'histoire, qui sont amenés à « subir », mais cette théorie ne vaut pas pour lui : ne pouvant « agir », puisqu'il était déjà trop vieux au début de la guerre, il ne lui est pas donné de « subir ». Malgré son souci d'ancrer le savoir *(mathos)* dans l'expérience particulière *(to pathos)*, sa réflexion reste donc encore abstraite. L'espoir mis dans une théologie d'orientation pratique sera déçu. Il y aura donc, dans les chants suivants, un *pathos* interne au chant, dans la découverte que « Zeus », comme principe d'explication, n'est pas nécessairement au principe d'une délivrance, mais peut renforcer le mal.

Notes

v. 160. *Zeus, qu'il soit ceci ou cela* : le Chœur emploie une formule rituelle (« Zeus, quel qu'il soit »). L'indétermination, dans la prière, vaut précaution : pour ne pas se mettre en faute avec le dieu en manquant l'épithète ou le nom qui serait alors pertinent, on évoque l'ensemble de ses appellations possibles. Ici, la formule ne sépare pas, comme l'ont pensé de très nombreux interprètes, un Zeus purifié, dieu quasi unique dont on ignore le vrai nom, et le Zeus de la tradition. Le Chœur reprend l'usage (cf. C. G. Schütz, 1811), en se demandant si le nom, avec toutes ses épithètes possibles, sera efficace pour établir un lien avec le dieu. Il montre ensuite que le nom se laisse analyser et fait sens, multiplement (cf. Platon, *Cratyle*, 400 e 1 ss., pour les noms « Héra », « Rhéa », etc. ; voir la note suivante). Dans cette perspective « étymologique », le nom de Zeus, au nominatif *(Zeus)*, reprend phoniquement le thème du « bien » posé par le refrain *(to d'eu)*. Il en nomme la condition.

v. 165. Sinon Zeus : Eschyle joue sur les sens traditionnels des deux racines du nom de Zeus. Ici, on a le génitif *Dios*, interprété par Homère et Hésiode comme signifiant la « cause », « ce par quoi » (cf. la préposition *dia*, « à cause de ») ; dans le vers correspondant de l'antistrophe (v. 173, « la victoire de Zeus »), il emploiera la forme *Zêna*, qui évoque la « vie » (*zên* = « vivre »). Le rapprochement et le contraste entre les deux formes sont soulignés par le parallèle phonique *plên Dios* (« sauf Zeus ») / *Zênos*, avec *-ên-* à la même place métrique.

v. 168. Lui qui était grand jadis : Ouranos, fils de Terre chez Hésiode, ici comme indétermination violente première (cf. « de toutes les batailles »).

v. 171. Et lui… : Cronos, fils d'Ouranos et de Terre, visiblement interprété comme temporalité, *khronos* (cf. « qui vint plus tard », « il s'en va »).

v. 172. L'a couché en trois assauts : selon les phases réglées de la lutte athlétique.

v. 177. Connaissance par la souffrance : l'adage d'une origine empirique de la connaissance pratique, par l'erreur préalable et donc la sanction divine, prend ici une valeur théologique générale. Les deux termes, souffrance *(pathos)* et connaissance (*mathos*, mot sans doute formé par Eschyle), ne sont pas sur le même plan, comme le montre le déterminant « la » pour l'expérience malheureuse *(tôi pathei)*, qui est absent devant le mot « connaissance » : la douleur est toujours circonstanciée. La plupart des éditeurs corrigent avec C. G. Schütz (1780) le *tôi* en *ton*, accusatif masculin qui reprend « Zeus », de manière à avoir une formule carrée, *pathei mathos*, qui est devenue dans la critique emblématique de la « sagesse » d'Eschyle.

v. 179. Et dans le sommeil : plutôt que « à la place du sommeil » (qui suppose la correction souvent reprise par les éditeurs ἀνθ' ὕπνους, d'A. Emperius, xixᵉ siècle, pour ἔν θ'ὕπνῳ des manuscrits, qu'accepte Mazon). Pendant la nuit, le rêve, porté par un afflux de sang, rappelle au cœur la souffrance du jour.

* *v. 182. Impérieusement* : selon la graphie des manuscrits, avec l'adverbe *biaiôs*, plutôt que l'adjectif au nominatif d'A. Tournebou, *biaios* (« violence bienfaisante », Mazon).

Troisième partie : le blocus et l'action d'Agamemnon (v. 184-257)

Le récit enchaîne directement sur l'Hymne, dont il conserve la métrique au lieu de revenir aux dactyles (épiques) de la première partie, narrative, de la *parodos* : la première strophe narrative est l'antistrophe de la dernière strophe de l'Hymne. Le sacrifice d'Iphigénie, comme folie et comme malheur, selon l'interprétation

qu'en donne le Chœur, est relié à la réflexion générale
développée par l'Hymne. Le récit pose d'abord, dans
une longue phrase laissée en suspens, la situation créée
par les vents du nord qu'envoie Artémis. Il fait ensuite
(v. 199) intervenir l'injonction de la déesse, rappelée par
Calchas. La décision d'Agamemnon de tuer sa fille est
présentée comme une inversion de son souffle (v. 219) :
d'abord passif, acceptant la fatalité des vents, sur laquelle
il règle sa respiration (v. 187), il devient actif, dans un
contre-souffle.

Le blocus, par les ravages qu'il impose à l'armée
réduite à la famine, manifeste la violence du projet grec,
qui a valeur d'absolu : les guerriers, paralysés par les
vents contraires, dépérissent au lieu de se disperser ; ils
sont entièrement déterminés par l'action à entreprendre
(Sophocle fera dire à Électre que l'armée ne pouvait
rentrer chez soi, *Électre*, 573 s.). De même, Agamemnon
aura le choix entre le néant, s'il ne tue pas sa fille et
« déserte la flotte » (v. 212), ou la conformité à ce qu'il
est, comme chef d'une telle armée. Il a bien le choix entre
deux possibilités, puisqu'il délibère[16] (antistrophe 4), et
que le Chœur pourra lui reprocher sa décision qu'il juge
impie, mais les deux options ne sont pas de même rang.
Son adhésion à l'action en cours le définit : il agit selon
sa fonction.

Les interprètes modernes ont hésité sur le degré de
liberté qu'il fallait attribuer au roi dans sa décision, et
ont insisté tantôt sur la « nécessité » (cf. le v. 218) qui
le saisit, tantôt sur l'autonomie éthique qu'il manifeste
en se soumettant de lui-même au joug de cette nécessité.

---

16. Sur les représentations et les théories anciennes de la situation
de décision, voir le livre de Christopher Gill, *Personality in Epic Greek
Epic, Tragedy and Philosophy. The Self in Dialogue*, Oxford, 1996.

Mais cette question, où l'on retrouve les termes d'une théorie courante du tragique sommairement inspirée de Schelling, est déplacée[17]. Le mot « nécessité » au vers 218 analyse la situation : si Troie doit être prise (or elle doit l'être impérativement), la condition de cette prise doit être réalisée. Agamemnon n'abdique pas une liberté préalable ; il devient au contraire responsable, et donc susceptible d'être jugé, et châtié, à partir du moment où il reconnaît l'ordre des choses qui lui est imposé et agit en conséquence. Plutôt qu'une théorie implicite de la décision (libre ou non, selon les préférences des interprètes), on verra ici les termes d'un paradoxe, qui renvoie à une analyse critique du droit. Pour être juste, conforme à la volonté de Zeus et, en ce sens, « libre », c'est-à-dire agissant rationnellement selon des normes universelles, l'agent de la justice doit se sacrifier lui-même et se souiller. Le droit impose la malédiction de celui qui le réalise. Il en va donc, dans cette histoire, de la possibilité même de porter un jugement et de poser la justice comme norme absolument légitime : le Chœur est fondé à condamner Agamemnon, mais il le fait au nom d'un droit qui n'a en fait de réalité dans le monde que par l'acte du roi : s'il ne tuait pas sa fille, la justice divine n'aurait plus cours. L'aporie est donc entière. La violence, dans l'argumentation d'Agamemnon (affirmant que c'est justice de « désirer un sang de vierge avec colère, jusqu'à trop de colère », v. 215 s.), que le Chœur qualifiera de « déraison » (v. 223), correspond à la réalité de la situation.

17. Voir mon étude de la genèse et de la portée du concept de tragique, inventé par l'idéalisme allemand, dans *Les Tragédies grecques sont-elles tragiques ?*

Logique divine et logique humaine ne coïncident pas. Pour Artémis, le sacrifice d'Iphigénie est un hommage qui compense par avance la cruauté contre Troie ; pour les sacrificateurs, il est une monstruosité dangereuse et pour le Chœur (et Clytemnestre), un crime.

Notes

v. 190 s. Chalcis… Aulis : localités de part et d'autre de l'Euripe (v. 291), le détroit au cours changeant (cf. « au reflux de la mer »), qui sépare la Grèce continentale de l'Eubée.

v. 192. Les souffles du Strymon : vents du nord. Le Strymon : fleuve séparant la Thrace de la Macédoine.

v. 206. Ne pas obéir : comme c'est la règle en rhétorique, l'hypothèse la plus problématique, et la plus faible, est posée d'abord.

v. 216. Les désirer : Agamemnon n'est pas nécessairement sujet du verbe (ni les Grecs, que plusieurs éditeurs introduisent par une correction). Ce désir est légitime en soi.

v. 217. C'est justice : le mot *themis*, pour « justice », a pris une signification nouvelle au ve siècle. Ce n'est plus « l'usage » ou « la coutume », ou au pluriel les « prescriptions » héritées, comme chez Homère et Hésiode, mais une norme divine.

* *v. 222. Chez les hommes* : le datif *brotois* peut être conservé (les manuscrits mettent un point après, sans doute gênés par un *gar*, « car », en troisième position). Il circonscrit un domaine. Mazon et les autres éditeurs admettent la légère correction, facilitante, *brotous*, accusatif pluriel, de F. Portus, érudit de la Renaissance : « souffler l'audace aux mortels ».

v. 227. En prémices de fiançailles : cf. la note au v. 66. La réparation du mariage perverti de Pâris avec Hélène (cf. « pour une femme ») passe par la perversion d'un rite de mariage (avec une allusion au fait qu'Iphigénie était promise à Achille : c'était le prétexte pour la faire venir à Aulis ; cf. l'*Iphigénie à Aulis* d'Euripide).

* *v. 236. De se protéger* : cela traduit l'accusatif transmis par les manuscrits, *phulakan* (« protection »). Mazon et la plupart des éditeurs reprennent la correction de C. J. Blomfield (1818), le datif *phulakai*, pour dire le « bâillon » qui empêcherait Iphigénie de maudire les exécutants. Mais la parole de la jeune fille serait cette protection.

v. 244. Dans la salle des hommes : scène incongrue ; la jeune fille ne devrait pas y avoir accès. Elle est assimilée à son père, qui se sacrifie ainsi lui-même.

v. 247. À la troisième libation : traditionnellement destinée à Zeus Sauveur.

* *v. 253. Droit dans les rayons du jour* : selon la leçon transmise *sunorthon* (mot qu'on ne trouve qu'ici : l'avenir se dressera, *-orthon*, « en même temps », *sun-*, que la clarté du jour). Mazon reprend la correction d'A. Wellauer (1824), *sunorthron*, « avec l'aube », mais *augais*, « rayons » (légère correction de G. Hermann pour *autais* ; la faute est courante) suffit.

v. 256. Ce rempart tout proche, gardienne solitaire : Clytemnestre, qui entre en scène.

v. 257. La terre d'Apis : le Péloponnèse (cf. Eschyle, *Suppliantes*, 262 ss.).

Premier épisode (v. 258-354)

L'épisode (partie du drame comprise entre deux chants du Chœur) est centré sur la nouvelle de la prise de

Troie, que Clytemnestre annonce au Chœur sur un mode
spectaculaire. Il est construit comme une lutte implicite
sur ce que, dans un échange public réglé, parler veut
dire quand ce qu'il y a à dire dépasse toute attente et
qu'un seul des interlocuteurs dispose du pouvoir de le
dire : quel échange, quel type de persuasion sont alors
possibles ?

Le coryphée (chef du Chœur) interroge la reine sur la
raison des feux qui ont brûlé dans la ville pendant la nuit
en lui présentant par avance une grille méthodique de ses
réponses possibles : elle peut dire qu'elle sait quelque
chose, ou qu'elle ne sait rien mais espère, ou peut même
ne rien dire. Il lui propose ainsi le cadre raisonnable d'un
échange ordinaire avec une personne de pouvoir. Or elle
ne lui répond que par de l'extraordinaire, et doublement,
quant au contenu de ce qu'elle a à dire : Troie tombée
aux mains des Grecs dans la nuit qui vient de finir, et
quant au moyen de l'information : une chaîne de feux
allumés depuis la Troade jusqu'à Argos. Le Chœur
sera impressionné, mais demandera plus (v. 317 s.). Le
discours, selon lui, doit être complet, c'est-à-dire doit
parler aussi du contenu de la nouvelle. Il ne suffit pas
de dire l'extraordinaire, il faut aussi montrer qu'on sait
de quoi on parle, que ce que l'on dit entre dans l'ordre
du probable. Clytemnestre s'exécute en imaginant, dans
un second monologue, la prise de Troie. Elle ne transmet
alors aucune connaissance certifiée ; mais la manière
méthodique dont elle envisage l'avenir de l'armée, selon
qu'elle aura ou non respecté les sanctuaires des dieux,
démontre sa capacité à raisonner correctement sur l'événement. Puisqu'elle aura parlé « avec les mots d'un
homme sensé » (v. 351), le chœur se dit convaincu. Mais
la persuasion sera courte : à la fin du chant qui suit, il

changera d'avis et ne verra plus dans la confiance mise dans les feux qu'un enthousiasme de femme (v. 476 ss.).

La nouvelle, de fait, échappe à tout contrôle public, puisqu'elle n'était destinée qu'à Clytemnestre, selon un code privé établi d'avance entre elle et Agamemnon. L'existence de ce code est déjà une surprise pour les nobles de la ville, qui étaient pourtant concernés au premier chef. En soi, le message possède toutes les qualités nécessaires à sa crédibilité : il est envoyé par une autorité fiable, le roi, à une autre autorité, la reine ; et il est constamment clair, univoque, comme feu opposé à la nuit pendant tout son parcours. Mais, à partir du moment où elle est diffusée et sort du domaine réservé de la reine, cette crédibilité dépend en réalité du discours d'une seule personne, qui sera libre d'en dire ce qu'elle veut. De fait, le premier monologue de Clytemnestre, sur les feux, témoigne du caractère illimité de son pouvoir verbal. Elle prétend s'effacer devant ce qu'elle a à dire, la prise de Troie et l'existence du moyen le plus sûr et le plus univoque possible pour la connaître. Mais, comme elle est seule à savoir, ce caractère « objectif » du discours sera l'effet de son inventivité, qui vise à frapper les esprits. Se disant objectif, le discours est en fait foisonnant. Dans un long récit, qui prend la forme archaïque, héritée de la tradition épique, d'un catalogue, elle énumère les étapes géographiques du message et livre par là, puisqu'il s'agit de lieux auxquels sont liées des histoires traditionnelles, sa propre interprétation du monde connu.

Comme pour tout catalogue poétique, un principe d'ordre est supposé dans cette série de neuf étapes, mais plusieurs interprétations s'offrent à l'écoute, sans qu'il faille trancher. Clytemnestre mobilise plusieurs univers sémantiques traditionnels : univers cosmologique, puisque l'on passe d'un monde solaire (v. 288), à un monde lunaire (v. 297 s.), puis terrestre ; univers mythique aussi, puisqu'on passe clairement du cycle des récits relatifs à la guerre de Troie, jusqu'à l'Euripe (v. 292), aux récits concernant le cyle de Thèbes (histoire de la famille d'Œdipe), et, enfin, à l'univers plus insaisissable des forces monstrueuses combattues par les héros solitaires.

De la clarté du monde épique, surveillé par les dieux, on passe à un monde de menace. Le feu, dans cette reconstruction poétique de l'univers symbolique grec, a une double fonction : indifférent aux lieux traversés, il reste identique à lui-même, toujours invaincu par l'obscurité ; la nouvelle fulgurante de l'immense succès transcende immédiatement tous les contrastes, toutes les longues histoires qui sont attachés aux différents lieux. Mais, en retour, en restant toujours lui-même, le feu met d'autant plus en valeur, par contraste, la diversité de ces lieux, et fait entendre davantage les mondes culturels différents qu'il surmonte. Dès lors, l'aspect de plus en plus menaçant de la géographie, plus on s'approche d'Argos, devient sensible. Le texte utilise ainsi la réflexion des penseurs présocratiques, et notamment d'Héraclite, sur ce que signifie l'identité à soi d'un élément physique premier comme le feu.

Notes

v. 258. Je viens : le verbe surprend, puisque le Chœur est en scène depuis le vers 40, et que c'est Clytemnestre qui entre. Il montre que le lieu scénique appartient à la reine.

v. 264. Comme dit le proverbe : la formule introduit ici comme d'habitude une citation littérale. Contre un autre adage connu qui dit que l'aube se rit des inventions vaines de la nuit, le proverbe établit une continuité de filiation entre les contraires, l'obscurité et le jour. La nuit est nommée par un euphémisme, « la bienveillante » *(euphronê)*.

v. 271. Tes yeux accusent ton bonheur : plutôt que « tes loyaux sentiments » (Mazon). On est bien dans la question du rapport entre joie et raison (cf. v. 351).

* *v. 272. Et quelle preuve fiable… ?* Le vers est à prendre comme une unité (τί γὰρ τὸ πιστόν ἐστι τῶνδέ σοι τέκμαρ), cf. F. W. Schneidewin. Le coryphée commence un examen méthodique, mais Clytemnestre n'entre pas dans sa dialectique inquisitoriale et répond ironiquement à côté : « – Quelle est la preuve ? / – Il y a une preuve. » Mazon reprend la ponctuation de C. G. Schütz, qui distingue deux phrases (l'interrogative τί γὰρ ; puis τὸ πιστόν…), mais l'article τό est alors inexpliqué.

v. 276. Une parole qui ne vole pas : Eschyle utilise un terme d'Homère, « sans ailes » *(apteros)* comme qualificatif d'une parole *(Odyssée*, XVII, 57, XIX, 29, etc.). Le mot faisait déjà problème pour les Anciens (qui le prenaient parfois au sens de « léger, rapide », car « doté d'ailes », avec une analyse différente du préfixe *a-*) ; Eschyle donne sa propre lecture du tour homérique. Dans cet échange, très caustique, le coryphée, toujours incrédule, imagine que Clytemnestre a entendu des mots qui n'ont pas cheminé normalement, comme le font les « mots ailés », et qu'il s'agit donc d'une parole intérieure, qui ne vient de nulle part. Au lieu de voler vers elle depuis le dehors, elle a « engraissé » Clytemnestre.

v. 281. Héphaïstos : dieu forgeron, fils d'Héra, précipité par Zeus depuis le ciel sur l'île de Lemnos. Il représente traditionnellement le feu « d'en bas », montant vers le ciel, par opposition à celui de l'éther et des astres.

v. 282. La course du feu d'Orient : pour désigner le feu messager, Eschyle emploie un mot d'origine perse, *aggaros* (transmis par la tradition indirecte, et non par les manuscrits ; s'il n'y avait pas ce témoignage, ce mot du texte serait définitivement perdu). L'administration perse avait recours à ce type de signal (Hérodote, IX, 3). Le message de la victoire grecque, paradoxalement, est barbare.

v. 283. L'Ida : montagne de Troade, d'où les dieux regardaient les combats. Le mot est couramment interprété par les Anciens comme ayant rapport à la vue (*idein* = « voir »).

v. 283-285. Ida…, Lemnos…, Athos : cette première triade rappelle la tromperie de Zeus par Héra dans l'*Iliade*. La flamme fait en sens inverse le trajet d'Héra qui s'était armée auprès d'Aphrodite pour séduire et endormir son mari (XIV, 225-283).

v. 285. La cime de Zeus sur l'Athos : lancé par Héphaïstos vers le dieu de l'Olympe, le feu a la force de franchir un immense espace de mer.

* *v. 287. Comme il lui plaît* : la syntaxe de la phrase fait problème : il y a deux nominatifs, « la force du flambeau », « la flamme », sans verbe ; par ailleurs la distance parcourue est immense, ce qui a amené de nombreux éditeurs, dont Mazon, à supposer une lacune après le v. 287. L'argument géographique n'est pas contraignant : le franchissement de la mer Égée est présenté comme un acte merveilleux (cf. le nom du relais suivant, la montagne d'Eubée appelée *Makistos*, « la plus grande »). La syntaxe reste difficile à reconstruire ou à corriger.

v. 292. Très loin, au-dessus des flots de l'Euripe. La distance est en fait courte, mais l'Euripe, qui borde Aulis, est pour Clytemnestre le lieu d'une catastrophe, une frontière mal franchie à l'aller par l'armée.

v. 293. Messapion : le nom de cette montagne, cinquième relais dans une série de neuf, évoque le « milieu » *(meson)*.

v. 297. L'Asôpos : fleuve de Béotie, près duquel avait campé l'armée des sept chefs en guerre contre Thèbes avec Polynice, fils d'Œdipe.

v. 298. Cithéron : montagne près de Thèbes où avait été exposé Œdipe enfant.

v. 301. L'étang au regard de Gorgone : lieu inconnu.

v. 301. Le mont des chèvres vagabondes : « Égiplancte », que les scholies présentent comme une montagne de la Mégaride. Sans doute le Gérania. S'appuyant sur le nom, on a pu proposer l'île d'Égine pour l'identification. Le nom rappelle « Égisthe ».

* *v. 304. Ne pas prendre son plaisir* : le texte traduit, donné par le manuscrit F, μὴ χαρίζεσθαι, est difficile. Les *cruces* sont tentantes. On s'attend à ce que la phrase dise « ne pas négliger l'ordre du feu », ce que le verbe transmis ne peut signifier. Mazon s'en remet à la correction d'I. Casaubon, μὴ χρονίζεσθαι (« invite le feu prescrit à ne pas perdre de temps », avec θεσμόν sujet de l'infinitif), mais « feu prescrit » ne se lit pas dans le texte. On peut, avec des doutes, tenter de lire le texte de F comme un oxymore : l'ordre contraignant envoyé par le feu (ordre de le transmettre tout de suite) ne doit pas être pris par les gardes comme un don, comme un plaisir, parce qu'il signifie la victoire et leur délivrance (ce qu'il est, par exemple, pour le Garde du prologue). Les gardes, de fait (cf. le vers suivant), répondent en envoyant un feu sans limite.

* *v. 306 s. Le miroir du détroit saronique* : cela traduit le texte transmis, qui a toutefois contre lui de ne pas correspondre à la scholie du manuscrit M *katopsion*, (« bien visible ») pour *katoptron*, « miroir ». Si, comme Mazon, on accepte la correction minime de W. Canter (fin du XVIe siècle) *katopton*, le sens de l'adjectif en *-tos* ne devrait pas être pris comme actif (« qui surveille le détroit saronique »), autant reprendre alors la correction de W. Headlam (1898), *katoptên*, « espion ». L'adjectif *katopton* est plutôt passif : le « cap du détroit saronique » est « bien visible », mais l'éclat du feu va au-delà de cet éclat terrestre.

v. 307. Le détroit saronique : golfe entre l'Attique et le Péloponnèse.

v. 309. La cime de l'Araignée : mont près d'Argos. Clytemnestre sera comparée à une araignée aux v. 1492, 1516.

v. 319. À condition que tu parles encore : le coryphée ne demande pas à la reine de se répéter (« je voudrais de nouveau l'entendre », Mazon), ce qui n'ajouterait rien à sa crédibilité, mais il demande le complément, l'évocation du signifié (la victoire) et pas seulement du signifiant (le feu). Les deux termes sont indissociables.

* *v. 340. Pourraient ne pas mourir* : Mazon, comme la plupart des éditeurs, introduit une correction de F. Portus, *anthaloien an* (« seraient pris ») au lieu de *au thanoien an* (« pourraient mourir à leur tour »), que l'on trouve dans les manuscrits F et T (le manuscrit V donne la leçon fautive *an thanoien an*), de manière à établir une symétrie stricte : les preneurs risquent d'être pris. Mais la dissymétrie (« prendre »/« mourir ») peut être voulue : les preneurs, s'ils sont fautifs, pourraient mourir (et c'est bien ce que raconte la tradition épique des « retours », les *Nostoi*) et, comme le dit la suite, v. 345-347, dans un jeu subtil d'hypothèses (qu'à la différence de nombreux éditeurs Mazon respecte), s'ils ne sont pas détruits tout de suite, pendant le voyage du retour, c'est bien la colère des « morts » (à savoir, dans l'esprit de Clytemnestre, Iphigénie) qui peut se réveiller.

v. 344. Courber dans l'autre sens : une course (« diaule ») faisait revenir le coureur une fois tournée la borne.

v. 345-347 : Clytemnestre envisage l'hypothèse d'une vengeance possible des morts venant frapper une armée qui serait d'abord sauve parce qu'elle n'a pas cédé à l'impiété lors de la prise. Mais, dans les faits, il y aura deux désastres cumulés, avec la tempête du retour, envoyée par les dieux en raison de l'impiété des Grecs au cours de la nuit de la conquête, et la mise à mort d'Agamemnon à cause d'Iphigénie.

Premier *stasimon* (v. 355-487)

Le *stasimon* (chant « en place », par opposition à la *parodos*, chant « d'entrée »), est précédé d'un prélude récité en anapestes (v. 355-366), où le Chœur identifie les puissances divines qui ont pris Troie : le dieu souverain, lumineux, et la Nuit. Il est composé de trois couples strophiques suivis d'une épode[18].

Le chant présente une contradiction. Il commence par poser la nécessité du châtiment de Troie, et se conclut, dans sa partie finale, sur la mise en doute de la véracité du discours qui a annoncé ce châtiment. Il y a bien rupture à l'intérieur du chant : le Chœur passe d'une attitude générale et réflexive à celle d'un personnage inquiet et soupçonneux. Mais le revirement, brutal, exprime aussi une impasse de la réflexion générale : la loi divine qui s'est appliquée contre Pâris devrait, puisqu'elle est divine et

---

18. Dans une métrique iambique, comme la seconde partie de la *parodos* lyrique.

donc absolue, valoir aussi contre ses vainqueurs. Le fait même de la victoire devient problématique.

Dans un premier temps, la nouvelle de la chute de Troie permet de donner un contenu concret au principe énoncé dans « l'Hymne à Zeus » de la *parodos*, à savoir que le mal subi ouvre l'accès à une compréhension juste de l'ordre divin. Les Troyens, d'abord poussés à la transgression par l'excès de leurs richesses, savent désormais ce qu'est Zeus protecteur des hôtes. Le premier couple strophique fait la théorie de cette transgression. Il montre que Pâris n'était pas d'abord heureux puis malheureux, comme si on passait d'un contraire à l'autre : dès l'origine, il était comme fait de mauvais bronze, mêlé de plomb. L'expérience, avec les coups reçus, en a révélé la noirceur originelle, qui le vouait déjà au néant. Entraînés dans la dynamique illimitée de la richesse, au point de laisser Pâris courir après « l'oiseau envolé » qu'est Hélène (v. 394), les Troyens se sont trouvés en fait pris dans la dynamique négative de la destruction. Ils ont banni de leur vie toute forme d'identité établie, de limite définie, et ne disposaient donc plus d'aucune défense solide.

Le chant pouvait s'en tenir à cette conclusion, mais il va au-delà. À partir de la strophe 2, il envisage cette même histoire du point de vue grec, et aboutit à un paradoxe : la même dynamique négative menace le camp des justiciers, au point que le Chœur craint que les Atrides ne connaissent le même sort que Pâris. En effet, de leur côté également règne l'absence d'identité, de limite. Cette absence se traduit, cette fois, non par un excès de richesse, mais par un déchaînement de violence. La transition entre ces deux histoires parallèles se fait dans le deuxième couple strophique qui réunit étrangement, dans un chiasme, des évocations contraires : les lourds préparatifs de guerre, la légèreté d'Hélène s'en allant, le silence tendre de Ménélas abandonné et, finalement, le deuil qui s'est imposé à l'ensemble des maisons grecques, où reviennent les cendres des guerriers. « Passant les portes », Hélène a détruit tout ordre. Ménélas, privé d'Aphrodite, se met à haïr les « belles formes » des statues de son palais, et cette haine emporte dans la suite du chant toute concrétisation sociale de l'idée d'ordre.

Se lançant dans une analyse critique, le Chœur passe en revue toutes les formes sociales établies qui se sont désagrégées ; il dévoile la réalité nocturne qui est à l'œuvre sous les institutions reconnues : « l'or » de l'exploit guerrier devient cendre ; l'éloge de la valeur héroïque devient grondement contre les rois ; la beauté des corps enterrés à Troie reste invisible ; l'ordre politique est détruit par la malédiction populaire ; la gloire des rois s'appuie sur des massacres. Dans cette destruction systématique des identités constituées, l'ordre ne pourrait se manifester que violemment, par une intervention foudroyante de Zeus, comme ce fut le cas contre Troie. Le Chœur ne peut alors définir que négativement ce qui serait pour lui une vie réellement vivable ; elle n'a plus aucun lieu. Il souhaiterait n'être ni conquérant, ni vaincu, c'est-à-dire ni grec ni troyen, et donc nulle part, en dehors de la marche réelle des choses. La connaissance de la loi divine ne procure aucun bien, elle ne délivre pas de l'angoisse, mais lui donne un fondement universel. Le revirement inattendu quant à la véracité des feux qui ont facilement séduit Clytemnestre traduit cette impuissance dans des termes communs, rassurants, ceux d'une misogynie convenue.

Notes

v. 369. Quelqu'un a dit : le Chœur vise moins un humain désabusé qui ne croirait pas en la justice divine qu'un théologien comme Xénophane, qui, au nom d'un concept pur de la divinité, se refuse à établir toute relation entre dieux et hommes.

* *v. 374 s. Elle est fille des actes qu'on ne peut oser, la ruine* : à la ponctuation (et construction syntaxique du génitif *pneontôn*) près, la traduction reprend le texte choisi par Mazon, avec la correction *ekgonos* (« descendant » au nominatif singulier) pour le pluriel *ekgonous* (correction due à F. Portus). Il est surprenant que les interprètes, sans doute parce qu'à cause de « descendants » ils avaient en tête le schéma de la faute transmise aux héritiers (schéma totalement absent ici : Pâris paie lui-même), n'aient pas discuté cette possibilité.

* *v. 378. Au-delà du bien le meilleur* : Mazon reprend la correction d'H. Weil, *metron to beltiston* (« la mesure est le bien suprême »), phrase qui anticiperait les v. 471 ss., au lieu de *huper to...* des manuscrits ; la répétition *huperpheu* (« au-delà du merveilleux »)... *huper* passait pour une redondance ; mais c'est la variation qui compte : l'excès grandiose *(huperpheu)* dépasse *(huper)* un point qu'après coup, une fois manifestes les effets du dépassement, on peut qualifier de « meilleur ». Le Chœur n'adhère pas simplement à une morale de la modération, il analyse d'abord patiemment la dynamique de l'excès et en déduit, à la fin, une norme idéale.

* *v. 380. D'avoir reçu* : cette lecture maintient l'accusatif *lakhonta* (cf. pour la syntaxe *Antigone*, 547 : construction personnelle du participe avec *arkein*) ;

Mazon, avec la plupart des éditeurs, reprend la correction facilitante de J. Dorat (xvie siècle), le datif *lakhonti*.

   v. 380. Dans son diaphragme : lieu de la perception du sens de la situation.

   * *v. 397. Et l'homme injuste* : selon le texte proposé par R. H. Klausen (1833), τὸν δ' ἐπίστροφον τῶν (pour τῶνδε des manuscrits). Mazon suit le texte de C. Weyrauch.

   * *v. 404 s. Porteurs de boucliers et de lances* : les manuscrits donnent (selon la disposition de T) : λιποῦσα δ' ἀστοῖσιν ἀσπίστορας / κλόνους λογχίμους τε καὶ / ναυβάτας ὁπλισμούς. Ce texte fait sens et peut être maintenu. Mazon, comme tous les éditeurs, a été gêné par la différence métrique entre la strophe et l'antistrophe (le v. 421 donne ∪ – ∪ – – ∪ – [iambes, crétique]… ; en 405, avec le texte transmis, on a : ∪ – – ∪ – ∪ – [bacchée, iambes]…, ce qui est une suite iambique possible, différente de celle de l'antistrophe ; la *responsio* n'est impossible que si l'on pense qu'ici comme ailleurs dans l'*Orestie* les iambes doivent se correspondre exactement, cf. E. Fraenkel, après Wilamowitz (mais, pour le *corpus* d'Eschyle, voir *Sept contre Thèbes*, 877/883, rapprochement fait par G. Galvani). Il a été aussi gêné, comme beaucoup d'autres, par la place de la conjonction τε. Pour cela, il reprend dans son texte la correction de H. L. Ahrens, qui transpose τε καὶ après κλόνους (et ajoute un θ'après ναυβάτας). Au moins, il garde l'opposition habituelle bouclier/lance qui est effacée quand, pour avoir la syllabe brève attendue, on admet la conjecture λοχισμούς de T. Heyse (1884), « embuscades » ou « formation de compagnies » (cf. E. Fraenkel, M. West, A. H. Sommertein), pour λογχίμους. Quant à la syntaxe, la séquence 1ère épithète (ἀσπίστορας) + substantif (κλόνους) + 2ᵉ épithète (λογχίμους) + τε se retrouve aux vers 1014 s. Pour la scansion, E. Medda propose judicieusement de lire la séquence qui ouvre 405 comme un dochmiaque (◡ – – ◡ –, cf. A. Wellauer), ce qui suppose d'admettre à l'antistrophe, en 421, l'intervention minimale de B. Heath, πάρεισιν pour πάρεισι.

   v. 445. Et elles : les familles.

   * *v. 478. Ou n'est-ce pas… ?* : si on maintient la négation (τις οἶδεν, ἤ τι θεῖόν ἐστιν ψύθος) qui, toutefois (cf. G. Galvani), a pu être ajoutée pour composer un trimètre iambique.

Deuxième épisode (v. 489-680)

   L'entrée en scène d'un héraut officiel de l'armée dissipe les doutes. Il confirme que Troie a été détruite. Pour la première fois dans la pièce, ce dont on n'a cessé de parler, l'événement troyen, est dit par un témoin direct. Cependant, cette transparence soudaine du discours, dont on est sûr qu'il est véridique, ne libère pas l'espace scénique des tensions qui l'ont occupé jusque-là. S'il est vrai que le langage articulé du héraut est un *medium* plus sûr que la lumière ponctuelle d'un feu muet, il n'a pas la concision dénotative du feu. Il est, comme langage, nécessairement développé, et donc amené à se reprendre, à se laisser contredire, à se justifier. Son adéquation à son objet et au moment où il est prononcé peut à tout moment être mise en question. Le bonheur qu'il apporte d'abord se verra ainsi contesté dans la scène en plusieurs assauts.

   Tout d'abord, la contradiction est interne. Se considérant comme miraculé, le héraut présente son retour et l'arrivée imminente du roi comme une rupture radicale, comme une lumière mettant un terme à une longue nuit. Mais cette présentation échouera, ne serait-ce que parce qu'elle doit s'argumenter. En effet, pour affirmer que seul compte le bonheur final et non les innombrables souffrances qui l'ont précédé, le héraut est amené à parler de ces souffrances, tout en disant qu'il ne doit pas le faire, puisque cela ne correspond pas au bonheur du moment où il parle. Son langage est alors brisé, contradictoire, sans qu'il faille voir là une faiblesse, puisque c'est un professionnel du langage, ni le signe d'une « basse extraction » : ce qu'il a à dire est impossible. Il est pris dans une « contradiction performative ».

Le deuxième assaut viendra de la reine, qui entre subitement en scène pour dire qu'elle n'a rien à apprendre de lui. Elle ne fait par-là que confirmer la conclusion de l'argumentation menée par le héraut. Si ce qui importe est le seul succès, elle l'a déjà amplement célébré au cours de la nuit des feux avec les rites somptueux et pleins d'exubérance féminine auxquels elle a mêlé les hommes et les femmes de la ville. Et si ce qui compte, c'est de rentrer vivant chez soi, importe d'abord ce qu'il en est non de l'arrivant, mais du lieu du retour. La seule nouvelle extraordinaire qu'il vaille la peine de transmettre n'est pas le retour de l'armée, mais de pouvoir dire au roi que ce chez soi n'a pas changé, que l'épouse royale a toujours été fidèle et a su conserver le palais dans l'état où il était. C'est donc une femme, indifféremment dépensière, avec sa célébration nocturne de la victoire, et économe pendant dix ans, à la fois Pandore et Pénélope, qui peut dire ce qu'il en est au fond de cette aventure masculine.

Le dernier assaut viendra, involontairement, du Chœur. Il s'enquiert du sort de l'autre roi d'Argos, Ménélas. La nuit, que le héraut disait définitivement dépassée, reprend ses droits, puisqu'il lui faut faire le récit d'une tempête nocturne qui a dispersé l'armée grecque pendant le voyage du retour. Le roi qui fut au principe de la guerre est devenu invisible. La scène d'Argos s'ouvre ainsi sur un ailleurs infini, immaîtrisable. La cohésion de la cause grecque n'existe plus : l'armée, victorieuse, ne revient pas avec ce qu'elle est allée chercher et qu'elle avait repris.

Notes

v. 489 : les manuscrits donnent les vers 489-499 à Clytemnestre et seulement 500 et 501 au Chœur (de même, dans la stichomythie des vers 538-550, ils donnent à Clytemnestre les répliques restituées au Chœur depuis B. Heath, 1762). Avec la majorité des éditeurs, je reprends pour les vers 489 ss. la correction de J.J. Scaliger (fin du XVIᵉ siècle), qui fait parler le Chœur dès le vers 489, la reine étant donc absente. La question est très débattue ; la mention des personnages dans les manuscrits est souvent problématique et doit être examinée cas par cas. Ici, l'ironie avec laquelle il est parlé des feux (cf. les expressions « les variations du feu », « à la manière des rêves » ou « la vapeur d'un feu ») fait opter pour le Chœur. La seconde personne aux vers 496 s. (« ni n'enflammera à ton intention... pour faire un signe ») se comprendrait mal si Clytemnestre parlait au Chœur : le feu lui était adressé ; le Chœur parle à elle *in absentia* (plutôt qu'à soi-même, cf. plus bas) : elle règne sur l'espace scénique, et la reprise dans le discours de la reine de plusieurs motifs développés par le héraut montre qu'elle domine ce qui peut se dire devant son palais. La brutalité de l'adresse s'explique mieux par l'absence de la reine. Par ailleurs, le vers 585 semble bien annoncer l'entrée de Clytemnestre. Le Chœur y désigne le véritable destinataire du discours du héraut : non pas lui, mais la

reine. Enfin, le vers 598, « Et maintenant donc, pourquoi
devrais-tu m'en dire plus long ? », montre que ce qu'elle
rejette n'est pas un récit plus long que celui qu'elle aurait
entendu du héraut (quel récit cela pourrait-il être ?), mais
plus long que le message lapidaire des signaux.

    v. 494 s. Cette sœur de la boue, sa mitoyenne : énigme,
à la manière d'Eschyle ; la solution est donnée après : il
s'agit de la poussière. Cette présentation complexe de
la terre dans ses différents états, pure ou mêlée d'eau,
renvoie à une cosmologie implicite (cf. les *Sept contre
Thèbes*, 493 s.). C'est élément contre élément, comme
dans les discussions entre les systèmes présocratiques.
Autant le feu « varie » (v. 490), est instable, autant la
terre sait être elle-même, quand elle se sépare de l'eau. Sa
sobriété (célèbre pour l'Argolide, souvent décrite comme
sèche) est gage de vérité : en faisant voler la poussière
autour de lui dans sa longue route depuis la côte, le héraut
manifeste qu'il a pris soin du message.

    *v. 496 s. Ni n'enflammera à ton intention… pour faire
signe* : on peut hésiter sur la référence de la seconde
personne. Le Chœur s'adresse ou à Clytemnestre
absente, ou à lui-même. C'est plutôt la première solution.
Le coryphée affirme (« j'ai la preuve ») qu'il dispose lui,
contrairement à la reine, qui n'était destinataire que d'un
feu, d'un moyen de preuve supérieur.

    v. 509. Pythô : Delphes. Lieu absent de l'*Iliade* comme
siège de l'oracle d'Apollon, mais central dans l'*Orestie*.

    v. 511. Tu étais trop inamical : allusion au chant I de
l'*Iliade*, où Apollon, avec son arc, envoie la peste sur les
Achéens.

    v. 527 : vers repris presque à la lettre des *Perses*, où il
est question de l'impiété de l'armée de Xerxès incendiant
les sanctuaires d'Athènes (v. 811). L'aveu, apparemment

ingénu, d'une telle impiété grecque a gêné de nombreux
éditeurs, qui ont supprimé le vers (un copiste, pensant aux
Perses, l'aurait mis dans la marge, puis le vers aurait été
intégré au texte). Mais l'acharnement de Zeus contre les
temples troyens est, dans sa radicalité, la preuve pour le
héraut du bien-fondé de la violence des Grecs. La crainte
formulée par Clytemnestre aux vers 338 s. s'est donc
réalisée. La tempête du retour sera la conséquence de cet
acte contre les dieux, selon le modèle narratif illustré par
les récits épiques concernant les *Retours* des héros grecs.

    v. 535. Le gage qu'il détenait : Hélène, que les
Troyens auraient pu rendre, pour leur salut.

    * *v. 547* : Mazon reprend une correction de Wila-
mowitz, *humin stugos*, « Quelle amère souffrance occupait donc vos âmes ? », alors que les manuscrits donnent
stugos stratôi, « une froideur hostile à l'armée ». On ne
comprenait pas comment le Chœur, qui vient de déclarer
son amour pour l'armée absente, peut d'un seul coup
être perçu comme hostile. On a alors ou corrigé comme
Wilamowitz ou, pour se débarrasser de l'hostilité, tiré le
mot *stugos* du côté de « l'amertume » avec à la place
d'« armée » un mot qui puisse désigne la population
d'Argos, qui serait dite abattue (cf. A. H. Sommerstein,
« this miserable bitterness… over the people », avec le
leôi de F. Heimsoeth, 1861). Plus simplement, avec le
texte transmis, le héraut infère de la mention du deuil et
de l'enténèbrement de son cœur par le coryphée l'existence d'une malveillance déplacée à l'égard d'une armée
victorieuse. La réponse du coryphée lui fait tout de suite
changer de diagnostic.

    * *v. 551* : Mazon adopte au lieu du « cela » *(tauta)*
la correction « tout » *(panta)*, de M. Haupt. Cette totalité (« tout ce qui se prolonge ») se diviserait en deux,

les expériences bonnes et les mauvaises. Avec le pronom *tauta*, il vaut mieux ponctuer fortement à la fin du vers : « cela (que tu dis, la joie) a pris du temps ».

* *v. 557* : après D. S. Margoliouth, Mazon ajoute une notation sentimentale : *askhallontes*, « nous plaindre », pour *ou lakhontes*, « quel sort n'ayant pas reçu ? », avec un *ti* repris du groupe précédent (cf. Denniston-Page).

v. 570-572 : ces vers, qui semblent introduire une troisième catégorie entre les morts et « nous », les survivants, ont gêné ; ils ont souvent été ou supprimés ou déplacés. Mais, précisément, le héraut opère avec trois termes. Aux disparus, il oppose d'abord les vivants. Le troisième groupe, « nous », qui connaît un sort exceptionnel avec la gloire et le retour, ne se laisse ainsi pas seulement définir comme l'opposé des morts ; il a une définition positive.

v. 576. Quand notre gloire, déjà, survole : littéralement, « pour nous qui survolons », avec le datif pluriel *potômenois*. Le voyage (au participe présent, donnant la qualité essentielle de ce « nous ») est symbolique, c'est celui de la gloire, cf. Pindare, *Néméennes*, VI, 48 s. Comme la plupart des éditeurs, Mazon reprend la correction de B. Heath, le singulier *potômenôi* qui va avec *phaei* : la lumière du soleil vole sur la terre et la mer.

v. 586. D'en n'être riche qu'avec eux : la bonne nouvelle et la gloire sont des biens que le palais doit engranger. Le Chœur n'en profitera vraiment que si la reine les accueille, en bonne économe.

v. 612. L'art de tremper le bronze : cette expression est souvent lue comme si elle notait une technique impossible, puisqu'on ne trempait pas le bronze, mais le fer ; ou bien on admet que « bronze » est ici un terme « poétique », archaïsant, pour « fer ». Mais une telle tech-

nique est attestée à Corinthe. Clytemnestre dit seulement
qu'elle est épouse, et non un forgeron qui a ses astuces.

v. 623. Quand il est bien tranché : séparée de
l'agréable, la vérité, si elle est désagréable, a sa dynamique propre et ne se laisse pas longtemps dissimuler.

v. 627 s. : le Chœur, par la première possibilité qu'il
envisage, évoque la version des *Retours* que donne
l'*Odyssée* au chant III, où les deux Atrides se séparent
à Troie. Eschyle préfère une dispersion violente de toute
l'armée dans une même catastrophe.

v. 643. Un double fouet, celui qu'affectionne Arès : un
tel fouet n'est pas un attribut régulier du dieu de la guerre.
Les deux lances rappellent l'armement de certains guerriers de l'*Iliade*. La dualité, répétée, réunit ici, dans une
blessure commune, deux malheurs : le deuil des maisons
et la mort des guerriers au loin.

* *v. 649. La tempête des Achéens* : l'expression sonne
comme un titre d'épisode épique (cf. *Iliade*, XXI, 134,
loigon Akhaiôn, « la destruction des Achéens », à l'accusatif). Cette tempête montre à l'œuvre, d'une manière ou
d'une autre (selon la relation syntaxique ouverte entre
adjectif en -*tos* et datif), une colère *(mênis)* des dieux. Dans
la description, les dieux olympiens n'agissent pas directement (contrairement à ce qui se passe dans les tempêtes
de l'*Odyssée*, voir plus bas). La violence a-cosmique de
la tempête est le signe d'une irritation des dieux chargés
de maintenir l'ordre du cosmos. À la suite de C. J. Blomfield (1818), Mazon intervertit les finales d'« Achéens » et
de « dieux » : *Akhaiois… theôn* (pour *Akhaiôn… theois*),
« une tempête qui ne peut que nous révéler des dieux
irrités contre nous » ; c'est le texte couramment admis.

v. 651. Le feu et la mer : Eschyle décrit une tempête
qui ne suit pas le modèle homérique. Dans l'*Odyssée*,

les tempêtes ont lieu le jour (la nuit y vient « du ciel »,
qui se couvre), et font intervenir la foudre de Zeus. Ici le
désastre est nocturne et feu et eau ne sont pas dissociés.
Il est donc vain de chercher dans le texte une mention
de la foudre. Dans un Typhon (du nom du dernier grand
adversaire de Zeus, monstre crachant le feu), le feu est
mêlé à l'élément qui lui est normalement contraire, l'eau,
et lui donne une force fulgurante : « les rafales cinglantes
de la pluie ». L'ordre du monde est ainsi suspendu. Nous
sommes dans une nuit « précosmique », dans une phase
de confusion première des éléments. Le texte reprend
ainsi un schéma cosmogonique développé par la pensée
physique contemporaine. Les dieux olympiens, qui pourtant représentent l'ordre des choses, ont permis que des
forces antérieures et contraires à cet ordre se déchaînent.
Une telle situation échappe dès lors à toute compréhension. La tonalité scientifique du passage, qui devait
étonner dans un tel contexte « épique », signale une utilisation libre de la science : alors que la théorie physique
devait procurer à celui qui la mène une maîtrise du réel,
ici l'illustration de cette théorie, qui sert à construire un
événement extraordinaire, rend la réalité plus opaque
encore[19].

   * v. 677. *Vivant et voyant la lumière* : plutôt que
« vivant » *(zônta)*, beaucoup d'éditeurs, dont Mazon,
acceptent, selon la suggestion de J. Toup (fin XVIIIe), de
reprendre ici le texte donné par le lexicographe Hésy-

---

19. Le récit de la tempête a donc une fonction immédiate au
sein de l'œuvre. On ne peut dire qu'il sert seulement à annoncer le
thème du drame satyrique (perdu) qui prolongeait la trilogie tragique,
Protée, dont la matière était empruntée au chant IV de l'*Odyssée*, avec
les aventures de Ménélas, entraîné en Égypte après la tempête qu'il a
essuyée au Cap Malée (c'est le thème de l'*Hélène* d'Euripide).

chius *khlôron te kai bleponta*, « en sève et voyant », dans l'idée que cette version serait moins plate. Mais le couple « vivre-voir » se trouve ailleurs chez Eschyle.

Deuxième *stasimon* (v. 681-781)

Le premier *stasimon* faisait ressortir une contradiction au sein du concept de justice *(dikê)*, puisqu'il était apparu que le bien que devait apporter une réalisation du droit était en fait combattu par les moyens nécessaires à cette réalisation : ces moyens sont ceux du déchaînement de la violence, de la négation des limites. Le rétablissement de l'ordre est en fait un désordre. Le récit de la tempête confirme que les justiciers étaient eux-mêmes, du fait des dieux au nom desquels ils avaient combattu à Troie, entrés dans un monde indistinct, sans repère. Un effort supplémentaire de théorisation, de systématisation du réel et du principe qui le guide, à savoir la justice divine, est ainsi nécessaire. L'existence de l'unité systématique à trouver est garantie par l'existence même du nom d'Hélène. Si on sait, après coup, bien l'entendre, il symbolise la totalité des désastres qui ont frappé les hommes dans cette histoire : « Hélène » est, par les sons qui composent son nom, à la fois celle qui prend (sur le verbe *helein*) les navires, celle qui prend les guerriers et celle qui prend les villes. Toute la geste épique[20], dans le déploiement en apparence incohérent de ses violences, est concentrée en elle. C'est alors le concept de justice qui est à revoir et à définir, de manière que le déchaînement des violences ne

---

20. La référence à l'épopée est accentuée par la métrique, qui mêle des séquences iambiques et d'autres à base de ioniques ($\cup\cup--$, avec les transformations de ce mètre rappelant la poésie d'Anacréon : scènes guerrières et intimes se superposent) et de dactyles.

puisse lui être opposé, mais soit compatible avec l'idée d'ordre qui est inhérente à ce concept. Ce qui, dans le premier *stasimon*, était encore posé comme contrastes, revirements, comme destruction des formes établies, est à ramener à une unité plus fondamentale. L'illimité, dans la déviance, doit avoir sa propre limite interne, sa propre définition. La justice est à prendre comme ce qui confère une forme à ce qui semble informe : « elle mène toute chose à son terme » (dernier vers du chant).

Cet effort théorique vers la découverte d'une identité se manifestant dans des termes contraires sera accompli dans le chant en plusieurs étapes. Il mobilise d'abord des matériaux culturels connus. Le langage en premier lieu, avec le nom d'Hélène et le mot grec qui signifie à la fois « noces » et « deuil » *(kêdos)*. Puis une fable : un lionceau adopté par une famille est d'abord doux, avant de se faire massacreur ; mais on ne peut parler de métamorphose, puisqu'il manifeste en cela une nature héritée de ses parents ; il est donc bien identique à lui-même. L'unité de l'histoire à la fois érotique (mobilisant les expressions de la poésie d'amour) et funèbre qu'Hélène a imposée à Troie se trouve figurée dans cette allégorie.

La réflexion se fera enfin explicitement conceptuelle, avec une prise de position déclarée contre la sagesse traditionnelle. Alors qu'il est habituel de raisonner en termes d'alternance des fortunes humaines et d'équilibre, et de dire qu'une trop grande prospérité engendre une désolation, le Chœur a des exigences plus rationnelles. Il s'en tient à un monisme strict : c'est toujours le Même qui engendre le Même, que ce soit négativement ou positivement. Le mal n'est pas produit par un excès de bonheur, mais provient d'un mal premier, d'un « acte sacrilège » ; et le bonheur, s'il est juste, n'a aucune raison de disparaître. La règle est celle d'une identité entre cause et effet, entre « parents » et « enfants », selon la métaphore généalogique qui est reprise ici. La violence entre ainsi dans un schéma parfaitement réglé. Les deux concepts opposés que sont *hubris* (la violence, comme abus) et *dikê* (la justice)[21] peuvent coïncider à partir du moment où l'on reconnaît que la justice, quand elle est châtiment, prend la forme d'une succession de violences : « l'*hubris* ancienne aime à engendrer une *hubris* nouvelle. » Le Chœur corrige par là une formule admise, qui posait que « l'*hubris* engendre le désastre » (cf. Solon). Dans cette reconstruction du concept de justice, les dieux olympiens n'interviennent pas, alors que Zeus était central dans le premier *stasimon*. Ce n'est pas qu'en penseur « tragique », Eschyle chercherait à révéler la présence d'une réalité « démonique », terrifiante, sous l'ordre rationnel des dieux de la justice[22]. L'action divine, en tant qu'elle détermine réellement, rationnellement, selon la loi de l'identité, le cours des choses, prend la forme d'un enchaînement causal des malheurs. La force destructrice de l'Érinye est ainsi soulignée : elle réalise l'ordre de Zeus. Ce n'est que dans les *Euménides* que les Érinyes et

21. Pour une histoire approfondie des termes et des notions liés au droit, voir le livre de Louis Gernet, *Recherches sur le développement de la pensée juridique et morale en Grèce* (1917) ; rééd., Paris, 2001.
22. Selon la lecture de Karl Reinhardt (« Eschyle. Dramaturgie et théologie », 1949). Mais la malédiction des familles vouées au malheur n'est pas une réalité fondamentale autonome, elle est imposée par les dieux qui ont le droit en charge (cf. v. 1562 ss.). Les historiens qui voient dans la force attribuée ici au « démon » le reliquat d'une pensée plus ancienne, qui correspondrait à la vision du monde des grandes familles, séparent trop vite les deux aspects du divin qui sont solidaires (voir Jean-Pierre Vernant, « Tensions et ambiguïtés dans la tragédie grecque », dans Jean-Pierre Vernant et Pierre Vidal-Naquet, *Mythe et tragédie en Grèce ancienne*, vol. 1).

les dieux de l'Olympe seront mis en opposition, en raison de l'histoire particulière d'Oreste.

La métaphore de l'engendrement a pu faire croire que le Chœur ne parlait plus ici des désastres liés à la guerre de Troie, mais de la malédiction qui fait que dans la famille des Atrides les violences se succèdent comme les générations. Il s'agit toujours de Troie, mais les moyens expressifs utilisés par le Chœur anticipent l'intrigue du drame, qui a pour cadre la famille.

Notes

v. 688. *Hélène, celle qui prend* : la traduction explicite l'analyse « étymologique » du nom d'Hélène, dont l'origine réelle est en fait inconnue. Le nom est rapproché du verbe *helein*, « prendre ». Comme le dit Platon dans le *Cratyle*, il comporte ainsi une proposition syntaxique implicite. L'identité de l'être individuel qu'est Hélène, le sujet, lui est donnée par le concept général, l'attribut (l'action de prendre), qu'il contient. Le langage a ici une origine divine (cf. « quelqu'un que nous ne voyons pas ») ; il n'existe pas par convention.

v. 689 s. *Preneuse de bateaux, preneuse d'hommes, preneuse de villes* : les deux premières analyses du nom, *helenas* et *helandros*, font entendre, *a contrario*, les noms des deux époux, Ménélas et Alexandre (Pâris).

v. 692. *Un Zéphyr géant* : oxymore, le Zéphyr étant un vent doux. Il est « géant », c'est-à-dire opposé aux dieux de l'Olympe (comme dans la Gigantomachie), en ce qu'il offre une traversée quasi immédiate aux transgresseurs, en opposition avec les déboires des poursuivants à Aulis. Eschyle opte ici pour l'une des versions épiques quant à la durée du retour de Pâris à Troie ; ce voyage, parfois, prenait dix ans.

v. 694. Et partirent : le verbe est ajouté par la traduction. Il est en ellipse dans le texte.

* *v. 696. Une rame* : la traduction suit l'accentuation des manuscrits (*platan*, accusatif dépendant du participe *kelsantôn*) ; Mazon suit, avec de nombreux éditeurs, celle de B. Heath qui fait du mot un génitif pluriel dorien dépendant de *ikhnos*, « sur la trace évanouie de sa nef ». L'adjectif « invisible » porterait donc sur « trace » (ce que les scholies de Triclinius semblent attester comme lecture qui a eu cours, même si elles commentent l'accusatif *platan*).

v. 697. Fleuve Simoïs : fleuve de Troade.

v. 700 s. Le nom véridique de tristesse : à nouveau, la traduction ajoute une glose (« de tristesse »). En grec, les emplois du mot *kêdos*, le « soin », le « souci », lui donnent parfois les sens plus spécialisés de « deuil » ou de « parenté par alliance ».

v. 714-716 : phrase incertaine.

v. 740. Pourrais-je dire : le Chœur montre qu'il est compétent en poésie érotique.

v. 760. Et ils ressemblent à leur origine : chez Hésiode, la similitude des parents et des enfants est caractéristique d'une cité juste, mise sous le signe de l'identité (*Les Travaux et les Jours*, 235). L'identité des générations devient ici un schème général, valant aussi pour l'injustice.

* *v. 767.* Le texte que traduit Mazon, « quand est venu le jour marqué pour une naissance nouvelle », repose sur plusieurs corrections : νεαροῦ φάος τόκου pour νεαρὰ φάους κότον, qui est inintelligible et qui note, d'une manière ou d'une autre la « colère ». Le Chœur donne un catalogue des termes notant des forces négatives dans la langue tragique, mais le lien syntaxique entre eux ne se laisse pas reconstruire.

* *v. 768.* Au lieu de *daimona te ton*, qui est amétrique avec la brève *ton*, Mazon, comme M. West et A. H. Sommerstein, lit … *te tan*, de C. J. Blomfield (article au féminin) : le démon est alors à comprendre comme l'*Atê*, « la ruine », mot féminin à tirer de l'expression « arrogance (*tharsos*, mot neutre) de la ruine ». La solution est élégante (à moins qu'on ne préfère le *titan*, « vengeur », de F. Heimsoeth, 1861), mais elle oblige à rattacher le groupe « qui ressemble à ses parents » à la seule *Atê*, alors qu'il semble que ce soit une caractéristique de la seconde *hubris* en tant que telle. Je préfère, avec E. Fraenkel et E. Medda, mettre les mots *te ton* entre *cruces*, comme « lieu désespéré ».

v. 774 s. Dans les maisons où la fumée est pénible : le Chœur ne fait pas l'éloge des maisons pauvres (noircies par la fumée), qui seraient « justes » par nature. Il pose un contraste. L'obscurité, quand elle accompagne une vie droite, « qui tient ses limites », fait ressortir l'éclat de la justice, qui n'est donc pas obscurcie par la pauvreté. La justice brille par elle-même. Il se démarque d'une pensée comme celle de Pindare, chez qui « l'or des rois » symbolise leur mérite *(Deuxième Olympique)*.

* *v. 779. Rejoint* : la leçon transmise προσέβα τοῦ est incompréhensible et amétrique. Avec Wilamowitz, qu'il suit très souvent, Mazon reprend la conjecture de G. Hermann προσέβαλε (conjecture reniée ensuite, cf. E. Medda), qu'il traduit par « pour s'attacher (à l'innocence) ». Mais le verbe n'a pas d'habitude ce sens et note plutôt une hostilité, ce qui ne va pas ici. On a le choix, si on ne se résigne pas aux *cruces*, entre le προσέμολε (« s'avança », aoriste à valeur générale) de F. W. Thiersch, qui a le défaut d'être loin du texte transmis, et, même si la forme moyenne du verbe n'est pas attestée ailleurs, le προσέβατο de A. W. Verrall.

Troisième épisode (v. 782-974)

La scène du retour du roi est construite autour d'un coup de théâtre visuel qui inverse la signification de l'espace scénique. Une distinction nette s'établit d'abord entre plusieurs lieux : l'espace lointain, invisible, de la guerre et du voyage – il appartient désormais au passé, mais est représenté par le char sur lequel arrive Agamemnon[23] ; l'espace de l'accueil public par les Argiens, qui délimite la scène proprement dite ; et l'espace royal, fermé, du palais, où le roi se propose de pénétrer. L'arrivée inattendue de Clytemnestre (comme dans le deuxième épisode) change l'organisation de ces espaces. Elle demande à ses servantes d'inonder la scène de tissus de pourpre qu'elle a tirés des richesses du palais, de manière que le pied du vainqueur, qui est encore sur son char, ne touche pas le sol. Le roi est invité à fouler, et donc à détruire, ces biens précieux (et donc, indirectement, à ne pas recevoir le soutien qu'il aurait reçu de la terre s'il y avait posé le pied). Le lieu scénique change ainsi brutalement de nature. Le palais, au lieu d'être rejoint, s'ouvre et va au-devant de celui qui rentre. Il envahit physiquement l'espace public ; la maison n'est plus le lieu fermé où l'on engrange les biens rapportés de conquêtes lointaines, mais s'offre dans une dépense sans limite. L'espace intime des époux devient public et le roi se voit confronté à une image incongrue de lui-même. Roi raisonnable, ayant su faire appliquer au loin la justice

---

23. Sur la question de savoir s'il faut supposer l'entrée en scène de deux chars, l'un pour le roi, l'autre pour Cassandre, ou d'un seul, voir Oliver Taplin, *The Stagecraft of Aeschylus*, et Vincenzo Di Benedetto et Enrico Medda, *La Tragedia sulla scena*. Comme le rappelle Taplin, le texte ne mentionne pas l'existence de deux chars.

des dieux, il se voit transformé en maître de maison dépensier, exhibant un luxe oriental qui le rapproche des Barbares qu'il a vaincus. Par ailleurs, la symbolique choisie par Clytemnestre avec les tissus de pourpre le renvoie à des scènes passées et lointaines, dont le Chœur, dans son discours d'accueil, vient de dire qu'elles ne comptaient plus. La pourpre, en effet, ne symbolise pas seulement la gloire royale : elle rappelle le sang versé et à verser et, comme production marine, elle évoque la mer qu'Agamemnon n'a pu franchir depuis Aulis qu'en tuant sa fille ; une seconde traversée périlleuse lui est ainsi proposée[24].

L'irruption de Clytemnestre et du rite qu'elle instaure transforme aussi la signification du langage au sein de l'espace public de la scène. Dans la première partie de l'épisode, les deux interlocuteurs masculins, le Chœur et Agamemnon, donnent au discours une fonction politique et pratique. La question, pour eux, est de savoir comment le succès remporté à Troie peut se prolonger par une politique efficace à Argos. Le Chœur avertit le roi que son pouvoir de décision aura à s'appliquer encore, mais dans une situation qu'il ne connaît pas, puisqu'il lui faudra résister aux flatteries et, en « bon connaisseur de son troupeau », identifier les citoyens qui sont ses ennemis. Le roi répondra de façon plutôt sommaire, au nom de la continuité probable du succès : s'il a su faire régner la justice contre Troie, il n'y a aucune raison que cela ne se reproduise pas à Argos. Là-bas, déjà, il a su reconnaître qui était vraiment avec lui. La situation qu'il doit affronter à Argos n'est donc en rien nouvelle pour lui. Il s'identifie

---

24. La signification marine, avec le rappel du meurtre d'Iphigénie, relie la gloire et le sang.

désormais à son rôle d'agent compétent du droit divin, sans reconnaître la particularité des situations.

Clytemnestre change totalement la donne. Le langage, avec elle, n'est plus destiné à délibérer de ce qui doit être ; il se fait entièrement expressif. Ce qui compte, pour elle, ce sont les malheurs qu'elle a subis pendant les dix ans de l'absence du roi, son intimité blessée ; et ce qu'il y a à dire maintenant est la force immense du bonheur qu'apporte le retour du maître de maison. Il n'est pas question d'action politique à venir. L'événement présent, dans sa radicalité, contient tout le sens de la situation. Agamemnon doit donc se soumettre à une sorte de cure d'expressivité, il doit accepter de donner une image contradictoire de lui-même, à la fois triomphante et soumise, grandiose et attachée à des symboles domestiques qu'il n'a pas choisis. Un tel traitement est ironique, puisque Clytemnestre devra persuader le roi de marcher sur la pourpre par des arguments de nature religieuse et politique, alors qu'il s'y refusait au nom de la piété et de la sagesse. Il n'accepte que parce qu'il ne peut y voir, au fond, qu'un caprice de femme, mais il reste qu'il a été contraint, comme roi, à argumenter sur du dérisoire. La délibération politique a été dévoyée.

Du point de vue de l'intrigue, cette scène, qui est la seule confrontation visible entre les deux antagonistes principaux, n'a aucune utilité. Même s'il n'avait pas cédé, Agamemnon devait mourir. On pourrait juste dire que la sacrificatrice avait besoin, comme dans tout sacrifice sanglant, que la victime exprime son assentiment. L'enjeu est autre. Clytemnestre, avant d'agir, livre la signification de son acte, et analyse publiquement ce qu'il en est en fait du roi, à la fois justicier et meurtrier de sa fille. Défenseur de la limite, Agamemnon entre ici dans une symbolique effrénée qui révèle ses ambiguïtés. Célébré avec grandiloquence comme maître du foyer et de la famille, il se voit par là opposer ce qu'il n'a pas été pendant dix ans et qu'il a en réalité détruit en tuant sa fille.

La fausseté du langage de Clytemnestre, qui a installé un autre homme au foyer, fait tout d'abord apparaître les raisons du meurtre : l'épouse défend la continuité d'une maison que l'action juridique contre Troie a saccagée. D'autre part, elle témoigne, comme fausseté, de l'état présent du langage public : c'est au nom du droit qu'Iphigénie a été tuée ; le langage politique est donc lui-même devenu faux, puisqu'il n'a d'objet (le droit, les normes de la vie politique) que grâce à ce meurtre. En surenchérissant sur la fausseté, Clytemnestre témoigne de ce qu'il en est, à ce moment, des relations sociales. Aucune norme ne vaut plus. Le Chœur entendra le message et sera pris par l'angoisse dans le chant suivant.

Notes

v. 786. Et transgressent le droit : la préférence donnée à l'apparence sur l'être est assimilée à une mauvaise sentence. Le Chœur annonce ainsi au roi qu'il aura à juger, et donc à se détacher de « tout le monde » (v. 791), c'est-à-dire à ne pas se laisser tromper par la communicabilité immédiate, mais seulement superficielle, des affects.

* *v. 794* : C. J. Blomfield avait supposé qu'un vers manquait après 794. On évitait ainsi un hiatus entre 794 et 795 (suite de deux voyelles), et l'on y trouvait le verbe conjugué qui paraissait manquer (cf. Mazon). Mais l'hiatus marque une pause forte du sens (cf. G. Hermann), et le verbe se trouve dans *xugkhairousin*, qui n'est pas à

lire comme un participe au datif mais comme un indicatif
pluriel.

v. 795. *En bon connaisseur de son troupeau* : reprise
de la formule homérique qui définit le roi comme « berger
du peuple ». « Connaisseur », sur la racine de *gignôskein*,
« connaître par identification », introduit un principe
discriminant.

v. 803. *Et quand tu te chargeais d'une insolence délibérée* : vers difficile, où l'on a parfois lu la faute volon-
taire d'Hélène : « tu allais poursuivre une impudence
délibérée » (cf. Mazon), ou que l'on a corrigé pour y
retrouver la mort d'Iphigénie : « tu donnais courage (aux
hommes) par des sacrifices », avec *ek thusiôn* au lieu de
hekousion (H. L. Ahrens). Il s'agit peut-être de l'ardeur
des guerriers rassemblés à Aulis, qui ne sont pas venus
« contre leur gré » (contrairement à Ulysse, qui est venu à
Troie *oukh hekôn*, « malgré soi », v. 841). *Tharsos* devrait
être pris au sens d'« impatience » (des Grecs). Ou plutôt,
avec une valeur négtive pour *tharsos*, que l'on trouve
parfois chez Homère et en *Choéphores*, 91, et que l'on
vient d'avoir au vers 770, ce serait « l'insolence » d'Agamemnon qui a accepté *(hekousion)* de sacrifier sa fille ; il
a fait cela pour des hommes mis par son geste en situation de devoir mourir. Avec ces deux lectures, *komizôn*
prend le sens de « prendre soin de ».

* v. 806 : la traduction ne reprend pas le *egô* (« moi »)
introduit par Mazon, après Wilamowitz, en fin de vers, ni
la correction de J. Dorat, *ponon* (accusatif de l'objet du
verbe *telesasin* : « à ceux qui ont mené leur tâche à bien,
j'offre mon dévouement ») pour le nominatif *ponos* ; le
Chœur ferait entendre que ses critiques valent pour le
passé (Aulis) et non pour le présent, où ne vaut que le
bonheur du retour triomphal. La syntaxe, avec le nomi-

natif *ponos*, « souffrance », en fonction de sujet, est rude mais livre un sens possible. La phrase nominale « la souffrance (est) bienveillante envers ceux qui sont parvenus au succès » sonne comme un proverbe, cité tel quel. La citation est introduite par les mots « ce n'est pas du bout du cœur », avec un « qu'il faut dire » sous-entendu.

v. 813. Les droits plaidés sans paroles : la guerre est un procès, comme au vers 41.

* *v. 814. La ruine d'Ilion* : comme beaucoup après P. P. Dobree (1833), Mazon accentue le mot « ruine » *(phthoras)* comme un génitif singulier et non, selon la graphie des manuscrits, comme un accusatif pluriel. Le génitif déterminerait « suffrages » (« un suffrage de ruine pour Troie »). Avec l'accusatif (cf. F. W. Schneidewin), « suffrages » est l'apposition de « ruines ». Les dieux ont mis la destruction de Troie comme vote dans l'urne.

v. 815. Dans l'urne sanglante : les dieux, comme les jurés, avaient le choix entre deux urnes pour leur vote, celle de la condamnation et celle de l'acquittement.

v. 826. À l'heure où se couchent les Pléiades : il ne s'agit sans doute pas du coucher saisonnier des étoiles, même si la valeur néfaste de ce coucher, qui annonce une saison de tempêtes, est à garder ici. Les Pléiades (« colombes ») constituaient la constellation par excellence (et qui était mythiquement liée à Troie). Avec leur disparition, une part lumineuse de la nuit s'en va au moment où se lève un autre animal qui, par contraste, est destructeur.

v. 835. Celui qui a la maladie comme bien : Agamemnon prend le cas de l'homme malade comme exemple de sa conception de la jalousie.

* *v. 863.* À la suite de H. L. Ahrens, Mazon supprime le vers (πολλὰς κλύουσαν ἡδονὰς παλιγκότους), qu'il

n'édite que dans son apparat critique : le vers serait une
fabrication tardive pour compléter 864-876. Par ailleurs,
il faudrait le corriger en substituant à « plaisirs » (qui
serait incongru), *hêdonas*, le mot « nouvelles », *klêdonas*
(cf. le vers 874, qui est conclusif), selon la correction de J. Dorat, critique très enclin à introduire dans
le texte d'Eschyle des figures étymologiques (verbe +
complément de même racine). Mais Clytemnestre a bien
revendiqué de parler en public de ses affects amoureux
(v. 856). Elle déclare qu'elle a souffert des victoires de
son mari. Les plaisirs sont ceux d'Agamemnon à Troie,
avec les captives comme Chryséis (cf. v. 1439) ; ils
témoignent des succès guerriers et du prestige du roi, et
ne sont inconvenants que pour elle.

    v. 870. Un second Géryon : monstre à trois têtes,
parfois à six jambes et six bras, tué par Héraclès.

    * *v. 871.* Comme pour 863, Mazon ne donne le texte
de ce vers (πολλὴν ἄνωθεν, τὴν κάτω γὰρ οὐ λέγω) que
dans son apparat critique. C. G. Schütz (1782-1797)
doutait déjà de l'authenticité de ce *versiculus*. Je renvoie
aux pages 374-383 de mon commentaire des dialogues
de la pièce pour l'histoire mouvementée de la critique
de ce vers et sur les préalables, changeants, des options
philologiques. Le vers est difficile, souvent supprimé
par les éditeurs, mais il développe une analyse précise
de la possibilité de dire la chose impossible qu'est un
être à la fois mort et vivant (dans la ligne de l'interprétation proposée par G. Hermann). Le vers 870 évoque
l'image de Géryon, qui permet de figurer ce que serait un
Agamemnon mort autant de fois que serait annoncée la
nouvelle de sa mort. Il aurait trois corps. Mais le vers 871
corrige ; il souligne l'incohérence de cette succession : il
faudrait que chaque corps ait une tombe particulière, qui

ne peut être qu'« en l'air », et non souterraine comme une vraie tombe, puisqu'évidemment le roi n'était pas mort, s'il doit mourir à nouveau : chaque répétition de la nouvelle de sa mort le fait nécessairement revivre, le remet, déjà mort, « en haut », dans le monde des vivants, pour le tuer à nouveau. À cette multiplication des morts d'Agamemnon répond celle des suicides de Clytemnestre (v. 875), que des hommes viennent détacher (la connotation érotique de ces liens défaits est claire).

* *v. 872. Se vanter d'avoir reçu* : Mazon accepte la correction de F. A. Paley, l'infinitf *labein*, pour « recevoir », plutôt que le participe complétif *labôn*, après « se vanter ». C'est, de fait, la construction la plus fréquente ; mais la remarque n'est pas contraignante.

v. 881. Strophios le Phocidien : le père de Pylade.

v. 882. Qui se dit doublement : les dangers encourus à Troie et l'anarchie à Argos, si Agamemnon était tué (mais les nouvelles de la mort du roi n'ont en réalité provoqué aucun trouble ; le discours de la reine ne vise pas à la cohérence argumentative).

v. 906 s. Mais ne pose pas sur la terre, ô roi, le pied… : Clytemnestre prive Agamemnon de la protection que serait un contact avec sa terre (cf. *Odyssée*, IV, 521).

v. 926 s. Agamemnon analyse l'incohérence du symbole qui lui est proposé. Clytemnestre, en transformant des étoffes précieuses en « essuie-pieds », dénature le symbole de la gloire qu'elle entend célébrer. Voulant diviniser, elle tombe dans le vulgaire. Le vers est souvent lu autrement. Le mot, compris ici selon son sens habituel de « gloire », *klêdôn*, est pris au sens rare de « nom », « appellation » (cf. *Euménides*, 418). La phrase dirait qu'on ne peut confondre deux réalités aussi distinctes que tissus précieux et essuie-pieds, puisque leurs noms, déjà,

sont différents (cf. Mazon, E. Fraenkel, A. H. Sommerstein). Mais ce sens ne va pas avec le verbe « pousser son
cri de guerre », ni avec la dissymétrie que note la présence
d'un article devant étoffes précieuses et l'absence d'un
tel mot pour essuie-pieds (cela signale que c'est la signification des étoffes qui est en jeu). « Gloire » renvoie à
la problématique du passage : comment être honoré sans
impiété ; cf. le *sebein*, « vénérer », du vers 925.

    v. 928 s. Il faut dire fortuné celui qui a fini sa vie... :
reprise d'une maxime prêtée à Solon. Un homme ne peut
être considéré comme heureux que s'il maintient son
bonheur jusqu'au dernier jour de sa vie.

    * *v. 930.* Mazon corrige fortement le début du vers,
en écrivant εἶπον, τάδ᾽ οὐ πράσσοιμ᾽ ἄν... (« Je le répète,
ce que tu veux, je ne puis le faire sans appréhension »)
au lieu de εἰ πάντα δ᾽ ὣς πράσσοιμ᾽ ἄν.... (E. Fraenkel,
à la suite d'H. Weil [1858], imprime un texte voisin). Il
efface ainsi deux raretés grammaticales : un optatif avec
an et un *hôs* valant un *houtôs* (« ainsi ») ; mais, outre
qu'elles se trouvent dans la langue classique, on efface
surtout ainsi la généralisation moralisante qui conclut la
tirade, avec *panta*, « en tout » (cf. D. Page, M. West, A.
H. Sommerstein).

    * *v. 934.* La traduction suit le texte des manuscrits,
avec un verbe « dire » à la première personne *(exeipon)* et
non à la troisième *(exeipen)*, introduite par J. Dorat, que
reprend Mazon : « Si une voix autorisée me l'eût prescrit ». Avec la première personne, Agamemnon refuse
d'envisager, comme le lui suggère Clytmnestre, que sa
décision ait la peur comme fondement et qu'il ait, par
peur, adressé un vœu aux dieux. Il a parlé en connaissance de cause et en souverain maître de ce qu'il décide
(telos), et conscient de sa dépendance vis-à-vis des dieux.

La peur des dieux, qu'il a exprimée en 924, est rationnelle et fait agir correctement.

v. 935. Puisque la décision qui pousse Agamemnon à ne pas marcher sur la pourpre est souveraine et rationnelle, avec la piété comme critère, Clytemnestre pose la question de ce que ferait un autre roi, un Priam qui, contrairement au vrai Priam, aurait eu les dieux avec lui.

v. 937. Puisque l'argument de la piété ne tient plus (un Priam béni des dieux ferait ce qu'elle demande), il faut donc argumenter au plan humain. Clytemnestre ne voit qu'une raison, indigne pour un roi, de refuser : la censure sociale. Le roi répondra par la prudence.

v. 939. Le réalisme politique d'Agamemnon est déplacé puisque le pouvoir, comme différence radicale des conditions, suppose l'envie.

v. 940. Agamemnon, débouté, disqualifie le débat. Il aura cédé non à un adversaire, mais à une femme. La lutte qui semblait avoir un contenu religieux et politique, ne relève en fait que du caprice.

v. 950. Et l'étrangère qui est ici : en demandant à Clytemnestre d'accueillir amicalement Cassandre, « le don de l'armée », il lui rappelle les principes d'une bonne économie domestique. Les biens sont à engranger et non à disperser au dehors, comme elle le fait avec la pourpre (cf. Hésiode, *Les Travaux et les Jours*).

* *v. 965. Quand je m'ingéniais* : les manuscrits transmettent un génitif *(mêkhanômenês)*, qui est impossible. On a le choix entre le datif proposé par F. L. Abresh (XVIIIe s.), que Mazon reprend, avec E. Fraenkel et D. Page, ou le nominatif de J. J. Scaliger (XVIe s.), que je choisis, avec M. West et A. H. Sommerstein. Le participe, au nominatif, porte sur l'ensemble des vers 963-965.

Troisième *stasimon* (v. 975-1034)

Ce *stasimon*, plus court que les autres (seulement deux couples strophiques)[25], est le dernier[26]. Le chant s'y épuise dans une aphasie finale qui résulte de son mouvement intérieur. Dans les chants précédents, le Chœur était confronté à un objet extérieur, obscur ou complexe, dont il se proposait de faire longuement la théorie. Ici, la situation est inversée. Le Chœur est brutalement confronté à lui-même, c'est-à-dire à sa propre théorie de la justice qui envahit son être avec violence sous la forme d'une angoisse et d'un chant de l'Érinye. En effet, l'organe physique de la perception et de la compréhension rationnelle qu'est son diaphragme s'était pénétré de la vérité de la théorie du droit élaborée dans les autres chants. Or il a reconnu dans la scène des tissus de pourpre une outrance, il s'attend donc à un châtiment : le roi, transgresseur, lui paraît voué à la mort. Le savoir n'est donc plus un recours qui permet de surmonter une angoisse ; il est devenu une force funèbre, liée à l'Érinye, qui se lève spontanément et prend possession de l'organisme du chanteur. Par un renversement des fonctions, l'effort rationnel d'intellection devient le principe d'un dérèglement « dionysiaque », dont le chant à la première personne ne peut que constater la puissance et la justesse[27].

---

25. Métrique à prédominante iambique avec la répétition d'une forme figée, le « lécythion » : $-\cup-\cup-\cup-$. Des séquences en dactyles soulignent des thèmes homériques (présence d'un aède, naufrage, moire).

26. On s'attendrait à ce que le Chœur chante un *stasimon* après l'entrée de Cassandre dans le palais au v. 1330 ; or il ne donne qu'un court récitatif en anapestes, immédiatement suivi par la mort du roi. De même, la pièce finit sans *exodos* lyrique.

27. Une interprétation de la tragédie comme celle de Florence Dupont qui, en raison du caractère festif, musical, en un mot dionysiaque de cet art, pose qu'il ne peut avoir de contenu théorique

Une catastrophe interne atteint donc le lyrisme. La voix collective qu'est le Chœur y perdra définitivement, face au mal à venir, toute prise sur le réel et sur elle-même. Elle ne la retrouvera jamais. Les étapes de ce dessaisissement de soi sont difficiles à reconstruire, parce que ce *stasimon* fait se succéder des modes de discours très divers : analyses physiologiques détaillées, discours de sagesse pratique, théologie. Mais elles sont extrêmement précises.

C'est d'abord (premier couple strophique) chant contre chant, dans une aliénation sans issue : le lyrisme du Chœur qui raconte son état est opposé au chant de deuil de l'Érinye qui s'impose à son organisme. Le « je » lyrique est un témoin impuissant, qui ne peut que décrire la panique de son corps. Il peut rappeler qu'il a bien été témoin par lui-même du bonheur du retour, mais il lui faut constater, non moins objectivement, que sa force vitale, sa propre « ardeur » *(thumos)*, s'est mise du côté de la mort, qu'elle chante avec l'Érinye. Il ne reste au « je » que l'acte de langage purement formel d'un souhait,

ou cognitif propre, manque donc radicalement son objet. C'est ne pas voir que les concepts, dans la tragédie, ne sont pas développés pour eux-mêmes, mais toujours en représentation et en situation ; ils acquièrent par là une forme d'objectivité qui leur échappe ; ils deviennent événement, expérience, crise vécue (alors qu'ils sont censés apaiser) et par là spectacle et dionysisme. Ce type d'interprétation, qui se voudrait fidèle aux valeurs authentiques, originaires des manifestations propres au monde « autre » que serait la Grèce ancienne, repose en fait sur un anachronisme généralisé : comme la théorie (ou la science) et la musique (ou la poésie) sont dans notre culture dissociées (encore que…), qu'elles appartiennent à des sphères sociales différentes, il ne pourrait qu'en aller de même à Athènes ; un spectacle musical, parce qu'il est musical, ne saurait avoir de visée théorique ou relative à la théorie, ne saurait en tout cas tirer de cette visée une ligne de cohérence. Des antithèses modernes sont ainsi projetées sur un objet ancien.

espérer que ce dont il sent la nécessité n'ait pas cours. Cette parole de la première personne est vide.

Le second couple strophique semble d'abord mettre en œuvre une ressaisie de soi, puisque le Chœur peut méticuleusement analyser le sens de la situation dramatique : il oppose pour cela deux types de malheur. La simple perte de biens matériels est réparable, si l'on sait être prudent, puisque Zeus est toujours là pour rattraper la pénurie par une phase d'abondance[28]. Par contre, la mort est définitivement irréversible ; tué, un guerrier ne peut récupérer sa vie. Le même Zeus a veillé à ce qu'aucun mortel ne revienne de l'Hadès. Cette connaissance de la limite imposée à toute existence interdit toute intervention du Chœur, tout secours préventif porté au guerrier qu'est le roi. Le « je » qui réfléchit, qui souhaite, en citoyen, le bien de son souverain et de sa cité, est dépossédé de toute autorité, puisque son désir s'oppose à l'ordre des choses, tel qu'il en reconstruit lui-même la loi. L'instance autonome, mais impuissante, qu'était le « je » au cours du chant, perd alors toute identité. À la fin du chant, elle est elle-même prise dans le désordre physiologique qu'au début elle décrivait du dehors. Ce « je » qui voudrait parler pour sauver le roi se confond désormais avec l'un des mouvements du corps, le plus faible, ce n'est plus qu'un grondement du cœur qui, face à l'embrasement d'un diaphragme trop sûr de la réalisation à venir de la justice, est condamné à rester dans le secret de l'ombre, dans le silence.

---

28. Le Chœur légitime par là sans le savoir la conduite économique en apparence aberrante de Clytemnestre dans la scène précédente. En sacrifiant une part des biens, avec son mari, elle pensait sauver la maison dans son ensemble, sans Agamemnon.

Notes

v. 975-978. Pourquoi cette chose en moi, avec constance… volète-t-elle ? : il y a contradiction entre l'adverbe (« avec constance ») et le verbe, plutôt que deux phases successives. Ce n'est pas que l'angoisse, déjà présente depuis longtemps, ait soudain pris un essor. Elle a, après le spectacle donné par le roi dans la scène précédente, la forme obsédante d'une présence figée (cf. « qui fait la garde ») que vivifie un mouvement incessant.

v. 977. Devant mon cœur guetteur de prodiges : le cœur, confronté à une angoisse qui vole comme un oiseau, reprend ici le rôle de Calchas dans la *parodos*.

* *v. 978*. La phrase qui commence avec ce vers est inter-prétative (avec le « chant non payé », avec « prédire »), et ne note pas seulement l'affect (« l'angoisse ») : elle lui donne une forme culturellement identifiable, et pour cela élabore l'objet auquel est confronté le « cœur guet-teur de prodiges » de la première phrase. C'est un début de réponse. On arrêtera donc la question à la fin du vers précédent (cf. D. Page), et non, comme Mazon et la plupart des éditeurs, à la fin de 983, à « dans ma poitrine ».

* *v. 984 s*. Le texte que Mazon traduit (« [le temps] où, sous les amarres ramenées à bord, s'envolait le sable ») est une suite de corrections (I. Casaubon, Wilamowitz). Le texte des manuscrits ξυνεμβόλοις ψαμμίας ἀκάτα ne livre pas de sens. Il n'y est pas question de sable qui vole, mais d'éperons ou d'épieux et de barque ensablée (?), sans que l'on puisse en dégager une syntaxe. La notation pourrait donc porter non sur le départ d'Aulis mais sur l'échouage prolongé des bateaux grecs en Troade.

v. 984-986. Et le temps… a perdu sa jeunesse : la phrase distingue deux aspects de la temporalité : le temps compris comme *khronos*, c'est-à-dire comme ouverture vers un terme attendu (temps linéaire), et le temps comme *aiôn*, comme déploiement plus ou moins constant selon les situations d'une énergie physique. Ce déploiement, qui construit un temps continu, alimente normalement l'ouverture, dans l'attente, vers le terme défini à l'avance[29]. Le Chœur a trop attendu pendant les dix années de la guerre, pour avoir la force d'anticiper un événement heureux, même s'il voit, de ses yeux, le retour.

v. 992. Ma violence tout au fond de moi : « violence » traduit *thumos* ; non pas un organe, mais l'ardeur, la chaleur du sang.

v. 993. Qui s'instruit par soi-même : Eschyle reprend l'adjectif par lequel l'aède Phémios caractérise son art dans l'*Odyssée* (XXII, 347), *autodidaktos*. Phémios est « autodidacte », au sens où il connaît la poésie par un rapport direct avec les Muses, et non par un maître. Ici, l'aède qu'est devenue la violence interne du « je » chante hors règles : il n'a pas été convié et ne sera pas payé. Le mot répond et s'oppose à « témoin par moi-même » (v. 989), composé sur le même modèle, *automartus*, et qui note le critère de toute connaissance vraie : la vision directe (« l'autopsie »).

v. 994. Qui fait l'espoir : c'est le même nom, *elpis*, qui est traduit en 999 par « inquiétude ». *Elpis* désigne une anticipation, une attente, positive ou négative.

---

29. Voir pour le sens d'*aiôn* le livre de Richard B. Onians, cité *supra*, n. 7, et l'étude d'Émile Benveniste, « Expression indo-européenne de l'éternité », *Bulletin de la Société de Linguistique de Paris* 112, 1937, p. 103-112. L'opposition entre les deux formes de temps a été clairement définie par Herman Fränkel : « Die Zeitauffassung in der frühgriechischen Literatur » (1931), repris dans *Wege und Formen frühgriechischen Denkens*, Munich, 1955, p. 1-22 (2e éd., 1960).

v. 996. Mon diaphragme habité par la justice : le diaphragme (*phrên*, mot difficile à cerner : il s'agit des organes de la poitrine ou du diaphragme lui-même, puis, dans un usage dématérialisé, de l'esprit) a intériorisé les critères de la justice. Il ne s'agit pas d'une instance « intellectuelle », qui serait opposée aux organes du corps. Il n'y a ici aucun dualisme. L'intelligence aussi a une réalité physiologique.

v. 997. Le cœur fait rouler ses vagues : les tourbillons du sang dans les veines (il ne s'agit évidemment pas de la circulation du sang, qui est une découverte moderne) partent du cœur qui « scrute le prodige », c'est-à-dire qui est fasciné par l'angoisse, et atteignent le diaphragme, plus stable, qui est habité par une représentation claire de la justice (voir *Prométhée*, 881 pour un même mouvement). L'angoisse, portée par le sang, est confirmée par la connaissance de la règle juridique, qui s'est implantée dans le diaphragme.

* *v. 1001 s.* Mazon met 1001 entre *cruces* et suppose une lacune à la fin du vers suivant. C'est l'un des cas où la lettre du texte transmis se laisse lire mais pose de sérieux problèmes de métrique. G. Galvani rappelle que la correspondance – – – (τᾶς πολλᾶς) / ∪ ∪ ∪ – (πεσὸν ἅπαξ) peut se trouver dans un contexte de dochmiaques. De même, au vers suivant, ὑγιείας peut être scandé ∪ ∪ ∪ –, avec *correptio epica* pour ει, qui est à prendre comme syllabe brève. Mais ces deux raretés métriques (ainsi que la difficulté sémantique, mais voir la note suivante) le font, à juste titre, opter pour les *cruces*.

v. 1003. Une limite inassouvie : oxymore. Il est étonnant que les éditeurs n'aient pour la plupart pas accepté une figure pourtant fréquente chez Eschyle. Ils cherchaient avant tout à retrouver ici directement l'éloge

hippocratique de la modération, contre les extrêmes et
l'insatiabilité. L'analyse que développe le texte est plus
précise, et claire. L'obsession de la maladie, qui fait
pression, amène à repousser toujours plus loin la limite
de la santé, que l'on veut toujours maintenir séparée de
son contraire, dont la présence ne cesse de menacer. La
pression constante du danger fait donc toujours avancer
le domaine de la santé, dont la limite devient dès lors
« insatiable ». On ne perçoit alors pas une autre limite,
fixe, l'écueil invisible qu'une telle course (transposée du
domaine de la santé à celui du commerce) peut heurter
(« limite » et « écueil » ont des sons voisins en grec :
terma, herma).

    * v. 1012. *Douleurs* : les manuscrits donnent le mot
pêmonas (qu'il faut accentuer avec P. Vettori comme un
génitif, πημονᾶς, et non, avec les manuscrits, comme
un accusatif, πημονάς). La métaphore synthétise le
processus du naufrage en tenant compte du fait que le
bateau vaut ici pour la maison : si on sait sacrifier une
part de la cargaison, le trop-plein de richesses ne se
transforme alors pas en trop-plein de désastres, dans une
catastrophe totale. « Sombrer », quand il s'agit d'une
maison, veut dire regorger de malheurs. Au nom du bon
sens (un bateau ne coule pas en raison d'une surcharge
de malheurs ; mais bateau est ici une métaphore),
Mazon et les éditeurs modernes adoptent la correction
de Wilamowitz πλημονᾶς, anticipée par le πλησμονᾶς
de C. G. Schütz, que retiennent E. Fraenkel, D. Page,
M. West et A. H. Sommerstein.

    v. 1015. *Elle est immense la générosité de Zeus* : l'idée
d'alternance, rejetée dans le deuxième *stasimon* quand il
s'agissait de la généalogie du mal, est pertinente s'il faut
envisager la dynamique des conditions matérielles. Le

Chœur donne un fondement théologique à la phrase de Clytemnestre sur la nature inépuisable de la mer.

* *v. 1017. Elle détruit* : Mazon suit C. G. Schütz, qui a introduit le verbe « éloigner » (ἤλασεν), au lieu d' « anéantir » (ὤλεσεν).

v. 1019 s. Devant l'homme, le sang noir de la mort : ces mots évoquent la mort d'un guerrier. Le Chœur se représente donc bien la fin d'Agamemnon, et non celle d'Iphigénie comme l'ont pensé plusieurs interprètes. Quant aux morts des guerriers à Troie, elles ne sont pas d'actualité et ne pourraient alimenter l'angoisse du Chœur.

* *v. 1022. Celui dont la science haut dressée* : Asclépios, foudroyé par Zeus pour avoir fait revenir à la vie Hippolyte. La séparation entre mortels et immortels est devenue dès lors absolue. Aucun « dédommagement » n'a été accordé par le dieu. La phrase n'est pas interrogative, comme l'imprime Mazon.

v. 1025-1029, Et si la part fixée... : phrase très difficile. La proposition conditionnelle justifie l'impossibilité où se trouve le « cœur » de répandre au dehors ce qui l'obsède, c'est-à-dire de clamer qu'Agamemnon est en danger de mort. Deux interprétations principales ont été proposées pour les « parts » (ou « moires », *moirai*) qui ne doivent pas empiéter l'une sur l'autre. Ou bien, ce seraient les parts du cœur et de la langue, qui doivent s'en tenir à leurs fonctions distinctes. Ou bien, ce qui semble plus probable, ce sont les limites des existences humaines ; il vient d'être question de la mort comme étant irréversible du fait d'un dieu. Le sort du roi est fixé, sa vie, condamnée en termes de justice, ne peut aller au-delà de ce à quoi elle a droit. Les existences se limitent l'une l'autre, selon la règle de la justice.

v. 1028 s. Mon cœur allant plus vite que ma langue : le souhait exprimé par le « je » dans la première strophe est désormais attribué à une partie du corps, qui entre en conflit avec d'autres. La langue, dans l'opposition qui est ici mise en place, est plus raisonnable que le cœur qui aurait tendance à s'épancher. Permettant l'articulation et la communication sociale du discours, elle est davantage du côté de la règle.

v. 1029. Ce qui m'obsède : ces mots traduisent un simple pronom démonstratif, « cela » *(tade)*, dont le référent n'est pas à chercher dans les mots qui précèdent ; c'est un déictique, notant ce qui est présent pour le Chœur, à savoir son angoisse. « Déverser » note la publicité qui lui serait donnée. Le verbe, quand il s'agit de langage, a une connotation négative (« se répandre »).

v. 1030. Mais il gronde : le chant, inarticulé, devient dionysiaque dans son impuissance. « Gronde », *bremei*, rappelle le titre de Dionysos, « Bromios ».

Quatrième épisode (v. 1035-1330)

L'effondrement de la voix lyrique du Chœur a un effet libérateur sur le plan de la composition dramatique. La scène, où s'affrontent les personnages, ne sera plus entourée symboliquement par l'enceinte raisonnable que construisaient les théorèmes d'une réflexion collective, générale et sûre de ses principes. Cette réflexion, précisément parce qu'elle est aboutie, s'est définitivement heurtée au constat de son échec quand se pose la question vitale du salut du roi et de la communauté. Contrairement à sa visée première affirmée dans la *parodos*, elle n'a plus aucune pertinence s'il s'agit de s'assurer d'un « bien » valant pour tous. La place est désormais libre dans le spectacle pour des événements singuliers qu'aucun concept normatif général ne peut saisir, et pour la déraison. Le Chœur changera lui-même de statut. Ce sera une voix parmi d'autres, peu assurée.

La longue « scène de Cassandre » fait entendre un usage du langage jusque-là inconnu dans le drame. La captive troyenne, qui était restée sur le char d'Agamemnon et que Clytemnestre invite, sans succès, à la rejoindre dans le palais, ne revendique aucun droit quand elle se met à parler. Comme elle n'agit pas, pure victime, elle n'a rien à défendre. Elle n'argumente pas, elle ne parle face à aucun autre personnage agissant, mais seulement face au Chœur[30]. Ce qu'elle dit est déterminé par la perception qu'elle a, comme prophétesse, du lieu où elle a été menée malgré elle. Elle parle en fonction de ce qu'elle voit : la présence d'une statue d'Apollon devant la porte du palais, qui lui rappelle son persécuteur d'autrefois, et les images mantiques que le palais lui impose comme lieu de mises à mort passées, avec le massacre des enfants de Thyeste, et à venir, avec le meurtre d'Agamemnon et le sien – et avec la venue future d'un vengeur, Oreste, qui sera assassin de sa mère. À partir de cette concentration des morts, elle peut deviner sa propre fin. Tout est lié au lieu. Pour la première fois dans la pièce sont rappelés des événements anciens qui seront décisifs pour l'intrigue, puisque Égisthe se présentera comme le vengeur de son père Thyeste. Mais ce rappel n'est pas une explication. Cassandre ne construit pas une histoire ; elle ne raisonne

---

30. La présence de ce personnage montre qu'Eschyle avait repris une innovation technique de Sophocle, l'introduction d'un troisième acteur (toutes les pièces antérieures d'Eschyle que nous avons conservées peuvent se jouer avec deux acteurs). Mais au lieu d'utiliser cette innovation pour intensifier les échanges sur scène, il construit une figure isolée ; voir Bernard Knox, *Word and Action*, Baltimore/Londres, 1979, p. 42 ss.

pas sur l'enchaînement des violences dans la maison des Atrides de manière à en dégager la loi, mais affronte, simplement, un lieu de destruction. Concentrée sur le lieu de sa mort, elle ne mentionne jamais la violence qui a déclenché l'action du drame, le meurtre d'Iphigénie[31] : cette histoire est simplement lointaine, hors du lieu ; de même, elle parle d'Oreste venant venger son père, sans dire que c'est son dieu à elle, Apollon, qui l'envoie depuis Delphes. Il aurait fallu expliquer comment le même dieu la persécute et envoie celui qui la venge ; elle n'entre pas dans cette dialectique des puissances divines.

Mais cela ne veut pas dire que son langage soit seulement expressif, qu'il se fasse seulement l'écho de la malignité compulsive du palais et de la frayeur devant la mort imminente. Cassandre n'est pas confinée dans le délire ou dans les pleurs. Elle se distancie de ce qu'elle éprouve, elle interprète, cherche à comprendre et à communiquer la violence et le contenu des assauts prophétiques qu'elle subit malgré elle, et cela dans le but de donner un sens à sa propre histoire et d'en faire part à son interlocuteur qu'est le Chœur. On assiste à un effort, unique dans toute l'*Orestie*, de reconstruction de soi, de compréhension du mal subi, non pas en termes généraux, mais dans sa particularité. Une figure individuelle se donne ainsi à voir. En effet, elle ne se contente pas de prédire sa mort et celle du roi, mais, devant l'évidence de sa destruction, elle tente d'introduire un lien entre les étapes de sa vie. Par là, elle tend vers une réintégration dans un monde partagé, alors que son existence a d'abord été celle d'une séparation radicale.

---

31. Sauf une fois, mais indirectement, au v. 1234, quand elle qualifie Clytemnestre de « mère furieuse sortie des Enfers ».

Pour la première fois, elle, qui était vouée à ne pas être crue, sera entendue (v. 1213), et cela non seulement parce qu'elle aura été précise et claire, mais aussi parce qu'elle aura parlé de soi, de son combat avec le dieu. La prophétesse, en effet, était arrachée au monde commun du fait du dieu dont elle était le porte-parole. Sa connaissance divine l'isolait, parce qu'elle avait refusé de céder à la violence sexuelle d'Apollon, qui voulait se l'approprier toute, comme il le fait souvent avec ses prophétesses. Il la punit en faisant que personne, désormais, ne l'entendra. La mantique, pour Cassandre, est un malheur et non un privilège ou une fonction comme pour Calchas ; elle signifie l'impossibilité de vivre une vie humaine parmi des « proches » (v. 1271). C'est pour cela que, dans cette scène, son langage est difficile à comprendre : il est pris dans une tension entre sa capacité divine à dire le malheur par avance, et le refus du malheur que cette capacité représente. Le Chœur, perplexe, notera cette dissonance au sein de ses mots. Mais, malgré son incompréhension, longtemps tenace, il écoutera, parce qu'il assiste à la tentative d'un individu de faire entendre son désastre.

Le sens reconstruit par Cassandre pour sa vie est lui-même dissonant. Il n'est en rien exemplaire et généralisable. Certes, Cassandre est soumise comme tous à une loi universelle : à la fin, elle déclare que si elle doit mourir comme Agamemnon, c'est au nom d'un principe immuable, juré par les dieux (v. 1290), qui condamne aussi bien les Troyens que les Grecs[32]. Cassandre rejoint donc enfin sa communauté d'origine, qui l'avait exclue.

---

32. Le contenu de cette loi n'est pas donné, mais sans doute faut-il y voir la condamnation par les dieux de toute forme de transgression ; Cassandre, malgré son histoire, appartient à Troie, la ville transgressive.

Mais il reste que cette intégration finale n'efface pas la
singularité extrême de son histoire. Si Cassandre tombe
sous la loi générale des dieux, c'est qu'un dieu particulier
l'a condamnée à la faute par sa violence, en cherchant
à abuser d'elle. Apollon la détruit deux fois, à Troie et
à Argos. Il joue. Face au sens général de l'histoire des
Grecs et des Troyens, il reste cette persécution cruelle,
singularisante et constante, qui donne une forme à la vie
de la victime. Le pouvoir des dieux ne se limite donc pas
à imposer un ordre au monde, comme le Chœur et les
personnages l'ont abondamment proclamé. Il est aussi un
fait brutal qui ne relève d'aucune norme, mais seulement
d'une relation de pouvoir. L'ordre divin, qui condamne
universellement les transgresseurs, ne peut être détaché
de la violence arbitraire d'un dieu individuel, qui met un
humain en état de faute ; il est irrationnel[33].

La protestation contre cette déraison n'a aucun effet.
Comme Cassandre, contrairement aux autres personnages, subit un rapport direct avec le divin, elle ne
dispose d'aucune médiation, d'aucune norme admise
pour se défendre. La seule médiation, ou communication, est le langage et le spectacle, *hic et nunc*. Le seul
moment, dans le drame, où le langage d'un individu
tente, sans se soumettre à aucune stratégie, de dire ce
qu'il en est de cet état des violences, de les décrire dans
leur précision et de les rattacher à une expérience individuelle, reste isolé ; il n'ajoute rien à l'action. Cassandre
meurt simplement « en plus », comme si on assistait à
une tragédie à part.

---

33. Sur l'analyse du lien entre droit et condamnation à la faute
dans la tragédie grecque, on renverra aux essais de Walter Benjamin,
« Critique de la violence » et « Destin et caractère » (1921).

Mais ce moment détermine fortement le cours du drame au moins sous deux aspects : après les scènes politiques et les réflexions générales du Chœur, la scène s'ouvre à l'intérieur le plus intime du palais, et elle le fait en restituant leur force immédiate, surprenante, aux événements qui y ont eu lieu ou qui vont avoir lieu. Quoi qu'il sera dit par la suite sur le meurtre, sur ses raisons, il restera cette violence, qui est d'autant plus radicale qu'elle n'est pas racontée comme un pur fait, mais qu'elle pénètre par vagues successives le regard et le langage de la prophétesse. En second lieu, le divin apparaît sous un autre aspect, non pas comme ordre, mais, pour un mortel, comme expérience de l'écart, de la dépossession abrupte de soi. Avant les grandes argumentations contraires du Chœur et de Clytemnestre sur le sens divin du droit et de la vengeance, l'accent est mis dans cette scène sur ce qui ne se laisse soumettre à aucune raison. L'écart entre la logique normative des dieux, qui est brutale, et les possibilités expressives et réflexives d'un individu concret reste infranchissable. On ne peut pas parler du droit abstraitement.

Première partie. L'accueil de Cassandre par Clytemnestre (v. 1035-1071)

Dans une répétition ironique de la scène précédente, Clytemnestre invite Cassandre à franchir elle aussi la distance qui sépare le char du palais. Elle emploie les mêmes mots (au v. 1039 et au v. 906), mais l'espace scénique a changé. Dépouillé de son luxe, il se prête, en apparence, au langage de la raison. Clytemnestre parle en bonne intendante qui accroît ses possessions au lieu de les disperser, comme Agamemnon le lui avait reproché. Mais, présupposant que Cassandre, la prophétesse, sait

déchiffrer ce qu'elle dit, elle annonce indirectement
sa brutalité. Cassandre ne répond rien, sans qu'on ait
à se demander pourquoi : son interlocuteur est le dieu,
Apollon, dont elle voit l'image devant la porte. C'est la
seule défaite scénique de Clytemnestre.

Notes

v. 1040 s. On dit que le fils d'Alcmène lui-même... :
Héraclès paya le meurtre d'Iphitos en étant vendu comme
esclave à la reine Omphale, pour un an, en Lydie.

* *v. 1041. Sous la contrainte du mauvais pain* : la
traduction suit le texte transmis, tel qu'il se laisse reconstruire à partir des manuscrits F et T, avec *biai* (datif) en
fin de vers[34]. Le tour *biai* + génitif (*mazês*, « le pain »)
signifie ici, comme cela est bien attesté, non pas « contre
quelque chose », mais « sous la contrainte de ». Pour
simplifier, Mazon adopte *bion*, « vie » (accusatif), de C.
J. Blomfield (« se résigner à vivre du pain de l'esclave »).

* *v. 1051. En parlant* : sans doute pour éviter la répétition *legousa... logôi*, Mazon substitue au participe
legousa un *hekousa* (« volontiers »), censé montrer la
bonne volonté feinte de la reine, « j'essaierai volontiers
de faire entrer dans son cœur les avis de la raison ». Mais,
déjà, il ne s'agit pas de « raison », mais simplement de
« discours ».

* *v. 1055 s. User ce seuil* : selon la leçon transmise,
thuraian tênd' ; même si ce sens technique n'est attesté que
plus tard, le mot *thuraia* est à prendre comme un substantif,

---

34. Triclinius propose et commente dans son manuscrit autographe
un texte qui suppose ou bien qu'il disposait d'une autre version, ou
(plutôt, cf. M. West) qu'il soit intervenu lourdement : καὶ ζυγῶν
θίγειν βίαι (« toucher du joug par contrainte »), qui a inspiré plusieurs
corrections. « Joug » y est visiblement tiré de 953.

désignant le « seuil » (cf. A. W. Verrall). Mazon adopte la correction de S. Musgrave *têid'*, datif, pour « ici ».

    v. 1056. Au centre ombilical de la maison : pour parler de son foyer, Clytemnestre emploie un mot normalement réservé au centre du sanctuaire d'Apollon à Delphes, comme ombilic du monde. Elle fait de son foyer un lieu absolu. L'esclave apollinienne change de maître.

    * *v. 1057. Les égorgements que commande le feu* : expression difficile, souvent corrigée. En grec, « feu » est, au génitif, complément du nom de « égorgements ». Le feu, par métonymie, est sacrificateur (génitif subjectif). Mazon recourt au *paros* de S. Musgrave, « devant », construit avec « foyer », mais ce mot est très loin dans la phrase.

    * *v. 1058. Comme si jamais nous ne nous étions attendus à cette bénédiction* : le vers (ὡς οὔποτ' ἐλπίσασι τήνδ' ἕξειν χάριν) est supprimé par plusieurs éditeurs (cf. Mazon, après Wilamowitz) car, entre autres, il semble contredire le v. 1044. Clytemnestre y disait que c'était une bénédiction pour un esclave d'appartenir à un palais d'ancienne richesse, car les nouveaux riches, « qui ne se sont jamais attendus » à la prospérité, sont cruels. Ici les anciens riches sont eux-mêmes mis devant une richesse inattendue (la bénédiction, *kharis*, est de leur côté, cette fois). Il faut, d'une part, entendre qu'ils sauront gérer cette surprise : ils ont déjà du bétail pour faire un sacrifice d'action de grâces ; mais il faut, d'autre part, entendre aussi que, dans ce cas, ils se comporteront comme les nouveaux riches, avec violence.

Deuxième partie : amoibaion[35] *entre Cassandre et le Chœur (v. 1072-1177)*

Cassandre rompt le silence par un cri adressé au dieu dont elle voit l'image sculptée devant la porte du palais, comme c'était la coutume. Le dialogue lyrique avec le Chœur se déploie en sept couples strophiques. Il est d'abord orienté par la question à Apollon « Où m'as-tu amenée, à quelle maison ? » (v. 1087) et portera sur le palais, avec la révélation progressive de la violence à venir. Après la reprise de cette question dans la sixième strophe (« Mais pourquoi m'as-tu, la malheureuse, amenée ici ? », v. 1138), le chant de Cassandre a elle-même comme thème. Elle recourt à des formes plus traditionnelles de plainte ; le Chœur, qui n'est plus confronté à un fait brutal annoncé mais à un chant, peut mobiliser ses propres capacités poétiques de composition et d'interprétation, mais sans savoir quelle est la raison objective de cet échange lyrique.

Notes

* *v. 1072 s. et 1076 s.* : le cri des vers 1072 et 1076 mêle sur un mode inédit des registres différents, et compose par là une phrase. Le premier élément (« la mort, la mort… », *otototoî*), est rituel, directement lié aux cérémonies funéraires. Le second (« hélas ! »,

35. « Chant alterné ». Le Chœur répond d'abord à Cassandre en trimètres iambiques (vers parlé de la tragédie ; trois fois $\cup - \cup -$, avec, notamment, la possibilité d'une longue pour chaque première brève de cette séquence). Il ne commence à chanter à son tour qu'en 1121. La forme métrique dominante, pour le chant, est ici le dochmiaque (schéma de base : $\cup - - \cup -$), forme « pathétique », qui est susceptible de nombreuses modifications, produisant notamment des séries de brèves.

popoi) est poétique, comme cri de plainte. Le troisième (*dâ*, traduit par « ici ») n'accompagne, dans les textes, qu'une seule fois le second. Conclusif, il signale que la plainte sur l'évidence d'un rite de mort est bien adaptée au moment présent. Nous n'avons pas directement affaire à un cri mantique ou à une « glossolalie », mais à un cri contre le dieu qui met à mort, et donc contre la fonction de devin que Cassandre subit. Pour le texte du premier cri : Mazon, après Wilamowitz, retient la leçon des manuscrits tricliniens, avec quatre syllabes ; le *Mediceus* (M) en donne cinq, ce qui construit une séquence métrique cohérente, si on garde aussi la leçon de M pour le vers suivant (Ὤπολλον deux fois) : iambe-bacchée puis iambe-spondée.

    v. 1074. Loxias : Apollon comme dieu de la prophétie à Delphes (« l'Oblique »), où il est lié à des rites de purifications (cf. *Euménides*, 62 s.), et non au deuil.

    v. 1080 et 1085. Dieu de la rue : le titre ne se retrouve pas ailleurs sous cette forme *(aguiatès)*, qui a sans doute une connotation négative. Apollon *aguieus* figurait sur le devant des maisons, dans la rue, où il avait fonction de protecteur. Sous la forme employée ici, il devient un simple habitant de la rue ; c'est par les rues qu'il a traîné Cassandre (cf. le verbe « amener », v. 1087, *êgages*, qui, en grec, est sur le même radical que « rue »).

    v. 1081 et 1086. Mon Apollon destructeur : « étymologie », à l'ancienne, du nom du dieu, *Apollôn*, qui peut aussi être entendu comme un participe du verbe « détruire », *apollunai*.

    * *v. 1091. Cordes de pendaisons* : expression souvent corrigée, entre autres parce qu'il n'y a pas de pendaison notable dans l'histoire de cette famille. Mais la leçon « pendaisons » est bien attestée. Elle était connue des

scholies anciennes. Le manuscrit M donne la leçon fautive καρτάναι, à redéployer en καὶ ἀρτάναι (cf. K. Lachmann, 1819), et à prendre plutôt comme un nominatif, avec une rupture de construction après l'accusatif πολλά (avec une valeur de monstration pour le nominatif : Cassandre passe à une vision directe), que comme un datif (selon les scholies anciennes). La pendaison est féminine[36], en contraste avec l'« égorgeoir à hommes » du vers suivant, qui annonce le meurtre d'Agamemnon. Hippodamie, femme de Pélops, et Aéropè, femme d'Atrée, sont des pendues possibles. Avec ce motif, la violence dans le palais est totale, à la fois masculine et féminine (cf. H. Neitzel). Mazon reprend de Kayser (inconnu selon M. West) et Wilamowitz la correction *karatoma*, « décapitations ». Mais cela ne renvoie pas à des événements traditionnels.

v. 1092. Égorgeoir à hommes : j'avais retenu la leçon transmise *andros sphageion*, en deux mots. Ce serait « bassin pour un homme égorgé ». Mais il est plus probable que les scribes n'aient pas accepté, ou compris, la formation du nom *androsphageion*, comme ils n'ont de toute évidence pas compris le composé qui suit, *pedorrhantêrion*, qu'ils écrivent en deux mots, *pedon rhantêrion*.

* *v. 1095.* Pour garder le parallélisme avec la strophe (v. 1089), où le manuscrit M, mais pas les autres, comporte l'interjection, Mazon la réintroduit au début de l'antistrophe. Souvent, elle est supprimée à la strophe par les éditeurs. Mais la correspondance, pour le cri, entre strophe et antistrophe n'est pas contraignante : l'interjection est hors mètre (cf. Wilamowitz).

---

36. Voir Nicole Loraux, *Façons tragiques de tuer une femme*, Paris, 1985.

* *v. 1110. Elle lance une main* : le manuscrit M a hésité pour la fonction de *kheir*, « la main », l'écrivant d'abord au nominatif (leçon que retient Mazon), puis à l'accusatif *(kheir')*, ce qui va mieux avec le participe *oregomena* (« tendue, avec élan »), qui se dit d'abord d'une personne. Il est habituel de voir dans ces gestes non pas le meurtre, mais les soins donnés à Agamemnon dans son bain, le meurtre n'étant révélé que plus tard, comme si on avait un récit linéaire. Mais cela va mal avec la répétition de « main », qui note la violence, et avec « tu accomplis cela ? », qui évoque le terme de l'action.

v. 1113. Le regard vitreux des révélations : les prédictions sont dites « couvertes d'un albugo » *(epargema)*, terme nouveau qui renvoie au vocabulaire médical (l'albugo est une tache blanche de la cornée).

v. 1118. Qui appelle les pierres : qui mérite la lapidation.

* *v. 1121 s. Une goutte teinte de safran* : le sang, pressé vers le cœur par l'angoisse, est altéré par la bile et devient clair. Ce mouvement vers le centre du corps est ici comparé à un mouvement physiologique inverse, quand le sang (noir) du guerrier frappé à mort s'épand au dehors. « Safran », dans la langue poétique, est associé à l'aurore. Ici, l'angoisse « claire » du Chœur lui évoque le crépuscule de la vie du guerrier tué. Angoisse et mort se valent. Pour le texte : Mazon, à la fin de 1122, imprime la correction, minime et facilitante, de C. J. Blomfield, *ptôsimois* (datif pluriel : « chez les guerriers abattus »), pour *-mos* (nominatif : l'adjectif « qui tombe, meurt » allant, par transfert, avec « goutte »).

* *v. 1125.* Mazon introduit une ponctuation après *tês boos* (« la vache »), qui, dans le texte grec, finit le vers 1125, ce qui fait du verbe *apekhe* un intransitif. Mieux vaut ne pas couper et construire *tauron* avec le verbe.

v. 1127. La bête à la corne noire : le manuscrit M livre
deux textes ; l'hésitation est ancienne, car les scholies
commentent les deux : d'une part, l'accusatif *melagkerôn*
(construit avec *tauron*), choisi à juste titre par Mazon et,
de l'autre, une leçon (dans M corrigé) que beaucoup
d'éditeurs préfèrent, le datif *melagkerôi* qui déterminerait *mêkhanêmati* (« stratagème ») : « elle a pris la bête
par le stratagème à la corne noire ». On a voulu parfois
reconnaître dans les « cornes » les pointes de la hache qui
figure plusieurs fois dans les représentations iconiques
du meurtre d'Agamemnon. Mais le texte de la pièce dit
ailleurs clairement que l'arme était l'épée (cf. v. 1528)
et, surtout, le mot « stratagème » va avec « elle a pris »
(labousa) et non avec « frappe » *(tuptei)*. Il ne peut s'agir
de l'arme. A. H. Sommerstein y voit alors le filet qui,
bien qu'étant sans corne, peut être dit noir en ce qu'il
enveloppe Agamemnon. Une autre possibilité (déjà dans
les scholies de M) est de prendre l'adjectif composé (au
datif) comme déterminant un génitif sous-entendu (cf.
Ajax, 55), à savoir Clytemnestre : « le stratagème (de la
bête) aux cornes noires ». Mais la noirceur du bovin et
les cornes sont sémantiquement plutôt du côté d'Agamemnon. Avec l'accusatif, on a une antithèse nette :
Clytemnestre affronte la force (la corne noire du taureau)
par la ruse.

v. 1129. Chaudron : le mot est inattendu pour
« baignoire ». Il rappelle l'un des épisodes majeurs de
l'histoire des Tantalides, Pélops, bouilli par son père
Tantale et offert en repas aux dieux (cf. Pindare, *Première
Olympique*).

* *v. 1133. Est envoyée* : Mazon, comme beaucoup,
reprend la très légère retouche apportée au texte par
A. Emperius (xixe s.), *telletai*, « est produit » (« d'un

oracle… sort-il jamais une nouvelle joyeuse ? ») ; au lieu de *stelletai*, « est envoyé ». Il ne s'agit pas vraiment d'une correction (le *s* initial pouvant être une simple répétition du *s* final du mot précédent). Mais on perd le sens d'« envoi », qui va bien avec le « chemin d'oracles » du vers 1154. (D. Page, H. Lloyd-Jones gardent le texte). La scholie de M, avec *aperkhetai*, indique bien qu'il y a une métaphore.

* v. 1134. *Des chanteurs de révélations* : selon le génitif pluriel *thesmiôidôn*, suggéré par F. Portus, plutôt que l'accusatif singulier *(-on)* des manuscrits (ce n'est même pas une correction) que Mazon conserve (sa traduction est approximative, « l'art verbeux des prophètes fait entendre le vrai sens de la terreur qu'il inspire », et rend en fait un génitif construit avec *tekhnai*). L'accusatif (conservé par G. Galvani), qui déterminerait *phobon* (« peur oraculaire ») peut s'entendre comme une hypallage (cf. J. Conington, 1848), mais la forme en serait irrégulière, et *phobon* n'a peut-être pas besoin d'un déterminant. Le mot s'oppose à *mathein* : la connaissance est frayeur.

v. 1137. Comme H. Weil, Mazon garde le participe ἐπεγχέασα (« [mon propre lot de douleurs] que je verse à son tour »), mais au prix d'une intervention lourde en 1148 s. (voir la note). La forme a été souvent considérée comme irrégulière pour clore le dochmiaque, d'où la correction de W. Headlam (1898), l'adverbe ἐπεγχύδαν, « dans un flot supplémentaire ». Comme il s'agit d'un *hapax*, le mot a pu être méconnu. Elle rétablit une séquence normale en 1137, équivalente à celle de 1147 (qui s'achève sur δέμας et non sur θεοί, que Mazon fait remonter à tort, alors que ce mot ouvre le trimètre iambique suivant). Je l'avais retenue dans mon commentaire de 2001. Mais il reste que le participe ἐπεγχέασα est bien attesté (les scholies anciennes le commentent). G. Galvani le conserve : -έα- vaut une brève ; la *brevis in longo* à la fin du mot signale la fin de la période, avant les trimètres[37].

 v. 1142. Comme un oiseau roux : Aédoné (ou Procné) a été changée en rossignol après avoir tué son fils Itys, parce que son époux Térée avait abusé de sa sœur Philomèle.

 v. 1146. Triste, triste, la mort du rossignol clair chanteur ! : Cassandre refuse la transposition poétique de son mal. Aédoné, après son malheur et sa métamorphose, pouvait chanter indéfiniment une belle plainte, tandis qu'elle, elle doit être tuée. « La mort du rossignol » est ce qu'il faudrait chanter, ce que ne fait précisément pas la poésie, pour qui le rossignol est la figure d'une belle plainte continue. Cassandre proteste contre la tradition poétique (que mobilise le Chœur, qui est son représentant) et la sublimation qu'elle tente d'imposer, face au malheur brut et vécu.

 * *v. 1148. Et dans une douce vie sans hurlements* : Mazon, qui rattache θεοὶ à la période lyrique précédente, et non au trimètre, introduit pour compléter le vers ici une correction d'A. Emperius. Mais le texte des manuscrits, θεοὶ γλυκύν τ'αἰῶνα κλαυμάτων ἄτερ, ne présente aucune difficulté.

---

37. La coupure correspond alors, dans la strophe, à une nette séparation syntaxique. Ce n'est pas le cas dans l'antistrophe, où « les dieux », premier mot des trimètres, va syntaxiquement avec les mots qui précèdent. Cette non-correspondance dans le lien mètre/syntaxe entre strophe et antistrophe est une technique de composition, qui superpose les interprétations d'un même mètre (la seconde occurrence se faisant entendre sur fond de la première, dans le contraste). Ce phénomène, propre à une poétique de la variation au sein d'un même cadre métrique, n'a pas encore fait l'objet d'un examen systématique.

v. 1152 s. Tu le martèles en mélodie, grondement sonnant mal, couplé à une haute musique : le Chœur entend plusieurs éléments dans le chant de Cassandre qui font dissonance, un cri disgracieux, de mauvais augure, et une musique à la fois violente et réglée (cf. une tension analogue, plus bas, au v. 1165, « tu donnes force à ton murmure »).

v. 1157. Scamandre : fleuve de Troade.

v. 1160 s. Cocyte, Achéron : fleuves des Enfers, évoquant la lamentation *(kôkutos)* et le chagrin *(akhos)*.

Troisième partie : dialogue parlé (v. 1178-1330)

Le mètre change. On passe au trimètre iambique du dialogue. Comme le Chœur dit ne pas comprendre, Cassandre abandonne le chant et les énigmes, pour un discours parlé et clair. Deux fois, cette distance clarifiante sera interrompue par une douleur mantique. Mais ces assauts n'interrompent pas l'explicitation, ils en fournissent le thème (on a, pour la plus grande partie de la scène, un schéma assez simple, répété : monologue de Cassandre, réplique du Chœur, puis « stichomythie », ou dialogue vers par vers, trois fois). Cassandre parlera d'abord du passé d'Argos et d'elle à Troie, avec sa lutte contre un Apollon violeur, de manière à persuader de ses capacités mantiques ; puis, après le premier afflux du feu mantique, de la mort du roi ; enfin, de l'achèvement de sa propre histoire. La scène se conclut dans une sorte de suspens lyrique, toujours en discours parlé, avec une harmonie sentimentale et rituelle entre les deux interlocuteurs, Cassandre prononçant sa propre déploration funèbre.

Notes

v. 1182. Un mal beaucoup plus grand que celui que tu ressens : la clarté fera souffrir plus que l'énigme (et non pas : la mort d'Agamemnon te fera plus de mal que la mienne dont je viens de parler ; Cassandre a aussi déjà annoncé le meurtre du roi).

v. 1189. Clique joyeuse : traduit le mot *kômos* (d'où est issu « comédie »), bande de chanteurs dans les fêtes dionysiaques.

v. 1193. Le lit d'un frère, hostile à qui le piétine : la toute première faute est donc la séduction par Thyeste d'Aéropé, femme de son frère Atrée. Le choix de cet acte, qui débouche sur le massacre par Atrée des enfants de Thyeste, comme origine du malheur, est en accord avec le thème central de la trilogie, la filiation, dans son rapport avec le droit et le pouvoir. Les autres crimes premiers possibles, les différentes fautes attribuées à Tantale, l'assassinat du cocher Myrtilos par Pélops, étaient moins adaptés.

* *v. 1194. Ai-je bien visé ?* : pour que l'antithèse soit stricte (cf. *Iliade*, V, 287), Mazon introduit, avec la majorité des éditeurs, la correction d'H. L. Ahrens, *kurô* (« ai-je mis la flèche au but ? », le mot est tiré de 628 et de 1201) à la place de *têrô* (« je vise »). La dissymétrie n'est pourtant pas absurde : le premier terme (*hêmarton* : « je me suis trompé ») peut encore appartenir à la sphère du discours, le second introduit la métaphore de l'arc : le discours de Cassandre vise bien un objet, elle ne parle pas pour rien. Le présent, pour une prophétie qui n'est pas achevée, montre la pertinence du regard mantique.

* *v. 1198. Un serment, c'est-à-dire un fléau figé pour de bon* : le texte est difficile, et corriger est tentant.

Presque tous les éditeurs, dont Mazon, choisissent un texte plus facile, avec une correction de J. Dorat. Au lieu de « un serment…, un fléau » *(horkos pêma)*, ils lisent : « l'assurance d'un serment » *(horkou pêgma*, avec la répétition « figement… figé », *pêgma… pagen*, selon le goût de J. Dorat pour les figures étymologiques). Mais « fléau », si c'est le texte, explique pourquoi le serment ne peut être guérisseur. On se met sous la menace d'une malédiction quand on jure.

    v. 1201. Parlant une autre langue : exemple de décentrement, d'absence d'helléno-centrisme : la langue grecque peut être dite « autre ». C'est la même attitude que dans les *Perses*, où Eschyle reconstruit la cohérence d'une culture différente.

    * *v. 1203 s.* Ces deux vers sont traduits ici dans l'ordre donné par les manuscrits (deux vers pour Cassandre puis deux pour le Chœur ; l'interversion de 1203 et 1204 par G. Hermann cherche, entre autre, à rétablir une stichomythie). La progression est claire avec la disposition transmise : le Chœur suppose que Cassandre avait « honte » de raconter son histoire avec Apollon, parce qu'au moment où elle était l'élue du dieu elle faisait sa délicate comme toute personne heureuse. Elle répond qu'il s'agissait vraiment de honte, et non de manières. L'aventure avec le dieu n'était pas un « bonheur », mais une tentative de viol qu'elle a su déjouer.

    v. 1208 : Cassandre a berné le dieu. La présence du titre « Loxias » pour Apollon (titre du dieu comme prophète à Delphes) aide à comprendre l'histoire. Le dieu était plein de désir, impérieux. Pour lui échapper, Cassandre passe du rapport physique à un rapport parlé, ce qu'il doit accepter puisqu'il est (aussi) « Loxias », dieu de la parole vraie. Elle accepte, en paroles, puis se

refuse. Il ne pouvait que la croire, puisqu'elle était déjà
sa prophétesse, et se laisser prendre par son mensonge. Il
la punira dans sa crédibilité.

v. 1210. Le vers semble bien indiquer qu'Eschyle
ne suit pas ici un schéma narratif attesté ailleurs selon
lequel Cassandre aurait acquis le don mantique, lors de
cette scène « amoureuse », parce qu'elle aurait promis à
Apollon de s'unir à lui. Elle était déjà devin avant cette
scène où le dieu était empressé. La raison du rejet de sa
fonction mantique par Cassandre (en plus de son rejet du
dieu séducteur) est peut-être indiquée dans ce vers : la
mantique porte d'abord sur le malheur.

v. 1213. Première fois que Cassandre convainc.

v. 1216. Il manque quatre syllabes à la fin du vers.

v. 1224. *Un lion sans aucune force* : Égisthe. C'est
l'un des cas où on a du mal à comprendre les réticences
de la critique face à la lettre (« dure à avaler », selon E.
Fraenkel) : comme un lion est fort, une prophétesse ne
pourrait le dire sans force. Infortune de l'oxymore (voir
le même problème au vers 1002).

v. 1233. *Reptile rampant dans les deux sens* : il s'agit de
« l'amphisbène », mot à la fois mythologique et savant utilisé
par Eschyle et qui est passé dans les langues modernes.

v. 1233. *Scylla* : fille de Pandion, qu'elle trahit « pour
des bracelets d'or » offerts par l'ennemi de son père,
Minos (*Choéphores*, 613 ss.) ; elle fut transformée en
monstre marin.

v. 1234. *Mère furieuse sortie des Enfers* : figure
mythique difficile à identifier. La seule allusion dans
toute la scène à la cause de la colère de Clytemnestre, la
mort d'Iphigénie.

* *v. 1235 s. Et qui souffle… une malédiction ennemie
des trêves* : on a l'habitude de corriger « malédiction » en

« Arès ». Le syntagme *aspondon t'aran pneousan* devient
… *Arê pneousan*, « qui souffle Arès » (« ne respire que
guerre sans trêve », Mazon) : le tour est connu et s'accor-
derait mieux à la série des mots guerriers du passage :
« sans trêve » *(aspondon)*, « triomphe », « tournant du
combat ». Mais Eschyle, s'inspirant visiblement de ce
tour traditionnel, en construit un autre, avec *aran*, « malédiction », en mêlant deux domaines, violence épique et
violence familiale de l'Érinye (qui porte aussi le nom
de Malédiction, *Ara*, cf. *Euménides*, 417) : le langage
héroïque de la guerre lui sert à dire la guerre interne qu'a
fait naître la mère monstrueuse contre le guerrier.

   * *v. 1252*. Les manuscrits donnent : ἢ κάρτ' ἄρ' ἂν
παρεσκόπεις χρησμῶν ἐμῶν ; ce texte fait sens, même
s'il est incertain, en raison, notamment, de la séquence
inhabituelle des particules, qui est sans doute ironique.
On corrige souvent, avec J. A. Hartung, le verbe en
παρεκόπης (« tu as été frappé de manière à dévier », « tu
t'égares »). Le verbe transmis dit que le Chœur « vise à
côté ».

   v. 1257. Apollon le loup : Cassandre fait du titre traditionnel du dieu, *Lukeios*, une injure. Apollon, carnassier,
est du côté d'Égisthe (lui-même « loup », v. 1259). Le
sens de l'épithète est discuté déjà chez les Anciens ; il
faut sans doute d'abord y entendre le loup (avec, souvent
la valeur de « qui protège des loups », ce que n'est pas
Apollon ici), mais aussi la Lycie et la lumière (cf. *leukos*,
« blanc », et le latin *lux*).

   * *v. 1258. Lionne dégénérée* : la correction de
P. Vettori (1557) *dipous* (« lionne à deux pieds ») pour
diplous (« … double ») est évidemment recevable.
Avec *diplous* Cassandre dirait que cette lionne n'est pas
franche (cf. *Rhésos*, 395, il est vrai pour un homme), en

opposition avec le « lion bien né » (vers suivant) qu'est Agamemnon.

v. 1266. Toi : adressé à l'un de ses ornements de prophétesse ; sans doute le sceptre, comme insigne du pouvoir sacré.

* *v. 1267.* Faute de mieux, je retiens le texte de C. G. Schütz (au temps du verbe près), ἀγαθὰ δ'ἀμείβομαι. En détruisant ses parures de prophète, Cassandre se délivre d'un mal et gagne un « bien ».

* *v. 1268. Enrichir un autre désastre* : si l'on retient l'accusatif *atên*, plutôt que le génitif *atês* (correction ancienne, longtemps attribuée à Th. Stanley). Cassandre ne se désigne pas elle-même par ce mot, mais la situation que créent ces instruments.

* *v. 1271. Parmi mes amis* : avec la préposition *meta* et non le *mega* de G. Hermann.

v. 1282. Un errant mis en fuite : Oreste est présenté dans des termes que l'on retrouve dans le poème les *Purifications (Katharmoi)* d'Empédocle d'Agrigente, contemporain d'Eschyle (fragment 115 Diels-Kranz)[38]. On a une relation entre trois termes : la religion apollinienne, la tragédie d'Eschyle et une philosophie poétique du salut chez Empédocle. Si les *Purifications* précèdent l'*Orestie* (mais c'est l'hypothèse chronologique la moins probable), la tragédie se démarquerait ici de la réflexion philosophique sur le salut. Chez Empédocle, « l'errant en fuite » est un démon meurtrier, en recherche de purification ; ici, Oreste, qui vient à Argos pour assassiner, est envoyé depuis Delphes par le dieu de la purification. Le dieu ne sauve pas, mais contraint au crime. Si l'ordre

---

38. Voir Jean Bollack, *Empédocle. Les Purifications. Un projet de paix universelle*, Paris, 2003.

historique est inverse, Empédocle montre qu'il rejette la mise en cause de la purification delphienne par la tragédie (qui a comme horizon la violence) et, face à la religion apollinienne, construit sa propre doctrine de purification.

* *v. 1285. Sur cette maison* : selon la leçon transmise *katoikos*, et non la correction de J. J. Scaliger, *katoiktos*, sur *oiktos*, « lamentation, pitié », presque universellement admise (« pourquoi dès lors, gémissante, m'apitoyer ainsi sur moi-même », Mazon). La confusion, dans les manuscrits, est possible (d'autant que *katoiktos* ne se trouve pas ailleurs). Avec *katoikos*, sur *oikos*, « maison », à comprendre comme une hypostase (lexicalisation en un mot) de l'expression avec préposition *kat'oikon*, Cassandre dit qu'en tant qu'étrangère et prisonnière condamnée elle n'a pas à pleurer les malheurs de cette maison-là.

* *v. 1288. Ceux qui tenaient la ville* : avec le verbe *eikhon*. Il s'agit des Grecs, et non des Troyens, malgré l'usage formulaire de l'expression chez Homère. Cf. le v. 320 pour cet emploi du verbe (s'il s'agissait des Troyens, on ne comprendrait pas le présent *apallassousin*, « disparaissent »). La correction *heilon*, « ont pris », de S. Musgrave ne s'impose pas.

v. 1290. Grand, en effet, est le serment : le contenu de ce serment doit être reconstruit à partir du contexte. Il est sans doute à mettre en relation avec le « jugement des dieux » du v. 1288, qui condamne Grecs et Troyens. Une génération humaine est emportée, comme dans l'*Iliade* ; mais le recours à une thématique juridique (« jugement », « serment ») indique qu'Eschyle ne reprend pas la perspective eschatologique de l'épopée, mais voit dans ces destructions l'œuvre d'une justice divine, venant sanctionner des transgressions. Cassandre est condamnée en tant que troyenne et en tant que rétive à Apollon, qu'elle a trompé. Les interprètes ont souvent pensé qu'elle n'était pas digne d'un tel grand serment des dieux. Mais elle ne fait que renvoyer à une loi universelle. Plusieurs, avec G. Hermann, transposent le vers après 1283 (cf. D. Page, A. H. Sommerstein, E. Medda) : le retour d'Oreste vengeur serait une cause plus noble pour un tel engagement solennel (on s'appuie alors sur le fait qu'au vers 1284 le manuscrit F présente l'infinitif *axein* au lieu de l'indicatif *axei* [« reviendra »] : ce vers dirait le contenu du serment ; mais le *-n* peut être dû à la présence du *nin* suivant). Ou bien le vers est supprimé (E. Fraenkel, M. West).

v. 1306. Pas ça ! : traduit le cri *pheu*, qui exprime souvent le dégoût.

* *v. 1309. Une terreur* : avec la graphie *phobon*, plutôt que *phonon*, « meurtre ».

v. 1312. Les parfums de Syrie : l'encens.

v. 1316. Le grec est plus concis, dans une syntaxe typique des proverbes : « comme un oiseau (nominatif) le fourré (accusatif) », avec un verbe transitif absent.

* *v. 1317. Soyez mes témoins* : avec l'impératif *martureite*.

* *v. 1322. Ou une plainte funèbre.* Mazon reprend la correction de G. Hermann οὐ (négation) au lieu de ἤ, « ou » : « je ne veux pas chanter mon propre thrène », sans doute pour que la victime meure héroïquement, alors que Cassandre, qui ne sera pas pleurée, donne ici le contenu du chant qui devrait déplorer sa mort. La tonalité de la plainte est présente dans tout l'épisode.

* *v. 1324 s.* Phrase tourmentée, qui échappe en grande partie à l'analyse. Les manuscrits ne donnent pas l'accusatif *tous emous timaorous*, qui est de S. Musgrave, mais le datif *tois emois timaorois*. « Punisseurs » traduit ici le mot *timaoroi* (« gardiens de l'honneur »), qui un peu plus haut, pour Oreste, signifiait « vengeur ». On peut, en effet tenter de comprendre : « ceux qui se vengent de moi » (Clytemnestre et Égisthe). Je laisse les vers 1324-1325 entre *cruces*.

Récitatif du Chœur (v. 1331-1342)

Avant la catastrophe, pendant que la scène est vide, le Chœur ne chante pas, comme il aurait pu le faire. Il donne juste un bref récitatif en anapestes[39], qui sera suivi du cri du roi assassiné. Aucune dissonance dans ce morceau, aucun écartèlement du sujet poétique, comme c'était le cas dans le troisième *stasimon*. Entre-temps, Cassandre a présenté les horreurs passées et à venir comme des faits objectifs. Le Chœur, face à ces faits, peut poser, de l'extérieur, la question de leur sens pour le mortel qu'il est. Les contenus de cette intervention sont en partie familiers : les raisons de la nature insatiable de la réussite ont déjà été exposées dans le troisième *stasimon*. Par contre, c'est la première fois que le Chœur met en relation la mort à venir d'Agamemnon non seulement avec la mort d'Iphigénie et des guerriers à Troie, mais avec les morts passées de la famille. Cassandre lui en a fourni le thème, en lui rappelant le crime d'Atrée. En mettant en parallèle (« d'une part…, mais d'autre part… ») la dynamique infinie de la richesse et la cascade des morts dans la famille des Atrides, il ne construit pas une théorie du malheur et de la culpabilité. Il constate, simplement : la réussite est insatiable, on le sait ; or un homme est

---

39. Ce texte se signale par un schéma quasi constant de rimes internes et externes.

allé, grâce aux dieux, au point extrême de la réussite ; mais il est voué à mourir à la suite d'une accumulation de morts. La résignation qui conclut le morceau n'est même pas une sagesse, mais une impuissance. Il n'y a rien à opposer à la force des processus objectifs contradictoires qui font la réalité, avec, d'un côté, l'autoreproduction de la prospérité et, de l'autre, celle du désastre. On n'est même pas d'un côté ou de l'autre, puisque ces dynamiques coïncident chez le même individu.

Notes

v. 1332. Que l'on remarque du doigt : les démunis, en désignant du dehors les maisons riches, tracent une limite entre les conditions. Dans ces maisons, au contraire, aucune limite n'est admise ; la dynamique de l'excès y est un principe vital, avec ses conséquences négatives prévisibles (« n'entre plus » indique qu'un arrêt était protecteur).

v. 1338-1340. La succession des morts suit une ligne claire, qui n'a pas été perçue. En mourant (« par sa mort »), Agamemnon paie deux fois. D'une part, pour les morts antérieures, dans sa famille (qui sont dites doublement, avec « à ces êtres morts », reprenant « le sang de ses ancêtres » ; ces derniers mots ne sont pas ambigus, ils ne peuvent signifier aussi « les morts qu'il a accomplies auparavant »[40]). À ce paiement, il ajoute, d'autre part, « le prix

40. Comme le suppose Jean-Pierre Vernant, qui voit dans ce double sens une ambiguïté fondamentale : Agamemnon paierait à la fois comme fils maudit et comme responsable de ses propres crimes. La tragédie montrerait par là qu'elle fait interférer deux idées ou idéologies historiques différentes, celle archaïque de la lignée, avec la faute transmise, et celle, plus moderne, de la responsabilité (« Tensions et ambiguïtés dans la tragédie grecque » [1972], repris dans *Œuvres*, p. 1102, n. 1). Mais le génitif pluriel masculin *proterôn* ne peut renvoyer aux victimes « antérieures » du roi. Il s'agit, selon l'emploi constant

d'autres morts », à savoir celles qu'il a causées : Iphigénie et les guerriers. On a souvent voulu voir dans ces « autres morts » celles, à venir, de Clytemnestre et d'Égisthe. Mais cela ne va pas avec l'expression « apporter le prix ». L'analyse du Chœur se concentre sur le sort de l'homme heureux par excellence qu'est Agamemnon.

* *v. 1341*. Il manque une syllabe. La répétition de *tis*, due à S. Musgrave, est une solution, mais elle introduit une tonalité lyrique qui cadre mal avec le caractère analytique du morceau. Plus sobrement, F. W. Schneidewin ajoute un préverbe au verbe : *exeuxaito*.

Mort d'Agamemnon et dialogue des choreutes (v. 1342-1371)

Après une stichomythie faisant alterner les cris d'Agamemnon frappé à l'intérieur du palais et les réactions du coryphée[41], le Chœur, et cela est unique dans la pièce, éclate en douze voix[42] qui délibèrent sur la conduite à tenir. Nous assistons à une scène grotesque, qui au moment même de la catastrophe provoque le rire. Elle traduit en impuissance politique la rigueur méticuleuse de la réflexion du Chœur dans ses chants.

du mot, des « ancêtres », des « hommes d'avant ». La phrase n'est pas ambiguë.

41. Ce passage, visiblement, a fait école ; voir les doubles cris des victimes dans l'*Électre* de Sophocle, l'*Hécube* et le *Cyclope* d'Euripide. Ici le coryphée réagit en employant un autre mètre que le trimètre iambique, vers massivement le plus fréquent dans la tragédie (et qu'emploie Agamemnon) ; il recourt au tétramètre trochaïque (un trochée : – ◡), forme marquée, accompagnant un échange souvent pathétique. On la retrouvera dans la pièce pour le final (v. 1648-1673).

42. On a là un témoignage précieux sur le nombre des choreutes qu'employait Eschyle.

Notes

v. 1359. Le sixième choreute procède à une analyse de l'action publique. Une décision suppose un acte, il ne suffit pas d'avoir raison. Il faut encore décider de l'agent (« celui qui agit », dans cette phrase ne peut être le meurtrier). Or le Chœur, qui est une instance de délibération, et qui s'en remettait au roi pour l'action, ne peut entrer dans ce rôle, qui lui est inconnu.

v. 1362. Mais allons-nous prolonger notre propre vie ? : j'avais d'abord opté, avec doute, pour le texte des manuscrits, conservé également par A. W. Verrall : « allons-nous supprimer notre propre vie », avec *kteinontes* (« tuant ») au lieu du *teinontes* (« étendant ») proposé par J. Dorat et W. Canter. Il y avait certes un lien fort avec la mort du roi, dite par le septième choreute. Mais outre que la faute est courante, « prolonger » fait sens après la réplique précédente : le roi est mort, notre vie ne vaut pas d'être vécue avec les nouveaux maîtres.

v. 1371. Une foule en moi : après la dispersion du Chœur en voix différentes, le dernier choreute se présente comme une instance de synthèse. Son avis s'appuie sur une multiplicité de voix intérieures qui, dans une parodie de la décision démocratique, majoritaire, font écho à ce qu'il a entendu et qui vont dans le même sens.

Cinquième épisode (v. 1372-1576)

La présence scénique de la catastrophe, avec les deux corps et les accessoires du meurtre tirés hors du palais[43], crée un nouveau bouleversement dramaturgique,

---

43. Voir dans le livre d'Oliver Taplin, *The Stagecraft of Aeschylus*, la question de la nécessité ou non, pour la mise en scène, de supposer ici l'utilisation de l'eccyclème, plate-forme roulante qui montrerait

puisque tout ce qui a été dit, anticipé par des raisonnements contradictoires ou des prophéties effrayantes, se résume désormais à un fait bien visible, simple à voir. Eschyle choisit de ne pas faire raconter le meurtre par un messager. Clytemnestre elle-même fait le récit, interprète, justifie. Il n'y a donc pas de distance entre le fait évoqué et le discours qui en parle, comme c'est le cas dans les scènes de messagers. La violence est présentée dans son évidence, comme si elle allait de soi, qu'il suffisait de la dire pour la comprendre et l'accepter, sans même que la meurtrière cherche à persuader. C'est tout simplement là, posé dans son droit. Il est égal que la communauté politique approuve ou non ; et cette indifférence est dite sans malveillance. Pour arriver à cette simplicité dénotative, le langage ne sera pas simple. L'évidence doit être construite par les mots. Dans son récit du meurtre, Clytemnestre réemploie avec virtuosité le langage homérique pour tracer le portrait d'un héros épique paradoxal, qui meurt comme les grands morts de l'*Iliade*, Patrocle, frappé trois fois, ou Sarpédon, suscitant une pluie de sang, mais aussi comme les victimes viles de l'*Odyssée*, les Prétendants et les servantes impures, prises au piège. La mise à mort est présentée comme une sorte d'accouplement sanglant. Clytemnestre fait ainsi entendre ce au

l'intérieur du palais, mais qui peut avoir été une invention plus tardive. Taplin, hésitant, pense plutôt à des assistants muets apportant les corps (p. 326 s., p. 443). Vincenzo Di Benedetto et Enrico Medda *(La Tragedia sulla scena)* excluent l'usage de l'eccyclème pour les spectacles du vᵉ siècle. Ils pensent ici, avec une certaine probabilité, que l'ensemble de la façade du palais devait être enlevée, d'une manière ou d'une autre. La simple ouverture de la porte centrale n'aurait pas suffi à rendre les cadavres visibles à l'ensemble du public (p. 88 s.). Ce qui compte, scéniquement, est le contraste entre la présence physique des corps et l'indécision des choreutes.

nom de quoi Agamemnon meurt. Il a détruit toute vie de la famille, tout engendrement en tuant sa fille ; l'accouplement, dans la mort, au cours d'une scène traditionnelle d'accueil érotique dans un bain, montre exactement ce qu'il a défait et ce pour quoi il tombe.

L'épisode, dans sa composition[44] et dans son propos, est le symétrique de la scène de Cassandre. La prophétesse était engagée dans un travail d'interprétation et d'expression authentique de son histoire parce que le terme était imminent. Ici, Clytemnestre pose une même exigence d'authenticité – dire ce qu'il en est exactement d'Agamemnon et de la vie à mener –, mais en vue d'ouvrir un avenir. La mort du roi n'est pas un terme, ni donc une faute bien qualifiée qu'elle aurait à expier. Elle met seulement fin à une longue fausseté, et ouvre la possibilité d'une existence enfin délivrée de ce qui l'avait combattue à Aulis. Clytemnestre s'oppose en cela au Chœur, pour qui la catastrophe est la fin de tout monde possible, de toute vie, même s'il lui faut reconnaître que c'est en raison des lois divines qui font le monde et qu'il avait lui-même analysées dans ses chants que son souverain est mort. Après avoir échoué à impressionner la reine en lui montrant que la cité a les moyens institutionnels de l'éliminer, il réagit et raisonne en termes d'arrêts définitifs, d'impossibilité, comme si le sens des valeurs et des normes auxquelles ils pouvaient recourir coïncidait

---

44. Le discours parlé précède le chant (quatre couples strophiques, avec, plusieurs fois, un refrain), que lance le Chœur, et non le personnage. Clytemnestre ne chante pas, mais après la deuxième strophe, répond par un récitatif. Le dialogue, à partir de ce passage de la reine aux anapestes, change : la menace disparaît au profit d'une discussion, sans violence, des interprétations que propose le Chœur. La métrique du chant est complexe, juxtaposant formes iambiques, dochmiaques et dactyles.

désormais pleinement avec ce désastre. On l'entendra même blasphémer contre Zeus.

Chaque intervention de Clytemnestre, au contraire, ouvre sur un avenir. Elle doit réfuter pour cela toutes les formes de discours politiques ou juridiques qui décident de la forme nécessaire de la vie et enferment l'existence dans une logique arrêtée de fautes et de châtiments. Elle écarte cette prétention en montrant que la réalité vécue est au-delà de ces limitations, et que sous les actes politiques, ce sont bien des formes de vie qui s'affirment. Agamemnon n'était pas seulement un roi, mais l'amant d'une prostituée, alors qu'elle a scellé, elle, une vraie alliance avec Égisthe ; le droit ne la condamne pas, puisqu'à travers elle, c'est la famille de son époux qui déploie sa propre malédiction dans une frénésie de meurtres ; le rite funèbre sera respecté puisque, en tuant Agamemnon, elle lui permet d'être embrassé par sa fille aux Enfers ; enfin, s'il faut traiter avec le démon de cette malédiction, elle est prête à tout. Sa supériorité, face au Chœur, vient de ce qu'elle ne s'identifie pas à une cause. Elle a dû recourir à la vengeance, au droit, en raison de l'injustice du roi, mais ce n'est qu'une conséquence ; ce qu'elle défend n'est pas la justice, mais la possibilité de vivre.

La dernière intervention de Clytemnestre est souvent présentée comme un aveu de faiblesse. Au contraire, Clytemnestre analyse l'impuissance du Chœur : il vient de dire que « la famille est soudée au désastre », du fait d'une « semence d'exécration » et donc d'un démon. Elle réplique que s'il y a démon, il y a interlocution et donc accord possibles. Elle anticipe l'action des *Euménides*, où le démon (les Érinyes) devra négocier, dans un débat public. Clytemnestre ne change pas au cours de la scène. Elle n'est en rien ébranlée.

Notes

* *v. 1378 Une vieille victoire* : ces mots (νίκης παλαιᾶς), transmis par les manuscrits, sont souvent refusés. Mazon propose au lieu de « vieille » le substantif « lutte » (« cette rencontre-là, longtemps j'y ai songé ») qui supprime la répétition πάλαι... παλαιᾶς. On préfère parfois le νείκης de B. Heath (« haine », mais le mot est douteux), cf. A. H. Sommerstein, mais, comme le soulignait Wilamowitz, la fin du vers (« avec le temps ») suggère qu'il s'agit ici du résultat. Clytemnestre dit simplement que l'acte victorieux a été projeté dès Aulis, et qu'elle ne pouvait pas faillir. Elle était comme Zeus, qui a maintenu son arc tendu contre Pâris pendant dix ans (v. 364).

v. 1381. Ni s'enfuir, ni éviter la mort : l'expression rappelle les précautions prises par Télémaque quand il pend à un câble les jeunes esclaves de son père qui avaient couché avec les Prétendants (*Odyssée*, XXII, 460).

v. 1382. Comme pour des poissons : reprend une comparaison réservée dans l'*Odyssée* à la mort des Prétendants (XXII, 384).

v. 1386. J'offre en plus une troisième frappe : le troisième coup rappelle la troisième libation versée dans les banquets à Zeus Sauveur, cf. le v. 246. Il vient en plus, Agamemnon est déjà abattu. Patrocle est le seul guerrier homérique qui meurt à la suite de trois assauts (*Iliade*, XVI, 850).

* *v. 1387. Hadès souterrain* : le mot Hadès a souvent été pris comme une glose redondante (« souterrain » suffisant à dire le dieu des Enfers). R. Enger (1854) corrigeait donc en « Zeus », *Dios* (« Zeus souterrain » = Hadès). Mais le langage, dénotatif, indique le domaine divin désormais conservé et élabore un argument : Hadès, qui a en charge le monde souterrain, saura conserver le mort là où il doit être.

* *v. 1388. Il déchaîna son ardeur* : avec la correction de G. Hermann (ὀρυγάνει, « vomit », « crache » chez Mazon, pour ὀρμαίνει, « déchaîne »), on efface la notation de force et la référence à Homère (qui est constante dans le passage). Le verbe « déchaîner » est dans l'*Iliade* construit avec « ardeur », « cœur » *(ana thumon)* pour dire un élan intellectuel énergique (cf. XXI, 137, XXIV, 680). Eschyle transpose le tour homérique. Le *thumos* (le « cœur » non comme organe – ce que le mot signifie parfois, ainsi dans les passages de l'*Iliade* mentionnés –, mais comme principe de force, comme ardeur qui chauffe le sang[45]) devient l'objet du verbe. L'énergie, pour Agamemnon, se manifeste dans la mort.

v. 1389. Soufflant la saignée d'une victime égorgée net : Eschyle interprète en le réécrivant un passage difficile d'Homère (*Iliade*, XVI, 162). Littéralement : « soufflant un aigu égorgement de sang », comme chez Homère des loups « crachent un meurtre de sang ».

v. 1390. Gouttes ténébreuses d'une rosée de sang : en *Iliade*, XVI, 459 s., Zeus rend hommage par une averse de sang à son fils Sarpédon, abattu par Patrocle.

* *v. 1391 s. Lorsqu'au vent de pluie...* : reprise précise d'une comparaison de l'*Iliade*. Le cœur de Ménélas, frère pacifique d'Agamemnon, s'ouvre comme les épis touchés par la rosée quand il pardonne au jeune Antiloque sa tricherie pendant la course de chars (XXIII, 597-600). À la fin du vers 1391, Διὸς νότῳ peut être conservé si on lit la leçon fautive au début du vers suivant comme

---

45. Voir Richard B. Onians, cité n. 7.

le verbe rare γανεῖ (« blanchir », ou, comme intransitif, « resplendir »).

v. 1395. Et si, parmi les offrandes légitimes : Clytemnestre invente un rite déviant pour le culte des morts. Un tel cadavre devrait, selon elle, pouvoir être consacré par une libation et offert aux dieux, comme une victime sacrificielle.

* *v. 1409.* Mazon, comme beaucoup, construit « les malédictions » avec « tu as évincé » (voir sa ponctuation). Mais la phrase *apedikes apetames* est plus forte sans complément.

* *v. 1414. Cette contestation, tu ne la fais pas valoir* : plutôt que « tu ne l'as pas fait valoir autrefois », selon une correction, très légère et généralement admise (*tot'* « alors », au lieu du démonstratif *tod'*, qui détermine « contestation »). Clytemnestre réfute la position politique péremptoire du Chœur en apportant un contre-exemple. Cet argument montre qu'il n'y a plus de droit. Nous sommes dans un contexte de lutte, où ne vaut que le principe du rapport de force entre adversaires mis à égalité, puisque toute autorité a disparu.

* *v. 1419.* De même, on gardera le présent « tu dois », « il faut » *(khrê)* plutôt que l'imparfait « il fallait » de R. Porson (1806), qui semble plus naturel : Clytemnestre reconstruit, au présent, un débat politique qui n'a pas eu lieu.

* *v. 1429. En contrepartie* : selon la leçon *antiton*, qui se laisse facilement reconstruire à partir du texte de F (H. Weil, 1858), plutôt que le *atieton* de Triclinius (« méprisée », Mazon).

* *v. 1431.* Le point d'interrogation qu'introduit Mazon n'est pas requis.

v. 1439. Le consolateur des Chryséis : Agamemnon détenait comme esclave la fille de Chrysès, prêtre d'Apollon. Il a dû la rendre à son père après la peste déclenchée par le dieu. C'est la crise qui ouvre l'*Iliade*.

* *v. 1443. La caresseuse du mât* : le texte, si on ne le corrige pas, énonce une obscénité savante *(histotribês)* construite, en référence à Homère, à partir de la polysémie du mot *histos*, « métier à tisser », « mât », et, par métaphore (c'est le premier emploi connu), « phallus » (*-tribês* signifie : « qui frotte, qui use »). A. H. Sommerstein partage cette analyse. Clytemnestre détourne un vers d'Homère (I, 31), où Agamemnon dit de sa captive Chryséis qu'elle est promise, en Grèce, à deux fonctions, l'amour et le tissage. Ici, les deux se confondent quand on est sur un navire, où l'on ne tisse pas. Cassandre, l'épouse de substitution, fait alors mieux que les épouses homériques, Pénélope, Circé, Calypso, qui restent à terre, près de leur métier. La correction souvent admise *isotribês*, de J. C. de Pauw (1745), « qui use ensemble (les bancs des navires) » fait perdre tout cela.

* *v. 1447. Un aromate d'amour* : en supprimant le génitif définitionnel εὐνῆς (« de lit », traduit ici par « d'amour ») au profit de la correction de Wilamowitz au début du vers (« mon époux », qui devient sujet du verbe, au lieu de Cassandre mourante), Mazon moralise et simplifie l'analyse du plaisir de Clytemnestre. Sa volupté dans la vengeance a pris une dimension érotique en raison de l'union du mari et de l'amante.

v. 1453 s. À cause d'une femme ? Et par une femme… : Hélène, puis Clytemnestre, sa sœur.

v. 1455. Hélène, la folle : comme au début du second *stasimon*, Hélène devient le principe des désastres. Ici, elle se substitue à la « colère » d'Achille, qui ouvre l'*Iliade* (I, 1). En effet, les actions qui lui sont attribuées reprennent, jusque dans l'ordre de leur exposition, les méfaits de la colère du héros tels que les résume le proème de l'épopée. Le retour du roi à Argos est une autre *Iliade*, avec seulement ses aspects négatifs. Une autre gloire, non pas héroïque mais portant uniquement sur le mal, s'impose ainsi pour l'avenir (cf. « de grande mémoire », *polumnèstos* ; le mot se trouve chez Homère, mais il est construit sur un autre verbe, homonyme, et signifie « très courtisée » ; ce sens est présent ici indirectement, comme rappel du sens du nom de « Clytemnestre » : « celle qui a la gloire de la cour qu'on lui a faite »).

v. 1460. À cause d'un sang qui ne se lave pas : la mort d'Agamemnon ouvre sur un triomphe (cf. la « couronne » de la victoire athlétique) d'un principe de haine, la discorde, qu'Hélène fait fleurir dans le palais.

* *v. 1460 s. La discorde qui solidement s'était bâtie dans la maison* : expression difficile faite de matériaux homériques. La maison des Atrides abritait une maison « solide » de Haine, qui faisait des proches des ennemis. « Solidement bâtie » est un mot nouveau, de type homérisant, *eridmatos*, dont le préfixe intensif *(eri-)* rappelle le nom épique de la « Discorde », *Eris*. La traduction suit le texte transmis, qui ouvre une relative (ἥτις…), dont l'antécédent ne peut être « Hélène » (on passe du « tu » à la troisième personne) ; il faut sans doute le chercher dans la relative elle-même, avec « discorde » (ἔρις), qui définit la couronne ultime dont s'est parée Hélène. Pour éviter une syntaxe tortueuse, on fait généralement commencer une nouvelle phrase, avec la graphie ἢ τις due à C. G. Schütz : « oui, c'était bien une Querelle qui en ce temps habitait la maison… » (Mazon).

v. 1469. Des deux enfants de Tantale : seul emploi de « Tantalides » chez Eschyle ; il ne s'agit que des deux Atrides, Agamemnon et Ménélas. Si Tantale est choisi comme origine, au lieu de Pélops, c'est sans doute pour faire des deux frères des damnés.

v. 1470. À double force de vie : en grec, *isopsukhos*. Les deux femmes, Hélène et Clytemnestre, ont déployé une vitalité qui atteint également les deux Atrides.

v. 1474. Il manque deux syllabes à la fin du vers.

* *v. 1474.* Après l'antistrophe, Mazon répète le refrain (v. 1454-1461), par souci excessif de symétrie. On ne comprendrait pas l'enchaînement avec l'intervention suivante de Clytemnestre.

v. 1475. Tu as rectifié le jugement de ta bouche : Clytemnestre prête au Chœur une interprétation théologique du mal, qui n'était en fait pas la sienne. Elle fait comme si, en parlant du « démon », il avait, à raison, désigné le principe originaire des violences, selon un schéma causal linéaire. Mais pour le Chœur le mot avait d'abord une valeur expressive, et signifiait l'intensité et la permanence du désastre. Le Chœur répliquera qu'à faire de la théologie (et de la physiologie du démon, voir la note suivante), la reine fait en réalité l'éloge du démon (v. 1482).

v. 1480. La liqueur vivace du dieu : passage très discuté. Eschyle, au vers 1478, avait, pour dire le sang des victimes, employé le mot courant *haima*. Ici, il utilise le mot qui chez Homère désigne exclusivement le sang des dieux, *ikhôr* (*Iliade*, V, 340, 416), qui n'est pas vraiment un sang puisque les dieux ne mangent pas la nourriture des mortels. Ce mot, à l'époque d'Eschyle, avait été repris par la langue scientifique des médecins et disait le sérum. Il semble bien que contre l'usage scientifique (qui, si on le reprenait ici, pourrait faire penser que la famille souffre d'un mal précis, comme un ulcère), Eschyle revienne à la valeur poétique du mot. Dans sa capacité à répéter les meurtres (avec le sang humain, *haima*, versé à chaque génération), le dieu qui tient la famille manifeste l'énergie prodigieuse des dieux homériques, qui renouvellent perpétuellement leur *ikhôr*. Cette énergie, ici, est négative, dans une reproduction indéfinie de violence sanguinaire.

* *v. 1481.* Tel qu'il est transmis (avec *oikois toisde* en finale), le vers ne correspond pas métriquement au vers 1505 (un hémiépès). Plutôt que d'inventer un mot ou d'introduire une répétition, qui ne correspond pas au style du passage, comme le fait Mazon après H. Weil, on se contentera des *cruces*.

v. 1482. Le démon dont tu fais l'éloge : comme Clytemnestre dans la réplique précédente (voir la note au vers 1475), le Chœur prête à son interlocutrice une intention qui n'était pas la sienne. En insistant sur la puissance du dieu, elle en a, en réalité, fait l'éloge, et s'est donc mise de son côté.

* *v. 1484. Rencontre insatiable* : selon la leçon transmise, avec « insatiable » au génitif (*akorestou* construit avec *tukhas*, la « rencontre », le « sort ») et non à l'accusatif (*akoreston*, avec « démon », B. Todt, 1880). Le Chœur reproche à Clytemnestre de célébrer, par sa mauvaise théologie, un désastre qui n'en finit pas.

v. 1486 s. Zeus… cause de tout, maniganceur de tout : le Chœur blasphème (alors qu'on lit d'habitude cette phrase comme un *credo* en la toute-puissance du dieu, sans analyser la facture linguistique de ses épithètes). « Cause de tout » traduit *panaitios*, où l'on entend bien le sens de « cause » *(aitia)*, mais qui, dans la langue, signifiait « totalement coupable ». « Maniganceur » traduit un mot nouveau, *panergetès*, où l'on entend le mot courant pour dire « voyou », *panourgos* : « qui accomplit tout, sans règle » (cf. « Panurge »).

* *v. 1495 s. et 1519 s.* Pour que « main », dans *ek kheros* (traduit ici par « touché de près ») ait un déterminant, Mazon, après R. Enger, ajoute un *damartos* (« brandie par une épouse »). Mais le mot « main », construit avec *dameis*, « vaincu », suffit à dire la violence (cf. *Ajax*, 26 s.).

v. 1499. Se révélant à la femme : contre l'ensemble de ses emplois, le verbe *phantazesthai* (au participe) est compris par la plupart des interprètes comme ayant ici le sens, inconnu ailleurs, de « prenant la forme visible de (cette femme) », comme si Clytemnestre n'était qu'une image du démon (« sous la forme de l'épouse de ce mort », Mazon). L'accord pour admettre un sens inventé est surprenant, d'autant que le sens habituel du verbe (« se rendre visible à ») est adapté au passage : la scène est celle d'une apparition divine (d'une épiphanie). Comme les personnages homériques, Clytemnestre obéit au dieu qui se manifeste à elle. Elle acquiert par là une nouvelle fonction, et devient femme d'un cadavre ; le lien passé avec le roi est défait, il n'a plus de pertinence (« ne considère même pas que… »).

* *v. 1505.* Le « tu » *(su)* rajouté par Mazon, après C. G. Schütz (ce qui donne trois dactyles, au lieu d'un hémiépès), pour répondre au v. 1481 tel qu'il le réécrit est une cheville inutile.

* *v. 1527 s.* G. Hermann a corrigé ἀνάξια δράσας ἄξια πάσχων (« ayant agi comme il ne fallait pas, ayant subi ce qu'il fallait ») en ἄξια δράσας… (littéralement : « ayant fait des choses dignes, ayant subi des choses dignes », c'est-à-dire, selon l'interprétation reçue, « le sort qu'il a fait subir méritait bien le sort qu'il a subi lui-même », Mazon). Cette intervention est devenue très populaire, car elle frappait par la symétrie qu'elle crée et qui semblait correspondre à la doctrine eschyléenne (en fait traditionnelle) du « qui a agi subit ». Mais on ne voit en fait pas comment il pourrait être dit qu'Agamemnon a accompli des « actes dignes » ; donner un sens de pure réciprocité à ἄξια… ἄξια… (« le subi est digne de l'agi ») est forcé (*Euménides*, 435 n'est pas un parallèle). De plus ἀνάξια permet de compléter l'anapeste, la dernière syllabe d'« Iphigénie » étant brève (cf. D. Page, E. Medda, qui maintiennent le texte).

* *v. 1535. Mais au nom de la justice* : avec le datif *dikai* de Triclinius plutôt que l'accusatif *dikan* de J. Dorat (« aiguise sa justice », Mazon).

v. 1557 s. Sur les rives du passage empressé des souffrances : analyse du mot « Achéron » (cf. note aux v. 1160 s.), avec *akheôn* (génitif pluriel) pour « souffrances ».

v. 1560. Cet outrage-là est venu en échange d'un outrage : le crime de Clytemnestre répond à celui d'Agamemnon. Normalement, dans une situation politique réglée, un outrage suscite une réplique juridique, qui apaise. Ici, l'outrage s'est redoublé. Comme le roi-juge a d'abord été coupable, puis a disparu, aucune justice ne peut être rendue (« la lutte est dure pour juger »).

v. 1562. On dépouille qui dépouille. Mais qui tue paie le prix : en situation d'anomie, les rapports sociaux sont réduits à ceux qui prévalent lors du sac d'une ville (cf. *Sept contre Thèbes*, 353 s.). Le « mais » introduit une rupture : il reste que ces violences se répondent sur un mode juridique, comme crime et paiement. Il subsiste un droit formel, régi directement par les dieux, malgré la disparition de la justice humaine. On a quitté la logique déréglée des violences humaines.

* *v. 1563. Zeus est immuable dans le temps* : peut-être à conserver, plutôt que « immuable sur son trône »,

avec la très légère et possible correction de C. G. Schütz,
thronôi pour *khronôi* (la confusion se trouve ailleurs).
La phrase souligne le lien entre Zeus et la temporalité
(qui, il est vrai, est dit aussi avec *thronôi*) : aucune justice
spatiale, qui départage les « causes », n'est plus possible ;
il reste le lien, à distance, entre des événements violents.
Le verbe *mimnein* a alors sa valeur homérique (pour les
guerriers) : « rester ferme, en place ».

v. 1564. Qui a agi subit : cette maxime sera employée
dans les *Choéphores* pour justifier le meurtre à venir de
Clytemnestre et d'Égisthe (v. 313). Aristote la critiquera
comme principe naïf, trop adhérent au contenu des actes,
de la justice correctrice (*Éthique à Nicomaque*, V, 5,
1132 b 25-30, contre « la justice de Rhadamanthe »). La
critique est déjà dans les *Euménides*.

v. 1564. C'est la loi : le Chœur n'emploie pas le terme
« justice », *dikê*, mais celui de « règle », avec *thesmion*,
un mot de la famille de *themis* (comme Agamemnon
lorsqu'il justifie le désir de sacrifier Iphigénie, v. 217).
Une institution (divine) subsiste, au-delà du désordre,
qu'elle commande en fait.

*v. 1565. Qui pourrait jeter la semence d'exécra-
tion hors de la maison ?* : puisqu'il y a toujours cette
loi divine, sanctionnée par Zeus, la malédiction va
poursuivre ses effets. Le Chœur réunit dans un même
concept deux formes de justice, celle, toujours égale
à elle-même, de Zeus, et le processus obscur, dévastateur, de la malédiction familiale que des interprètes
modernes ont tenté de dissocier – comme si s'oppo-
saient une forme rationnelle (olympienne) du droit et
une forme plus archaïque, démonique. Ce sont les deux
faces du même processus. Il n'y a pas de contradiction
entre droit et malédiction.

* *v. 1565.* Après ce vers, Mazon répète le refrain de 1537-1550. Même remarque qu'au vers 1474.

v. 1570. Plisthène : figure mythique obscure. Boiteux, travesti, il est une figure déviante de la royauté. Sa place dans l'arbre généalogique des Tantalides est mouvante (chez Hésiode, il est le vrai père des Atrides). Dans la tradition lyrique (Stésichore, Ibycos, Bacchylide), il note le pouvoir royal par excellence. Eschyle semble suivre cette tradition.

v. 1570. Me satisfaire de ce qui est là : il faut écarter une lecture qui ferait du démon le sujet du verbe « se satisfaire » (Clytemnestre demanderait au dieu vengeur de s'abstenir de s'en prendre à elle en imposant la vengeance du roi). Le verbe indique normalement une forme de résignation acceptée par un mortel. Pour comprendre la phrase, on doit admettre un vrai paradoxe : la meurtrière parle ici en victime. Elle représente, désormais, la famille, et affirme qu'elle ne demandera pas vengeance. Elle a dû prendre sur elle de tuer pour la survie de la maison, et c'est la maison qui est la référence de toutes ses actions. Pour cela, elle se dit prête à sacrifier la plus grande part de ses richesses, pourvu que le principe qui transforme les amis en ennemis disparaisse. Égisthe emploiera au contraire ces biens pour une action politique typique de la tyrannie ; ils lui serviront à acheter la cité.

Dernier épisode (v. 1577-1673)

La pièce aurait pu s'achever avec le dialogue lyrique du Chœur et de Clytemnestre, qui aurait ainsi servi d'*exodos* (final, avant la « sortie » des acteurs). L'entrée, totalement inattendue, d'un nouveau personnage créée une scène supplémentaire, « en plus », dont le ton et le langage tranchent brutalement avec le reste du drame, qui reste comme sans conclusion. Certes, Clytemnestre termine la pièce avec le mot qui résume l'ensemble de son projet : instaurer le « bien », dans une vie pleine au sein d'une maison ; mais le dialogue politique, extrêmement violent, qui précède cette déclaration finale la discrédite déjà. La pièce s'achève sur une aporie.

Le but de l'épisode n'est pas seulement d'annoncer les *Choéphores*, avec l'attente, par le Chœur, du retour d'Oreste. Plus fondamentalement, il offre une contre-image de l'épisode précédent, qu'il contredit, et introduit dans la pièce une réalisation nouvelle de l'idée de justice, dont les faiblesses sont ainsi mieux établies. Égisthe, déjà tyran, double ironique d'Agamemnon, n'est pas dérisoire ou monstrueux. Sa thèse est forte. Il a agi contre le roi en strict agent de la justice. Le crime d'Atrée contre les enfants de Thyeste restait impayé. Lui, treizième enfant[46], épargné, n'existait que comme porteur de la vengeance de son père. Son rapport à la justice était même plus immédiat, plus constitutif que pour sa victime. Égisthe était, dès les langes, destiné à cet acte, alors que le travail de justicier détournait Agamemnon de sa propre vie. Dans un monologue qui envahit la scène de manière massive et sans aucune attache avec le reste, comme un bloc erratique, en dehors de toute forme d'interlocution, Égisthe fait longuement le récit des causes de sa vengeance. Comme s'il était un poète épique venant raconter après coup, il présente un récit total, achevé : un destin s'est réalisé entièrement, et son sens est parfaitement clair ; il témoigne du soin que prennent les dieux à réparer les

46. C'est-à-dire venant en plus d'une série achevée de douze, selon la valeur traditionnelle donnée à ce chiffre.

outrages. Cette histoire a la transparence d'une construction rationnelle ; la composition narrative, qui condense
des formes épiques, prend une allure géométrique.

Mais une telle perfection a ses limites. Récit achevé,
dogmatique parce que porté par l'idée indiscutable d'une
justice réalisée, il entre tout simplement en contradiction
avec le fait que le récitant, après son acte, est présent
pour le dire, qu'il est là, face à une communauté qui n'a
pas vécu la même histoire que lui, et qui a ses propres
normes, ses attentes. La maîtrise de l'histoire passée, la
capacité du vengeur à la conclure par un acte définitif ne
permettent pas de créer un espace public, un échange.
De la certitude d'être justifié dans une action tournée
vers le passé, aucune règle juste d'action ne peut être
déduite. La justice d'Égisthe, fermée sur elle-même, est
monologique. Et le théâtre, qui met toujours un locu-
teur dans une situation relative, puisqu'il est confronté à
d'autres, fait immédiatement éclater la fausseté de toute
prétention à dire et à incarner l'absolu[47]. Égisthe, aussi
justifié soit-il par rapport au passé, n'a aucun argument
pour régner, pour instaurer un nouvel ordre partagé par
d'autres (alors que Clytemnestre envisageait l'avenir et
se disait prête à négocier avec le démon). De fait, le ton
change dès que l'interlocution commence. On passe de la
sérénité du récit mythique explicatif à la férocité parfois
grotesque d'une scène de répression, férocité verbale qui
débouche sur une esquisse d'action : le Chœur, pour une
fois, devient personnage agissant et appelle ses conci-
toyens à l'insurrection. La justice d'Égisthe, si fortement
magnifiée dans son récit, se transforme ainsi immédia-

---

47. Dans cette scène, le jeu sur l'emploi des genres, avec le
grotesque après la grandeur épique, sert aussi la dimension critique
propre à l'espace scénique.

tement et spectaculairement en son contraire, en *hubris* politique. Le droit, est-il montré par là, par les moyens propres au théâtre, n'est pas seulement une vérité divine inscrite dans les choses, comme processus reliant dans le temps des événements éloignés ; il suppose aussi un contexte, une situation humaine réglée, où la validité des normes puisse être reconnue par les individus. Sur scène règne désormais l'état de fait, sans référence à aucune norme partagée.

Clytemnestre, comme Jocaste face à Œdipe et Créon dans l'*Œdipe roi*, intervient pour faire cesser le différend politique. Elle ne réussit qu'à suspendre la violence. Son langage, comme dans les autres dialogues, n'est, en effet, pas de nature politique ; la légitimité qu'elle revendique est ailleurs. Elle défend aussi, comme Égisthe, l'état de fait, non pas en vue d'une domination mais, en deçà de la crise politique qu'elle a pourtant déclenchée par son acte, pour que chacun puisse vivre dans le temps la particularité de son bonheur, selon la séparation des conditions : le Chœur en rentrant chez soi, là où est son « destin », puisqu'il n'a pas à verser son sang à cause des malheurs d'une famille, et elle et Égisthe en entrant dans une maison qui est désormais libérée de ses querelles. Il n'y a plus d'espace commun.

Notes

v. 1584. Mon père à moi pour être précis : l'accumulation des précisions généalogiques n'est pas redondante ; elle vise à produire une clarté géométrique du langage, par le carré de relations chaque fois binaires.

v. 1585. Alors que son pouvoir était discuté : la séduction par Thyeste de la femme d'Atrée signifiait aussi un conflit politique. Voir l'*Oreste* d'Euripide, v. 812 ss., sur la dispute des deux frères au sujet d'une toison d'or symbolisant la souveraineté. Au conflit entre Atrée et Thyeste, concentré en un même lieu, a succédé, à la génération suivante, la double royauté « solide » (v. 44) d'Agamemnon et de Ménélas à Argos, puis la dispersion de la fratrie dans l'indistinct, avec la tempête.

v. 1592 s. Un jour de boucherie : jour festif, exceptionnel, de sacrifice.

* *v. 1595. Il les hachait depuis le bout, s'étant assis à l'écart* : le texte est très difficile (d'où la lacune proposée par Mazon, après Wilamowitz). Les difficultés viennent des adverbes. Avec ἄνωθεν, « depuis le haut », on pourrait s'attendre à ce qu'il soit dit qu'Atrée s'est assis « en haut », pour présider le repas, mais cela ne s'accorde pas bien avec le second adverbe, ἀνδρακάς, qui, normalement, signifie « homme par homme ». On pourrait alors comprendre que « depuis le haut » signifie « depuis l'extrémité des membres », et Eschyle peut avoir réétymologisé ἀνδρακάς, qui devait être un mot difficile pour les Anciens, à partir de « à l'écart » (ἑκάς) : « à l'écart de l'autre homme ».

v. 1596. S'emparant : le changement de sujet (on passe d'Atrée à Thyeste) n'est pas signalé. Cela reprend un trait de la composition épique.

v. 1600. Les fils de Pélops : le vers est souvent supprimé par les éditeurs car contradictoire avec le vers 1602 (« les fils de Plisthène » ; voir la note au v. 1570). L'ancêtre de la famille (qui peut être Tantale, ou son fils Pélops, ou Plisthène, selon les contextes) est ici l'enfant qui a été tué et offert en repas aux dieux par son propre père. Thyeste inclut sa propre lignée dans la malédiction. Égisthe hérite de cette malédiction, au sens où il est contraint de l'accomplir.

v. 1622 s. Les meilleurs prêtres qui guérissent les esprits : Égisthe utilise un mot qui qualifiera Apollon dans les *Euménides* (v. 62), *iatromantis*, « devin-guérisseur ». Contre l'impureté monstrueuse de la pensée du Chœur, un pouvoir sacré est requis.

v. 1643 s. Mais alors pourquoi... ne l'as-tu pas massacré toi-même ? : la question ne répète pas simplement les vers 1634 s., comme si Égisthe, entre-temps, n'avait rien dit. La reprise vaut une réfutation. Égisthe avait répondu en deux points : il fallait agir par ruse, donc avec l'aide d'une femme, mais le but est de prendre la place politique de l'homme. Pour le Chœur, la seconde partie de la réponse contredit la première : il aurait dû s'agir, finalement, d'un combat d'homme à homme (comme dans l'*Odyssée*).

v. 1648 ss. : à partir de ce vers, jusqu'à la fin, le dialogue se fera en tétramètres trochaïques, et non plus en trimètres iambiques. Vers ancien de la tragédie, qu'Euripide réemploiera souvent, le tétramètre signale un échange vif, centré sur le présent scénique (ce vers était employé dans la scène de la mort du roi).

v. 1651 ss. : la répartition des répliques entre les personnages, jusqu'au v. 1653, et discutée. « Que tout le monde... » (1651) va bien dans la bouche du Chœur, qui s'adresse non à lui-même, mais à l'ensemble des citoyens. L'expression convient moins bien si Égisthe appelle ses soldats, qui sont déjà armés.

v. 1657. Dans vos maisons, où est votre destin : le terme « destin », pour les maisons du Chœur, a une fonction précise. Il s'est bien agi de cela pour Clytemnestre, avec l'emprise de « la lourde serre du démon ». Mais cette présence du démon distingue les familles : le Chœur n'a pas à la faire sienne et à entrer dans un nouveau conflit. Son lot est chez lui, loin de ce qui se passe dans le palais.

v. 1664. Au point d'injurier (?) le maître : vers incomplet dans les manuscrits.

v. 1672 s. : les deux vers sont incomplets dans les manuscrits. Il manque chaque fois la séquence ◡ –. Le mot final a pour chaque vers été rétabli à partir des scholies, à la Renaissance, par W. Canter et J. Dorat. Comme il lui a semblé que θήσομεν... καλῶς (« organiser bien ») pouvait difficilement se construire sans objet (et la scholie de Triclinius en donne un, « nos intérêts »), E. Fraenkel a proposé de remplacer le démonstratif τῶνδε dans τῶνδε δωμάτων (« [maîtres] de ces maisons-ci »), qu'il jugeait incongru, par un neutre pluriel (signifiant « toutes choses », ou « cela », ou « le reste »), qu'il placerait après καὶ σὺ, le génitif δωμάτων étant transposé après κρατοῦντε). Mais le déictique τῶνδε est pertinent, il souligne qu'Égisthe, d'abord « dehors » (v. 1608), fait désormais partie du palais, tel qu'on le voit. Pour pallier l'absence d'objet avec le verbe, A. H. Sommerstein, qui supprime τῶνδε comme Fraenkel, propose καλῶς τάδε, et E. Medda τάδ᾽ εὖ (καλῶς, qu'on tire d'habitude des scholies, étant plutôt à prendre comme une glose, habituelle, de l'adverbe εὖ). Mais pour une construction du verbe avec adverbe et sans complément à l'accusatif, voir *Iliade*, XII, 34 s. (ὡς... θησέμεναι), à propos d'un gouvernement divin. Habitants d'un lieu qu'ils s'approprient, les souverains disposent, comme les Olympiens, de la réalité des choses, qu'ils sauront bien gérer, « avec bonheur ».

QUELQUES LIVRES

1. Le texte

1.1. Éditions, commentaires

L'atelier du lecteur, s'il veut se constituer sa propre idée de la lettre d'un texte très difficile, consiste d'abord en plusieurs éditions et commentaires récents ou qui, selon les pays, font actuellement encore autorité. Ces ouvrages proposent des textes souvent différents en raison des orientations scientifiques des éditeurs, qui divergent sur le degré de singularité par rapport aux normes linguistiques, rhétoriques ou métriques qu'ils admettent comme légitimes. Les éditions reposent chaque fois sur une conception définie de la langue et de la poétique qui l'utilise. Alternent ainsi des phases de « conservatisme textuel » où, face aux interventions des philologues modernes sur le texte, jugées banalisantes, est priviligiée la lettre transmise par les manuscrits, et des périodes marquées par un interventionnisme qui parfois, au nom d'une rationalité recherchée, n'hésite pas à réécrire la lettre[1]. La lecture est alors, à partir d'une évaluation

1. Sur ces phases et ces traditions différentes, liées le plus souvent aux contextes intellectuels et culturels nationaux et à leurs évolutions, et sur la logique théorique qui sous-tend et nourrit la permanence des

historique du texte transmis par les manuscrits, un va-et-vient critique et constant entre ces propositions. La prise en compte, croissante, des scholies comme complément à la tradition manuscrite élargit la base de la discussion. Sur la table de travail de l'interprète se trouvent les éditions et les commentaires suivants, qui sont à la fois des sources, des outils et des objets d'analyse :

Paul Mazon, *Eschyle*, vol. 2 (C.U.F.), Paris, 1925 (texte, traduction). C'est le texte reproduit dans ce livre.

Gilbert Murray, *Aeschyli septem quae supersunt tragoediae* (O.C.T.), Oxford, 1937 ; 2ᵉ éd. 1955 (texte).

George Thomson, *The Oresteia of Aeschylus. Edited with an Introduction and Commentary, in which is included the Work of the Late Walter Headlam*, 2 vol., Cambridge, 1938 ; 2ᵉ éd. Amsterdam/Prague, 1966.

Petrus Groeneboom, *Aeschylus' Agamemnon. Met inleiding, critische noten en commentaar*, Groningue, 1944 ; 2ᵉ éd. Amsterdam, 1966.

Eduard Fraenkel, *Aeschylus. Agamemnon. Edited with a Commentary*, 3 vol., Oxford, 1950 ; 2ᵉ éd. 1962. Commentaire monumental, qui est le travail de référence.

John D. Denniston et Denys Page, *Aeschylus. Agamemnon*, Oxford, 1957 (texte, commentaire).

divergences dans la lecture des textes, je renvoie à mon étude : « Sur les conflits en philologie », *Quaderni Urbinati di Cultura Classica*, n. s. 96, 3, 2008, p. 17-30, ainsi qu'à l'étude d'un cas particulièrement significatif : « Histoire d'une phrase (Eschyle, *Agamemnon*, 869-873) », dans M. Espagne-M.Werner (éd.), *Philologiques III. Qu'est-ce qu'une littérature nationale ? Approches pour une théorie interculturelle du champ littéraire*, Paris, 1994, p. 431-448 ; repris dans *L'Agamemnon d'Eschyle. Commentaire des dialogues* (voir *infra*), p. 374-385.

Herbert J. Rose, *A Commentary on the Surviving Plays of Aeschylus* (*Verhandelingen der Koninklijke Nederlandse Akademie van Wetenschappen, Afd. Letterkunde*, n.s. 64, t. 2), Amsterdam, 1958.

Denys Page, *Aeschyli septem quae supersunt tragoediae* (O.C.T.), Oxford, 1972 (texte).

Jean Bollack et Pierre Judet de La Combe, *L'Agamemnon d'Eschyle. Le texte et ses interprétations* (*Cahiers de Philologie* 6-8), 3 vol., Lille/Paris, 1981-1982 (texte, traduction et commentaire du prologue et des parties chorales).

Martin L. West, *Aeschyli Tragoediae cum incerti poetae Prometheo* (*Bibliotheca Teubneriana*), Stuttgart, 1990 ; 2ᵉ éd. 1998 (texte).

Martin L. West, *Studies in Aeschylus* (*Beiträge zur Altertumskunde* 1), Stuttgart, 1990.

Pierre Judet de La Combe, *L'Agamemnon d'Eschyle. Commentaire des dialogues* (*Cahiers de Philologie* 18), 2 vol., Villeneuve d'Ascq, 2001.

Alan H. Sommerstein, *Aeschylus. Oresteia* (*Loeb Classical Library* 146), Cambridge (Mass.)/Londres, 2008 (texte, traduction).

Enrico Medda, *Eschilo. Agamennone*, à paraître dans les publications de l'Accademia dei Lincei (texte, traduction, commentaire).

Mais il serait improductif de s'en tenir aux éditions récentes. Après le travail gigantesque de correction entrepris par les savants de la Renaissance (Adrien Turnebou [Turnebus], 1552, France Robortello, 1552, Pierosco Vettori, 1557, Willem Canter, 1580), et la somme réalisée par Thomas Stanley en 1663, ouvrage qui a servi de base à la discussion moderne, l'examen critique de la lettre est très élaboré dans plusieurs ouvrages anglais et allemands du XIXᵉ siècle. Il est toujours plus qu'utile de s'y reporter d'urgence : la volonté de parvenir à un texte intelligible dans son détail, même si les positions interprétatives ont profondément changé depuis, donne à ces recherches toute leur actualité. Souvent des solutions, ou des diagnostics pertinents, parfois oubliés, s'y trouvent. Notamment chez :

Christian Gottfried Schütz, *Aeschyli tragoediae quae supersunt ac deperditarum fragmenta. Recensuit et commentario illustravit C.G.S.*, vol. 2, Halle, 1783 ; 3ᵉ éd. 1811.

Charles J. Blomfield, *Αἰσχύλου ᾿Αγαμέμνων. Aeschyli Agamemnon ad fidem manuscriptorum emendavit, notas et glossarium adjecit C.J.B.*, Cambridge, 1818 (avec les notes critiques de Peter Elmsley dans l'édition de Leipzig, 1823).

August Wellauer, *Aeschyli Agamemnon. Ad optimorum librorum fidem denuo recensuit, integram lectionis varietatem notasque adiecit A.W.*, Leipzig, 1824.

Rudolph Heinrich Klausen, *Aeschyli quae supersunt*, vol. 1, tome 1, *Agamemno*, Gotha/Erfurdt, 1833, 2ᵉ éd. revue par R. Enger, Leipzig, 1863 (texte, commentaire).

Frederick A. Paley, *Αἰσχύλου ᾿Ορέστεια. Aeschyli Orestea. Recensuit, emendavit, explanavit F.A.P.*, Cambridge, 1845.

Gottfried Hermann, *Aeschyli tragoediae*, 2 vol., Berlin, 1852; 2ᵉ éd. 1859 (texte, commentaire).

Friedrich Wilhelm Schneidewin, *Aeschylos. Agamemnon* (éd. par E. von Leutsch), Berlin, 1856 ; 2ᵉ éd. revue par O. Hense, 1883 (texte, commentaire).

Arthur W. Verrall, Αἰσχύλου ᾿Αγαμέμνων. The « Agamemnon » of Aeschylus. With an Introduction,
Commentary, and Translation, Londres, 1889 ; 2ᵉ éd.
1904.
Ulrich von Wilamowitz-Moellendorff, Aeschyli Tragoediae, Berlin, 1914 ; réimpr. 1958 (texte).
Ulrich von Wilamowitz-Moellendorff, Aischylos. Inter-
pretationen, Berlin, 1914 ; réimpr. Dublin/Zurich,
1966.

S'ajoutent, entre autres, les articles de critique textuelle
publiés par H. L. Ahrens (Philologus, supplément 1,
1860), Fr. Bamberger (Opuscula philologica, Leipzig,
1856) et G. F. Schoemann (Opuscula academica, vol. 3,
Berlin, 1858).

1.2. Scholies

Souvent, les notes marginales ou entre les lignes
reportées dans les manuscrits permettent par leurs
lemmes (citations de la lettre) ou leurs commentaires de
reconstruire un état ancien de la tradition.
Ole L. Smith, Scholia graeca in Aeschylum quae exstant
omnia, vol. 1, Scholia in Agamemnonem, Choephoros,
Eumenides, Supplices continens (Bibliotheca Teubneriana), Leipzig, 1976.
Ole L. Smith, Studies in the Scholia on Aeschylus, vol. 1,
The Recensions of Demetrius Triclinius (Mnemosyne,
suppl. 37), Leyde, 1975.

1.3. Tradition indirecte

Pour les citations d'Eschyle chez les auteurs anciens :

Renzo Tosi, *Studi sulla tradizione indiretta dei classici greci* (*Studi di filologia greca* 3), Bologne, 1988.

1.4. Traductions critiques

Plusieurs traductions récentes proposent dans leurs notes une appréciation critique de la lettre transmise et des lectures existantes :

Hugh Lloyd-Jones. *Agamemnon by Aeschylus. A Translation with Commentary*, Englewood Cliffs (N.J.), 1970 ; réimpr., Berkeley, 1979.

Vincenzo Di Benedetto (introd.), Enrico Medda, Luigi Battezzato, Maria Pia Pattoni (traduction et notes), *Eschilo. Orestea*, Milan (Biblioteca Universale Rizzoli), 1995.

Ariane Mnouchkine, *Théâtre du Soleil. L'Orestie. Agamemnon*, notes de P. Judet de La Combe, Paris, 1990.

Daniel Loayza, *Eschyle. L'Orestie*, Paris, 2001 (GF).

Pierre Judet de La Combe, *Eschyle. Agamemnon*, Paris, 2004 (ouvrage qui est à la base de celui-ci).

2. Histoire des éditions manuscrites et imprimées

2.1. Tradition antique et éditions manuscrites médiévales

André Wartelle, *Histoire du texte d'Eschyle dans l'Antiquité*, Paris, 1971.

Pour les éditions médiévales, un débat s'est instauré entre une école qui insiste sur la filiation entre les manuscrits, classés en familles textuellement cohérentes, et une autre qui insiste au contraire sur la « contamination » entre les familles. Elles sont respectivement représentées par :

Aleksander Turyn, *The Manuscript Tradition of the Tragedies of Aeschylus*, New York, 1943 ; réimpr. Hildesheim, 1967.

Roger D. Dawe, *The Collation and Investigation of Manuscripts of Aeschylus*, Cambridge, 1964 (surtout pour la « triade byzantine », *Prométhée, Sept contre Thèbes, Perses*).

2.2. *Les éditions imprimées*

Roger D. Dawe, *Repertory of Conjectures on Aeschylus*, Leyde, 1965.

Jan Albert Gruys, *The Early Printed Editions (1518-1664) of Aeschylus. A Chapter in the History of Classical Scholarship*, Nieuwkoop, 1981.

Monique Mund-Dopchie, *La Survie d'Eschyle à la Renaissance. Éditions, traductions, commentaires et imitations*, Louvain, 1984.

Matteo Taufer, *Jean Dorat editore e interprete di Eschilo* (*Supplementi di Lexis* 30), Amsterdam, 2006.

Enrico Medda, *Sed Nullus Editorum Vidit. La Filologia di Gottfried Hermann e l'Agamennone di Eschilo* (*Supplementi di Lexis* 31), Amsterdam, 2006.

Anna Maria Galistu, *L'Edizione Eschilea di Adrian Tournebus* (*Supplementi di Lexis* 35), Amsterdam, 2006.

Antonella Candio, « *Ein Lebendiges Ganzes* ». *La Filologia come scienza e storia nelle Coefore di Ulrich von Wilamowitz-Moellendorff* (*Supplementi di Lexis* 57), Amsterdam, 2008.

Marina Caputo, « *Washing away the rust and canker of time* » : *un'indagine sul contributo di Richard Porson alla critica del testo di Eschilo*, Thèse, Université de Trente-Ehess, 2009, à paraître.

Paolo Tavonatti, *Francisci Porti cretensis commentaria in Aeschyli tragoedias*, à paraître dans les *Supplementi di Lexis*, Amsterdam.

Chiara Tedeschi, *Thomas Stanley editore di Eschilo*, Thèse, Université de Trente-Ehess, 2011.

*Autres pièces de l'*Orestie *: les* Choéphores*, les* Euménides

En plus des éditions générales d'Eschyle et de celles de l'*Orestie* déjà mentionnées, sont particulièrement utiles les ouvrages suivants :

Alexander F. Garvie, *Aeschylus Choephori. With Introduction and Commentary*, Oxford, 1986 (commentaire ; le texte reproduit est celui de D. Page).

Anthony J. Podlecki, *Aeschylus. Eumenides*, Warminster, 1989 (texte, traduction, commentaire).

Alan H. Sommerstein, *Aeschylus. Eumenides (Cambridge Greek and Latin Classics)*, Cambridge/New York/ Port Chester/Melbourne/Sydney, 1989 (texte, notes).

Mario Untersteiner, *Eschilo. Le Coefore. Testo, traduzione, commento* a cura di W. Lapini e V. Citti (*Supplementi di Lexis* 15), Amsterdam, 2002.

Vitto Citti, *Studi sul testo delle Coefore* (*Supplementi di Lexis* 34), Amsterdam, 2006.

Parmi les traductions :

Ariane Mnouchkine, *Théâtre du Soleil. Eschyle. L'Orestie. Les Choéphores*, notes de J. Bollack, Paris, 1992.

Hélène Cixous, *Théâtre du Soleil. Eschyle. L'Orestie. Les Euménides*, notes de P. Judet de La Combe, Paris, 1992.

Jean et Mayotte Bollack, *Eschyle. Les Choéphores et les Euménides*, Paris, 2009.

Le drame satyrique *Protée*, qui suivait la trilogie, est perdu. L'édition de référence des quelques fragments est :
Stefan Radt, *Tragicorum Graecorum Fragmenta*, vol. 3, *Aeschylus*, Göttingen, 1985.

3. Langue d'Eschyle

Vittorio Citti, *Il linguaggio religioso e liturgico nelle tragedie di Eschilo*, Bologne, 1962.

Vittorio Citti, *Eschilo e la lexis tragica* (*Supplementi di Lexis* 2), Amsterdam, 1994.

Stefano Novelli, *Anomalie sintattiche e costrutti marcati. L'anacoluto in Eschilo*, Tübingen, 2012.

Evangelos Petrounias, *Funktion und Thematik der Bilder bei Aischylos* (*Hypomnemata* 48), Göttingen, 1976.

David Sansone, *Aeschylean Metaphors for Intellectual Activity* (*Hermes Einzelschriften* 35), Wiesbaden, 1975.

Alexander Sideras, *Aeschylus Homericus. Untersuchungen zu den Homerismen der aischyleischen Sprache* (*Hypomnemata* 31), Göttingen, 1971.

Pour saisir les possibilités syntaxiques qu'ouvre l'usage de la langue par un auteur tragique du ve siècle, il vaut de se reporter constamment à :
Alfred C. Moorhouse, *The Syntax of Sophocles* (*Mnemosyne*, suppl. 75), Leyde, 1982.

4. Métrique

En plus des ouvrages généraux sur la métrique grecque ancienne (B. Snell, 1955, 1962, A. Dain, 1965, D. Korzeniewski, 1968, M. L. West, 1982, B. Gentili et L. Liomento, 2003, M. Steinrück et A. Lukinovich, 2007), voir plus spécifiquement, pour les parties chorales :

Amy M. Dale, *The Lyric Metres of Greek Drama*, Cambridge, 1948 ; 2e éd. 1968.

Luisa Andreatta, *Il verso del docmiaco*, Rome, 2014.

Et pour une analyse précise de chacun des chants choraux de la tragédie :

Amy M. Dale, *Metrical Analyses of Tragic Choruses (Institute of Classical Studies. Bulletin Supplement)*, 3 vol., Londres, 1971-1983.

Walter Kraus, *Strophengestaltung in der griechischen Tragödie* (*Oesterreichische Akademie der Wissenschaften, philos.-hist. Klasse. Sitzungberichte* 231-234), Vienne, 1957.

Pour la question actuellement vivement débattue sur l'opportunité de reprendre la disposition des unités métriques, ou « membres » (colométrie), établie par les savants d'Alexandrie, question relancée par Bruno Gentili et son école, je renvoie à deux ouvrages fondamentaux :

Thomas J. Fleming *The Colometry of Aeschylus* (1972), a cura di Giampaolo Galvani (*Supplementi di Lexis* 45), Amsterdam, 2007.

Giampaolo Galvani, *Agamennone. I canti*, Pise/Rome, à paraître.

Sur le trimètre tragique :

Carlo Prato *et al.* (éd.), *Ricerche sul trimetro dei tragici greci : metro e verso* (*Studi di metrica classica* 6), Rome, 1975.

Seth L. Schein, *The Iambic Trimeter in Aeschylus and Sophocles. A Study in Metrical Form* (*Columbia Studies in the Classical Tradition* 4), Leyde, 1979.

5. Contexte théâtral antique.
Architecture, rituel, mise en scène

Peter Arnott, *Greek Scenic Conventions in the Fifth Century B.C.*, Oxford, 1962 ; réimpr. Westport (Conn.), 1978.

Harold C. Baldry, *Le Théâtre tragique des grecs* (1971), trad. fr. par J.-P. Darmont, Paris, 1975 ; rééd., 1985.

Andrea Blasina, *Eschilo in scena. Dramma e spettacolo nell'Orestea* (*Drama* 23), Stuttgart/Weimar, 2003.

Paul Demont-Anne Lebeau, *Introduction au théâtre grec antique*, Paris, Le Livre de Poche, 1996.

Vincenzo Di Benedetto et Enrico Medda, *La Tragedia sulla scena. La tragedia greca in quanto spettacolo teatrale*, Turin (Piccola Biblioteca Einaudi), 1997.

Brigitte Le Guen et Silvia Milanezi (éd.), *L'Appareil scénique dans les spectacles de l'Antiquité*, Saint-Denis, 2013.

Graham Ley, *The Theatricality of Greek Tragedy. Playing Space and Chorus*, Chicago/Londres, 2007.

Jean-Charles Moretti, *Théâtre et société en Grèce antique*, Paris, 2001 (Livre de Poche).

Oliver Taplin, *The Stagecraft of Aeschylus. The Dramatic Use of Exits and Entrances in Greek Tragedy*, Oxford, 1977.

David Wiles, *Tragedy in Athens. Performance, Space and Theatrical Meaning*, Cambridge, 1997.

6. Eschyle et la tragédie

La bibliographie est immense, et, comme pour le
détail de la lettre, les interprétations sont la plupart
du temps discordantes entre elles. Ne figurent ici que
quelques titres, ou bien de recueils qui rendent compte de
ces différences, ou d'ouvrages qui présentent des options
déterminées et qui, par là, m'ont aidé dans ma lecture.

Albina Abbate, *Studi sul sogno nelle tragedie di Eschilo*,
    Trente, à paraître.

Jean Alaux, *Le Liège et le filet. Filiation et lien familial
    dans la tragédie athénienne du ve siècle av. J.-C.*, Paris,
    1995.

Guido Avezzù, *Il Mito sulla scena. La tragedia ad Atene*,
    Venise, 2003.

José Vicente Bañuls, Francesco De Martino, Carmen
    Morenilla (éd.), *Teatro y Sociedad en la Antigüedad
    Clásica. La Relaciones de Poder en Época de Crisis*
    (*Le Rane* 50), Bari, 2008.

Anna Beltrametti (éd.), *La Storia sulla scena. Quello che
    gli storici antichi non hanno raccontato*, Rome, 2011.

Jean Bessière (éd.), *Théâtre et destin. Sophocle
    Shakespeare, Racine, Ibsen*, 1997.

Anton F. Harald Bierl, *Dionysos und die griechische
    Tragödie. Politische und 'metatheatralische' Aspekte
    im Text*, Tübingen, 1991.

Vittorio Citti, *Tragedia e lotta di classe in Grecia* (*Forme
    materiali e ideologie del mondo antico* 11), Naples, 1979.

Desmond J. Conacher, *Aeschylus' Oresteia. A Literary
    Commentary*, Toronto/Buffalo/Londres, 1987.

Vincenzo Di Benedetto, *L'ideologia del potere e la
    tragedia greca. Richerche su Eschilo*, Turin, 1978.

Simon Goldhill, *Language, Sexuality, Narrative : the Oresteia*, Cambridge 1984.

Simon Goldhill et Robin Osborne (éd.), *Performance Culture and Athenian Democracy*, Cambridge, 1999.

Markus A. Gruber, *Der Chor in den Tragödien des Aischylos. Affekt und Reaktion*, Tübingen, 2009.

John Herington, *Poetry into Drama. Early Tragedy and the Greek Poetic Tradition*, Berkeley/Los Angeles/ Londres, 1985.

Marianne Hopman et Renaud Gagné (éd.), *Choral Mediations in Greek Drama*, Cambridge, 2012.

Jacques Jouanna, Franco Montanari et Alain-Christian Hernández (éd.), *Eschyle à l'aube du théâtre occidental* (*Entretiens de la Fondation Hardt* 55), Vandœuvres/Genève, 2009.

Diego Lanza, *Le Tyran et son public* (1977), trad. fr. par J. Routier-Pucci, Paris, 1997.

Nicole Loraux, *La Voix endeuillée. Essai sur la tragédie grecque*, Paris, 1999.

Giuseppe Mastromarco et Piero Totaro, *Storia del Teatro greco*, Rome, 2008.

Christian Meier, *La Naissance du politique* (1980), trad. fr. par D. Trierweiler, Paris, 1995.

Christian Meier, *De la tragédie grecque comme art politique* (1988), trad. fr. par M. Carlier, Paris, 1991.

Bernard Mezzadri (éd.), *Les Tragiques grecs*, numéro d'*Europe*, 837-838, janvier-février 1999.

Alain Moreau, *Eschyle. La violence et le chaos*, Paris, 1985.

Gegory Nagy, *Pindar's Homer. The Lyric Possession of an Epic Past*, Baltimore/Londres, 1990 (chapitre 13).

Despoina Nikiforaki, *Émergences de la théâtralité. Eschyle, Sénèque, D.-G. Gabily*, Saint-Denis, 2014.

Anthony J. Podlecki, *The Political Background of Aeschylean Tragedy*, Ann Arbor, 1966.

Karl Reinhardt, « Eschyle. Dramaturgie et théologie » (1949), trad. fr. par E. Martineau dans : K. R., *Eschyle, Euripide*, Paris, 1972, p. 31-174.

Andrea Rodighiero, *La Tragedia greca*, Bologne, 2013.

Jacqueline de Romilly, *La Crainte et l'angoisse dans le théâtre d'Eschyle*, Paris, 1958.

Suzanne Saïd, *La Faute tragique*, Paris, 1977.

Richard Seaford, *Reciprocity and Ritual. Homer and Tragedy in the Developing City-State*, Oxford, 1994.

Alan H. Sommerstein, *Aeschylean Tragedy*, Bari, 1996.

Matteo Taufer (éd.), *Contributi critici sul testo di Eschilo. Ecdotica ed esegesi*, Tübingen, 2011.

Rainer Thiel, *Chor und tragische Handlung im Agamemnon des Aischylos*, Stuttgart, 1993.

George Thomson, *Aeschylus and Athens. A Study in the Social Origins of Drama*, Londres, 1941.

Jean-Pierre Vernant et Pierre Vidal-Naquet, *Mythe et tragédie en Grèce ancienne*, 2 vol, Paris, 1972-1986. Les contributions de J.-P. Vernant sont reprises dans la réédition de ses travaux : *Œuvres. Religions, rationalités, politique*, Paris, 2007, vol. 1.

Pierre Vidal-Naquet, *Le Miroir brisé. Tragédie athénienne et politique*, Paris, 2001.

John J. Winkler et Froma I. Zeitlin (éd.), *Nothing to do with Dionysos ? Athenian Drama in Its Social Context*, Princeton, 1990.

Froma I. Zeitlin, *Playing the Other. Gender and Society in Classical Greek Literature*, Chicago, 1996.

7. La question du droit

Émile Benveniste, *Le Vocabulaire des institutions indo-européennes*, 2 vol., Paris, 1969.

Erich Berneker (éd.), *Zur griechischen Rechtsgeschichte* (*Wege der Forschung* 45), Darmstadt, 1968.

Bernard Eck, *La Mort rouge. Homicide, guerre et souillure en Grèce ancienne*, Paris, 2012.

Renaud Gagné, *Ancestral Fault in Ancient Greece*, Cambridge, 2013.

Michael Gagarin, *Early Greek Law*, Berkeley, 1976.

Louis Gernet, *Recherches sur le développement de la pensée juridique et morale en Grèce. Étude sémantique*, Paris, 1917 ; rééd., Paris, 2001.

Eric A. Havelock, *The Greek Concept of Justice. From its Shadow in Homer to its Substance in Plato*, Cambridge (Mass.)/Londres, 1978.

Raymond Verdier (éd.), *La Vengeance*, 4 vol., Paris, 1981-1985.

8. La relation entre « tragique » et droit

La pertinence du concept philosophique du « tragique », né en Allemagne avec l'idéalisme, a été fortement critiquée par les historiens et philologues de l'Antiquité ; mais, sous la forme d'une vulgate, ce concept théorique nourrit et oriente implicitement nombre de leurs travaux (autour de la question de la faute et de la liberté du personnage tragique). Un examen de ce concept permet de mieux comprendre l'histoire des interprétations non philosophiques de la tragédie, interprétations historiennes, littéraires ou anthropologiques, qui restent souvent sous la domination implicite de la philosophie, et de mieux définir, par contraste, pour une lecture vraiment historienne, les questions que les auteurs tragiques ont adressées à la pensée et aux institutions de la justice dans leur société.

Walter Benjamin, « Destin et caractère » (1921), « Critique de la violence » (1921), trad. fr. par M. de Gandillac, revue par P. Rusch et R. Rochlitz, dans *Œuvres*, vol. 1, Paris (Folio), 2000, p. 198-243.

Karl Heinz Bohrer, *Das Tragische. Erscheinung, Pathos, Klage*, Munich, 2009.

Pierre Judet de La Combe, *Les Tragédies grecques sont-elles tragiques ? Théâtre et théorie*, Paris, 2011.

Carmen Morenilla et Bernhard Zimmermann (éd.), *Das Tragische* (*Drama* 9), Stuttgart/Weimar, 2000.

Jacques Rivelaygue, *Leçons de métaphysique allemande*, vol. 1, Paris, 1990.

Peter Szondi, *Essai sur le tragique* (1961), trad. fr. par M. Gondicas *et al.*, Belval, 2003.

Jacques Taminiaux, *Le Théâtre des philosophes. La tragédie, l'être, l'action*, Grenoble, 1995.

9. Mises en scènes et traductions modernes

Anton Bierl, *Die Orestie des Aischylos auf der modernen Bühne. Theoretische Konzeptionen und ihre szenische Realisierung* (*Drama* 5), 1997, Stuttgart.

Hellmut Flashar, *Inszenierung der Antike. Das griechische Drama auf der Bühne*, Munich, 2e éd., 2009.

Bérénice Hamidi-Kim, *Les Cités du théâtre politique en France depuis 1989*, Montpellier, 2013.

Sylvie Humbert-Mougin et Claire Lechevalier (éd.), *Le Théâtre antique entre France et Allemagne (XIXe-XXe siècles). De la traduction à la mise en scène*, Tours, 2012.

Marc B. de Launay, *Qu'est-ce que traduire ?*, Paris, 2006.

Claire Lechevalier, *L'Invention d'une origine. Traduire Eschyle en France de Lefranc de Pompignan à Mazon : le* Prométhée enchaîné, Paris, 2007.

Claire Lechevalier, *La Tentation mélancolique. Actualité de la tragédie grecque (France-Allemagne)*, thèse d'Habilitation, Paris, 2015, à paraître (titre provisoire).

Claire Lechevalier, Évelyne Ertel et Pierre Judet de La Combe, *Agamemnon. Eschyle*, Centre national de documentation pédagogique, Paris, 2009.

Fiona Macintosh, Pantelis Michelakis, Edith Hall et Oliver Taplin (éd.), *Agamemnon in Performance. 458 BC to AD 2004*, Oxford, 2005.

Patricia Vasseur-Legagneux, *Les Tragédies grecques sur la scène moderne. Une utopie théâtrale*, Villeneuve d'Ascq, 2004.

TABLE DES MATIÈRES